Lochmann/Köllgen (Hrsg.) · Facility Management

Hans-Dieter Lochmann/Rainer Köllgen (Hrsg.)

Facility Management

Strategisches Immobilienmanagement in der Praxis

GABLER

Die Deutsche Bibliothek – CIP-Einheitsaufnahme

Facility-Management : strategisches
Immobilienmanagement in der Praxis
Hans-Dieter Lochmann ; Rainer Köllgen (Hrsg.). –
Wiesbaden : Gabler, 1998
ISBN 3-409-18860-6

Lektorat: Ulrike M. Vetter

Der Gabler Verlag ist ein Unternehmen der Bertelsmann Fachinformation GmbH.

http://www.gabler-online.de

Höchste inhaltliche und technische Qualität unserer Produkte ist unser Ziel. Bei der Produktion und Verbreitung unserer Bücher wollen wir die Umwelt schonen: Dieses Buch ist auf säurefreiem und chlorfrei gebleichtem Papier gedruckt. Die Einschweißfolie besteht aus Polyäthylen und damit aus organischen Grundstoffen, die weder bei der Herstellung noch bei der Verbrennung Schadstoffe freisetzen.

Satz: FROMM MediaDesign GmbH, Selters/Ts.
Druck und Bindung: Wilhelm & Adam, Heusenstamm
Printed in Germany

ISBN 3-409-18860-6

Vorwort

Die westlichen Industriegesellschaften machen den Sprung von der Industrie- zur Dienstleistungs- und Informationsgesellschaft. Das läßt sich leicht an der zunehmenden Zahl von angebotenen Dienstleistungen im privaten und beruflichen Bereich feststellen. Daß Flying Pizzas und Facility Management zu den Services gehören, die langfristig Substanz haben, hat sich inzwischen bewiesen. Sie sind das Ergebnis von rechnerischem Kalkül und der Frage: Kann uns jemand den erforderlichen Service Level und die notwendige Qualität leisten?

Wie alle Märkte unterlaufen auch die Immobilienmärkte Phasen unterschiedlicher Nachfrage- und Angebotssituationen. Zusätzlich verändern sie sich durch neue Anforderungen, die Investoren und Nutzer gleichermaßen an sie stellen und die auf diese Weise neue Maßstäbe setzen.

Eine geringe Inflation und erhöhte Anforderungen an die Eigenkapitalausstattung disziplinieren Entwickler und Immobilieneigentümer gleichermaßen. Die Immobilienmärkte verändern sich von einer Spekulation auf Inflationsgewinne hin zu einer Industrie mit mehr Professionalität, Transparenz und höheren Anforderungen an die Eigenkapitalrendite.

In Zukunft wird die Immobilienbranche Wertsteigerungen aus der Verbesserung des laufenden, operativen Ergebnisses erzielen. Diese neue Fokussierung auf bessere Bewirtschaftungsergebnisse wird den Trend weiter fördern, daß die Dienstleistungspalette erfolgreicher Immobiliengesellschaften konzentriert und ausgedehnt wird. Die Dynamiken der Konkurrenz werden die Immobilienbranche nicht mehr verschonen.

Komplexere Aufgabenstellungen erfordern ein qualifiziertes und ganzheitliches Management. Ein Management, das die Effizienz steigert und gleichzeitig zur Kostenreduzierung beiträgt: das Facility Management für Immobilien.

Ohne Zweifel ist Facility Management ein wichtiger Baustein in Unternehmungen, in denen die Immobilie nicht zum Kerngeschäft gehört. Weil dies für die Mehrzahl der deutschen Unternehmen zutrifft, bin ich vom langsamen, aber konstanten Wachstum eines professionellen Facility Management in Deutschland fest überzeugt.

Michael von Zitzewitz

Was will dieses Buch?

Facility Management hat in den letzten Jahren weltweit ständig an Bedeutung gewonnen, wurde aber von der deutschen Wirtschaftsöffentlichkeit auf wundersame Weise nahezu übersehen. Über die Ursachen zu spekulieren wäre zweifellos interessant, doch das will dieses Buch nicht.

Dieses Buch möchte in komprimierter Form einen Überblick über die wichtigsten Themengebiete und die brennendsten Fragen des Facility Management geben. Es schlägt dabei einen Bogen von Problemen der Definition über die Standortbestimmung und wichtige Praxisfragen bis hin zu Spekulationen über die Zukunft des FM.

Durch einen derart weit gefaßten Ansatz wendet es sich an den gestandenen FM-Spezialisten ebenso wie an den Wirtschaftsstudenten, es spricht den Praktiker genauso an wie den an FM-Prozessen interessierten Planer.

Ebenso weit gefaßt wie der Ansatz ist der Erfahrungshintergrund derjenigen, die zu diesem Buch beigetragen haben. Es sind Autoren aus den USA, Großbritannien und Deutschland. Der praxisgeprüfte Gebäudebewirtschafter mit seinem 40jährigen Erfahrungshintergrund in einem deutschen Großunternehmen ist genauso vertreten wie der Management-Theoretiker einer weltweit operierenden Consultingfirma.

Daß Erfahrungsberichte und Praxisdarstellungen hier zu einem großen Teil amerikanische und britische Facility-Management-Geschichte zitieren, ist allein dem Entwicklungsstand der FM-Branche in Deutschland zuzuschreiben. Der mögliche Vorteil einer Orientierung an den Erfahrungen anderer Länder liegt aber auf der Hand: Mögliche zukünftige Entwicklungen des FM hierzulande können so antizipiert, zumindest aber in ihrer potentiellen Reichweite erkannt werden.

Die Herausgeber möchten sich an dieser Stelle besonders bei Donald V. Freiert, Jr., Senior Vice-President Corporate Properties Banc One Corporation, Columbus, Ohio, und bei Kent A. Wiegel, Senior Vice-President Washington Mutual, Seattle, Washington, für ihre Mitarbeit und Unterstützung bei der Erstellung der Fallstudien zum Facility Management bei Banc One und Washington Mutual bedanken.

Dieses Buch erhebt keinen Anspruch auf Vollständigkeit in der Bearbeitung eines unerschöpflichen, sich ständig weiter entwickelnden Themenkomplexes.

Es ist in erster Linie ein Reader, der informiert, für das Thema anwärmt, seine wichtigsten Aspekte beschreibt und hoffentlich Lust auf die Praxis und Raum für mehr eigene Ideen im Facility Management macht.

Rainer Köllgen
Hans-Dieter Lochmann

Inhalt

1. Facility Management im Umfeld des modernen Managements

Hans-Dieter Lochmann

In diesem Kapitel wird eine Standortbestimmung für das heutige Facility Management vorgenommen. FM wird in Beziehung zu verschiedenen modernen Management- und Wirtschaftstheorien gesetzt. Das Kapitel vergleicht den Status von Facility Management in verschiedenen führenden Wirtschaftsnationen. Es endet mit der Entwicklung einer FM-Strategie in fünf Schritten.

1.1 Überblick

Facility Management, Gebäudemanagement, Infrastrukturdienste, Hausverwaltung, Standortverwaltung, Liegenschaftsmanagement, Corporate-Real-Estate-Management – jeder, der in einem Unternehmen arbeitet, wird zumindest einen dieser Begriffe bereits gehört und sich mit den jeweiligen Abteilungen und Bereichen schon auseinandergesetzt haben. Ob es um die Einrichtung eines neuen Büros für einen neuen Kollegen, eine zu laute Klimaanlage, einen tropfenden Wasserhahn in der Teeküche der Abteilung, eine durchgebrannte Sicherung, den Aufzug oder die Brandmeldeanlage geht – in jedem Unternehmen sorgen unerkannte „gute Geister“ dafür, daß die Infrastruktur für das Erbringen der eigentlichen Unternehmensleistung reibungslos funktioniert. Die zahllosen Dienstleistungen, die mit der Bereitstellung und Unterhaltung dieser betrieblichen Infrastruktur verbunden sind, werden häufig als selbstverständlich angesehen oder gar nicht bewußt wahrgenommen. Erst wenn es bei den halbjährlichen oder jährlichen Budgetrunden in den Unternehmen um die Kostenseite geht, kommen die Bereiche und Abteilungen, die für die Bereitstellung dieser Services sorgen, wieder stärker ins Bewußtsein.

Facility Management stand bislang nicht im Mittelpunkt der Diskussion um neue Managementkonzepte. Zwar ist in den vergangenen Jahren der Begriff immer häufiger in der Fachliteratur, auf Industriekonferenzen und innerhalb der Unternehmen aufgetaucht. Selbst demjenigen, der tagtäglich als interner oder externer Kunde die Dienstleistungen nutzt, ist der Begriff mit Sicherheit weniger geläufig als traditionelle Begriffe wie Gebäudeverwaltung, Hausverwaltung oder wie auch immer die entsprechenden Abteilungen bezeichnet sind.

Eine effiziente Nutzung der Facilities, also der Immobilien und Liegenschaften eines Unternehmens, hat im angloamerikanischen Raum in der Vergangenheit deutlich an Interesse und auch an Bedeutung gewonnen. In Deutschland und im übrigen Westeuropa gerät das sogenannte Corporate-Real-Estate-Management ebenfalls langsam ins Zentrum der Aufmerksamkeit. Die durch Reengineering-Konzepte und entsprechende Umsetzungsprogramme zu Beginn der neunziger Jahre geschaffenen neuen Prozesse und Strukturen haben die Unternehmen deutlich schlanker gemacht, die Personalkosten verringert oder ihren Anstieg gebremst. In vielen Unternehmen wurde der Fokus des Reengineering auf Produktionsbereiche oder administrative Abteilungen wie Finanzen, Rechnungswesen, Personal oder auch Marketing und Vertrieb gelegt. Facility Management ist in einigen Betrieben ebenfalls hiervon betroffen gewesen, mit deutlich unterschiedlichen Ergebnissen.

Die bereits relativ weit vorangeschrittene Optimierung der Organisation mit reduzierten Personalkosten läßt in vielen Unternehmen wenig Raum für weitere Kostenreduzierungen. Nach den Personalkosten sind in zahlreichen Branchen die Gemeinkosten zum Betrieb der Immobilien und der allgemeinen Infrastruktur einer der wichtigsten Kostenblöcke im Unternehmen. Da der Ergebnisdruck aus vielen Gründen, vor allem aber durch zunehmende Globalisierung und Konzentration in zahlreichen Märkten weiter fortschreitet, müssen ständig neue, weitere Gebiete, Funktionen und Prozesse in den Unternehmen optimiert werden. Vor diesem Hintergrund erscheint es logisch, daß sich die Aufmerksamkeit auf eine möglichst effiziente Nutzung der betrieblichen Immobilien richtet.

Ergebnisdruck zwingt zur Optimierung auch im Immobilienbereich

In einer Reihe von Unternehmen haben Reengineering-Maßnahmen auch zu einer veränderten Struktur der Wertschöpfungsketten geführt. Unternehmensteile und Funktionen wurden ausgelagert, Lieferanten stärker eingebunden. In der Automobilindustrie werden Lieferanten zunehmend direkt auf dem Betriebsgelände angesiedelt. Finanzdienstleistungen werden über Home-Banking abgewickelt und benötigen kaum noch immobile Infrastrukturen. Mobiles Computing jedoch macht es möglich, daß eine Reihe von Tätigkeiten unabhängig von einem spezifischen Ort ausgeführt werden können. Diese wenigen Beispiele zeigen, wie sich die an Corporate-Real-Estate-Management gestellten Anforderungen innerhalb kurzer Zeit bereits verändert haben und in Zukunft durch diese Trends noch stärker verändern werden.

Neue Organisation der Wertschöpfungsketten stellt neue Anforderungen an betriebliche Immobilien

1.2 Facility Management und Kernkompetenzen

Das Konzept der Kernkompetenzen wurde bereits 1990 von den beiden an der London Business School und der Harvard University lehrenden Professoren C. Prahalad und Gary K. Hamel (Prahalad, Hamel, 1990) vorgestellt und in der Zwischenzeit von einer immer größeren Zahl von Unternehmen angewendet und umgesetzt. Es geht davon aus, daß es für jedes Unternehmen und jede Organisation eine bestimmte Zahl von Kernkompetenzen geben sollte, auf deren Ausbau sich das Unternehmen konzentriert. Kernkompetenzen müssen nicht unbedingt mit einer Kernfunktion oder einem Kernprozeß identisch sein und sind es häufig auch nicht. Doch muß ein Unternehmen sie immer im Zusammenhang mit den Kernkompetenzen der Wettbewerber oder den für den Erfolg in einer Branche notwendigen Kernkompetenzen sehen. Eine weitere Dimension beim Konzept der Kernkompetenzen ist die Wahrnehmung durch die Kundenseite. Nur Kompetenzen, die von den Kunden einer Branche oder eines bestimmten Segmentes als wichtig bewertet werden, können wirklich als Kernkompetenzen definiert werden.

Dieser neue Managementansatz hat dazu geführt, daß Unternehmen heutzutage noch stärker als kognitive Organisationen und Systeme betrachtet werden (Hinterhuber, Friedrich, Handlbauer, Stuhec, 1996). Die Fähigkeit eines Unternehmens, sich selbst als lebendes und lernendes System zu betrachten, ist einer seiner wesentlichen Grundpfeiler. Die Kernkompetenzen sind dann zugleich Startpunkt und Ergebnis des kollektiven Lernprozesses im Unternehmen. Natürlich sind Produkte und Dienstleistungen mit ihren entsprechenden Lebenszyklen und den sich daraus – auch speziell an das Facility Management – ergebenden Anforderungen wichtig. Aber im Rahmen des Konzeptes der Kernkompetenzen sind sie nur die sichtbare Oberfläche und das Ergebnis von Technologien, Prozessen, Fähigkeiten und Erfahrungen eines unternehmerischen Systems.

Unternehmen als lernende Systeme fokussieren sich auf ihre Kernkompetenzen

Die Suche nach bestehenden oder noch fehlenden Kernkompetenzen bedeutet eine stärkere Orientierung eines Unternehmens auf seine innere Organisation. Zum nachhaltigen Auf- und Ausbau der entscheidenden Kernkompetenzen braucht das Unternehmen Ressourcen. Die Frage ihres richtigen Einsatzes, seien es finanzielle oder die häufig noch knapperen Managementressourcen, wird zum zentralen Thema innerhalb des Unternehmens.

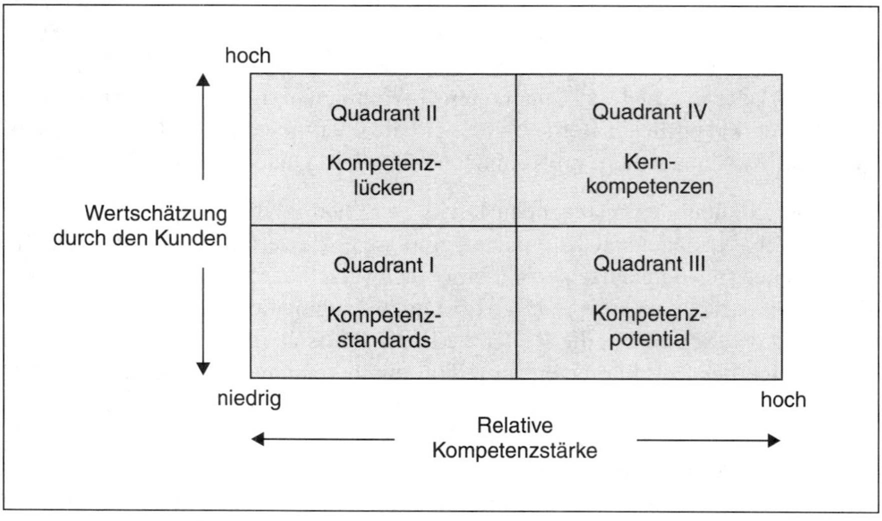

Abbildung 1: Das Portfolio der Kernkompetenzen
(nach: Hinterhuber, Friedrich, Handlbauer, Stuhec, 1996, S. 231)

FM ist keine Kernkompetenz

Das in Abbildung 1 dargestellte Portfoliomodell zur Bestimmung der Kernkompetenzen eines Unternehmens kann ohne weiteres auch auf den Bereich des Facility Management angewendet werden. In der überwiegenden Zahl der Fälle wird ein Unternehmen Facility Management in die Quadranten einordnen, die nicht in den Bereich der Kernkompetenzen fallen. Natürlich ist die Bereitstellung der notwendigen Infrastruktur für einen problemlosen Ablauf des Betriebes wichtig. Trotzdem wird es, betrachtet man die erstellten Produkte oder Dienstleistungen oder versetzt man sich in die Lage des Endkunden, in vielen Fällen kaum eine Rolle spielen. In einigen Fällen hat der Kunde jedoch direkten oder regelmäßigen Kontakt mit der betrieblichen Infrastruktur, den Büros, Ladenlokalen oder anderen betrieblichen Immobilien. Hier kann die Facility-Management-Kompetenz eine andere Bedeutung bekommen. Dies ist beim Einzelhandel und in einigen Dienstleistungsbereichen, wie zum Beispiel bei Bankfilialen oder Versicherungsagenturen der Fall. Hier steht der Endkunde des Unternehmens in einem direkten, dauerhaften und nachhaltig wirkenden Kontakt mit den „Facilities“, das heißt also in der Regel den Geschäftsräumen oder Teilen hiervon. Nur in solchen Fällen ist es möglich, die Facility-Management-Kompetenz entlang der Achse „Wertschätzung durch den Kunden“ im mittleren oder im oberen Teil zu positionieren.

Wertschätzung von Facilities ist wichtig in Branchen mit intensivem Kundenkontakt

Jedes Unternehmen muß ferner seine eigene Facility-Management-Kompetenz mit der Leistung vergleichen, die als „best in class“ im Bereich dieser Kompetenz gilt. Es reicht nicht aus, sich mit der Leistung des direkten Mitbewerbers im angestammten Kerngeschäft in puncto Facility Management zu messen. Ein ernsthafter Vergleich bekommt nur Relevanz, wenn er mit den tatsächlichen „Best-in-class“-Unternehmen vorgenommen wird. Wer diese Positionierung entsprechend der dargestellten Portfoliomethode durchführt, wird zwischen der eigenen Facility-Management-Kompetenz und der Kompetenz spezieller FM-Dienstleister eine deutliche Lücke finden. Die Facility-Management-Kompetenz wird also, je nach Bedeutung für den Endkunden, im Quadranten I (Kompetenz-Standard) oder maximal im Quadranten II (Kompetenz-Lücke) positioniert sein. Bei offener und ehrlicher Betrachtung wird die überwiegende Zahl der Unternehmen Facility Management im Kompetenz-Standard Quadranten positionieren.

FM-Kompetenz an den „Best in Class“ und nicht am Mitbewerb einer Branche messen

Zur Überwindung der bestehenden Lücke zwischen relativer, eigener Stärke bei der Facility-Management-Kompetenz und dem Bewertungsmaßstab „best in class“ bieten sich dem einzelnen Unternehmen verschiedene Wege und Lösungen. Es gibt leider nicht *die* eine, richtige Lösung. Im angloamerikanischen Raum geht der Trend deutlich dahin, die Bestandteile der Wertschöpfungskette, die nicht in den Bereich der Kernkompetenzen fallen, durch verschiedene Formen des Outcontracting, Outtasking oder des vollständigen Outsourcing aus der traditionellen Organisation des Unternehmens herauszulösen. In anderen Fällen werden die Bestandteile des Unternehmens, die nicht in den Quadranten der Kernkompetenzen fallen, mit anderen Unternehmen in Joint-Venture eingebracht. Eine Reihe von Beispielen hierfür gibt es in der Chemie- und Pharmaindustrie (Spin-Off von Spezialitätenchemie, Landchemikalien etc.), aber auch in zahlreichen anderen Branchen.

Trend ist die Fremdvergabe von Leistungen außerhalb der Kernkompetenz

Jedes Unternehmen muß sich die Frage beantworten, wieviel der knappen Management- und Finanzressourcen es in seiner Facility-Management-Kompetenz einsetzen kann. Überwiegend werden Unternehmen dazu tendieren, die knappen Ressourcen zur Verbesserung der Kernkompetenzen und des Kerngeschäftes einzusetzen. Die Facility-Management-Kompetenz wird als Konsequenz daraus mit geringerer Priorität betrachtet. Oder das Unternehmens-Management versucht, die Ressourcen-Lücke über Partnerschaften, Allianzen, Outtasking- und Outsourcing-Vereinbarungen zu schließen. Man wendet sich an Unternehmen, bei denen Facility Management eine eigene Kernkompetenz darstellt.

Outsourcing von FM als logische Konsequenz von Ressourcenmangel und Fokussierung auf die Kernkompetenz

1.3 Facility Management und Shareholder Value

Die in jüngster Zeit aufgekommene Diskussion um Bedeutung und Konsequenzen des Shareholder-Value-Ansatzes zeigen in den USA und Großbritannien bereits deutlich ihre Auswirkungen auf Facility Management. Sie erhöht den Druck auf Unternehmen, ihre Immobilien besser nutzen und zu bewirtschaften. Um die Beziehung zwischen Shareholder Value und Facility Management zu erhellen, ist ein kleiner Exkurs in die Theorie des Shareholder-Value-Ansatzes notwendig.

Shareholder Value spielt zur Zeit in den angloamerikanischen Ländern eine deutlich größere Rolle als in Deutschland, aus unterschiedlichen Gründen. In Deutschland tragen Dividenden oder Aktiengewinne nur zu einem geringen Teil zum Einkommen breiter Bevölkerungsschichten bei und die starke Betonung des gesellschaftlichen Konsens führt bei Unternehmen oft zu einer Unterrepräsentierung der Aktionärsinteressen. Auch sind in den angloamerikanischen Ländern institutionelle Rahmenbedingungen für eine bessere Umsetzung von Shareholder-Value, wie zum Beispiel Rückkaufprogramme für Aktien, vorteilhafter geregelt. Die hohe Transparenz der globalen Kapitalmärkte, deren Bewertung sich auch die deutschen Unternehmen im globalen Wettbewerb um günstiges Kapital stellen müssen, wird in den kommenden Jahren zu einer verstärkten Beachtung des Shareholder-Value-Ansatzes in Deutschland führen.

Das Grundprinzip des Shareholder-Value-Ansatzes (Rappaport, 1986) basiert darauf, daß der Wert eines Unternehmens dauerhaft gesteigert wird. Für die Definition des Wertbegriffes gibt es eine ganze Reihe unterschiedlicher Ansätze. Bei börsennotierten Aktiengesellschaften kann die Wertsteigerung der Aktien als die Summe aus der Kurssteigerung und den ausgeschütteten Gewinnen definiert werden. Kurssteigerungen von Aktien sind, vereinfacht ausgedrückt, in aller Regel ein Ergebnis der erwarteten zukünftigen Gewinne eines Unternehmens, die mit einem Diskontsatz auf ihren aktuellen Wert abgezinst werden. Die Reaktionen der Kapitalmärkte auf Mitteilungen, die Aufschluß über eine Veränderung der zukünftigen Ergebnisse geben, spiegeln sich mit einer für den Laien überraschenden Geschwindigkeit in Kurssteigerungen oder, bei negativen Nachrichten, auch

Shareholder wollen dauerhafte Wertsteigerungen

in Kursverlusten wider. Treten die erwarteten Gewinnsteigerungen später nicht ein, geben die Kurse dann wieder nach.

Durchschnittlicher Buchwert von Immobilien liegt in Unternehmen bei 25 bis 35 Prozent

Die Herausforderung für das Management der Unternehmen liegt nun darin, das im Unternehmen gebundene Kapital so einzusetzen, daß sich eine im Verhältnis zum eingegangenen Risiko optimale Wertsteigerung für die Kapitalgeber (das heißt in aller Regel die Eigentümer) ergibt. Einer ganzen Reihe von unterschiedlichen Publikationen zufolge liegt der Anteil des Immobilienvermögens am Buchwert eines Unternehmens je nach Branche und Einzelfall bei 25 bis 35 Prozent (Ebert, 1997). Die nachfolgende Analyse, von Andersen Consulting auf der Basis der Geschäftsberichte ausgewählter, großer deutscher Unternehmen durchgeführt, zeigt detaillierter die Situation in Deutschland.

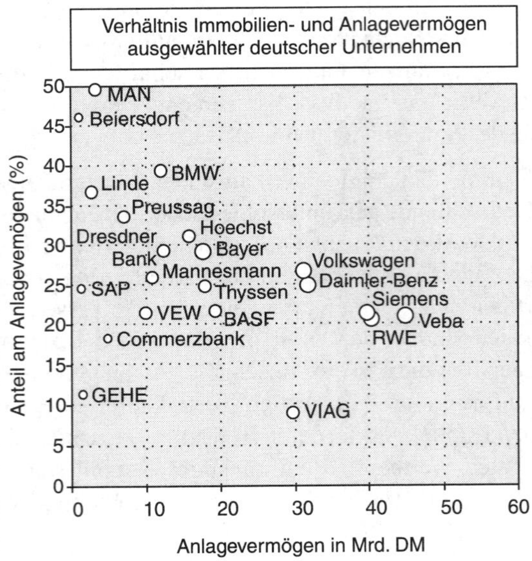

Immobilienvermögen deutscher Unternehmen (in Mrd. DM)	
Siemens	8,5
Veba	9,8
Bayer	5,5
RWE	8,5
BASF	4,2
SAP	0,2
Mannesmann	2,8
Volkswagen	8,4
Dresdner Bank	4,1
BMW	4,7
VIAG	2,8
Commerzbank	1,0
VEW	2,1

○ = bis 1 Mrd. DM CRE-Buchwert
○ = über 1 bis 5 Mrd. DM CRE-Buchwert
○ = mehr als 5 Mrd. DM CRE-Buchwert

Abbildung 2: Portfolio-Darstellung des Immobilien-Anteils am Anlagevermögen deutscher Unternehmen (Quelle: Andersen Consulting, 1997)

Dies sind, wohlgemerkt, nur die der normalen Abschreibung unterliegenden Buchwerte. Zu aktuellen Marktwerten bewertet, wird sich in vielen Fällen ein deutlich anderes Verhältnis ergeben. Häufig wird der Anteil der zu Marktwerten bewerteten Immobilien am Marktwert des Unternehmens um einiges höher liegen als beim Verhältnis Immobilienbuchwert zu Unternehmensbuchwert (Ebert, 1997). Was hat all dies nun mit dem Facility Management eines Unternehmens zu tun? Der Zwang zur besseren Nutzung des in Unternehmensimmobilien gebundenen Kapitals kann sich so auswirken:

- bessere Raumnutzung und Verringerung der Durchschnittsfläche pro Beschäftigtem
- Vermietung an andere Unternehmen, die dann marktgerechte Preise für Facility-Management-Dienstleistungen erwarten
- verstärkter Druck auf Reduzierung der Kosten, zu denen die benötigten Flächen anforderungsgerecht bereitgestellt werden können
- komplexere Raumplanungsprojekte, um Gebäude mit einem hohen Marktwert oder möglichen hohen Mieteinnahmen freizuziehen
- stärkere Nutzung von Mietobjekten, durch die die Flexibilität erhöht wird und bei denen dann das Facility Management und Property Management durch Dritte durchgeführt wird
- Tendenz zum Verzicht auf Immobilien und damit reduzierte Kapitalbindung durch stärkere Nutzung neuer Kommunikations-technologien und Arbeitsmodelle (Stichwort: Virtual Office), woraus sich ein starker Rückgang oder sogar Wegfall der Nachfrage nach internen Facility-Management-Dienstleistungen ergeben kann

Noch ist es ein langer Weg, bis sich die deutschen Unternehmen oder deren Immobilien- und Facility-Management-Verantwortlichen mit diesem Punkt auseinandergesetzt haben werden und zu einer anderen Einschätzung der Unternehmensimmobilien und deren Bewirtschaftung kommen. In einer von Arthur Andersen (Arthur Andersen, 1995) durchgeführten internationalen Befragung von Corporate-Real-Estate-Managern sahen die in Deutschland Befragten, Unternehmensimmobilien schlichtweg als notwendigen Kostenfaktor für den operativen Geschäftsbetrieb an. Die Berücksichtigung des Aspektes der alternativen Verzinsung des gebundenen Kapitals und damit einhergehend die Nutzung anderer Finanzierungsformen oder Betreiberkonzepte scheinen sich nur außerhalb der Landesgrenzen wiederzufinden.

In Deutschland werden Immobilien noch als ein notwendiger Kostenfaktor gesehen

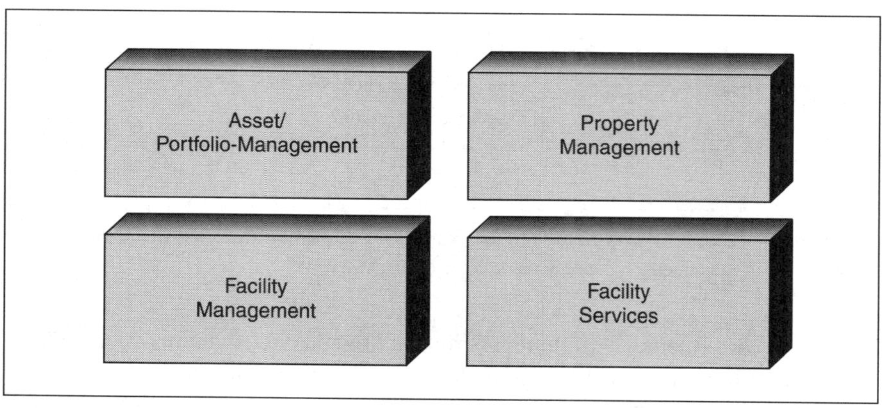

Abbildung 3: Die Bestandteile des Corporate Real Estate (Quelle: Andersen Consulting)

Modell zur Entwicklung der FM-Strategie

Im folgenden soll ein Modell zur Entwicklung der Facility-Management-Strategie erläutert werden, das insbesondere auf die Serviceaspekte der Immobilienbewirtschaftung stärker Bezug nimmt. Entwickelt wurde dieser Ansatz im Rahmen der jahrelangen Forschungsarbeiten und Diskussionsrunden des International Development Research Council (IDRC), das sich selbst als eine der führenden Berufsvereinigungen von Corporate Real-Estate-Managern sieht. Es hat sich intensiv mit dem Thema des Facility Management und der Gebäudeservices beschäftigt. In einem gemeinsam mit dem Center for Real Estate des MIT, Cambridge, durchgeführten Forschungsprogramm „Corporate Real Estate 2000", sind eine Reihe interessanter Ansätze publiziert worden, die zu einem sehr großen Teil auf die Einschätzung und Prognosen von Corporate Real Estate und Facility-Management-Praktikern beruhen.

Das nachfolgend abgebildete Strategiemodell beruht auf den fünf Komponenten (Lambert, Poteete, Kagan, 1995):

- Geschäftsanforderungen
- Service-Definition
- operative Strategien
- Service-Erstellung
- strategische Anpassung

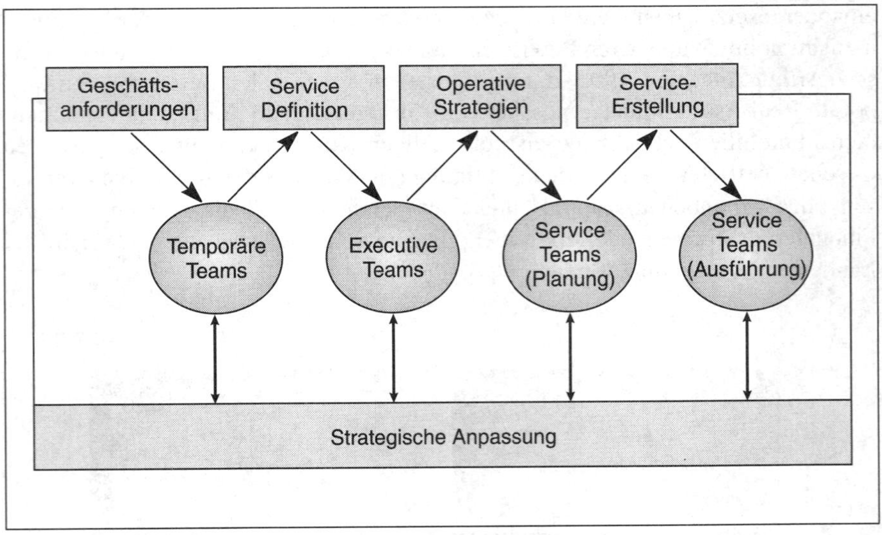

Abbildung 4: Die fünf Komponenten der Facility-Management-Service-Strategie (in Anlehnung an: Lambert, Poteete, Kagan, 1995)

Der Aspekt des Business Alignment berücksichtigt das sich dynamisch verändernde Umfeld, in dem sich das Unternehmen positioniert und das seinen Wettbewerbsrahmen definiert. Das grundlegende Verständnis der notwendigen Kernkompetenzen wird dem Facility Manager hilfreiche Aufschlüsse über die generelle Bedeutung der Facility-Management-Kompetenz im Unternehmen geben. Die Bearbeitung der für Facility Management relevanten Punkte, die aus dem Business Alignment abgeleitet werden, kann in temporär gebildeten, cross-funktionalen, Teams durchgeführt werden.

An diesen Schritt schließt sich die Service Definition an. In Abhängigkeit von den spezifischen Anforderungen des Business Alignment ergibt sich hier die Definition der sogenannten Service Levels. Das sind die Vereinbarungen, die das zu erbringende Leistungs- und Komfortniveau (Fläche, Ausstattung, infrastrukturelle Leistungen, Reaktionszeiten bei Reparaturen und Beschwerden etc.) definieren. Die Entwicklung neuer Facility-Management-Dienstleistungen, die einer sich verändernden Nachfrage begegnen (als Antwort auf den Wandel der Anforderungen im operativen Geschäft), kann unter diesen Punkt fallen. Diese Aufgabe wird von „Executive Teams" wahrgenommen. Sie setzen sich aus den oberen Führungskräften des Facility Management, Managern der operativen Geschäftseinheiten und dem Management externer Dienstleistungsfirmen zusammen. Die frühzeitige Einbeziehung externer Dienstleister (zum Beispiel Gebäudereiniger, Sicherheitsunternehmen, aber auch professioneller Facility-Management-Anbieter) kann für die optimale Gestaltung und Vorbereitung einer reibungslos funktionierenden operativen Strategie von großer Bedeutung sein.

Service Levels werden aus den Notwendigkeiten der Kernkompetenz abgeleitet

Die Entwicklung der operativen Facility-Services-Strategien schließt sich nahtlos an. Dieser Schritt integriert ein Netzwerk von verschiedenen Beteiligten, die Kunden des Facility Management, die direkten Auftraggeber, die externen Dienstleistungsfirmen etc. Die Verbindung und Verknüpfung der zur Steuerung und Kontrolle der Prozesse notwendigen Technologien (Gebäude-Informationssysteme, Leitzentralen, Service-Call-Center etc.) wird hergestellt. Sie paßt sich der spezifischen Kundensituation und der Service-Level-Vereinbarung an. Die operative Steuerung ist in dieser Phase bereits zum großen Teil Sache der externen Spezialisten. Sie fungieren als Koordinatoren, die unterschiedlichste Dienstleister integrieren und die Zahl der Schnittstellen und Berührungspunkte minimieren, mit denen sich dann das interne Management im operativen Ablauf auseinandersetzen muß.

Organisatorische und technische Vernetzung der FM-Beteiligten als Teil der Strategieentwicklung

Die Service Delivery sichert dann die Erstellung der jeweiligen operativen Dienstleistung im Rahmen der operativen Strategie. Ein Kernproblem liegt in der Vorhersage der tatsächlichen, kurzfristig zu befriedigenden Nachfrage nach Facility-Management-Dienstleistungen, ein anderes darin, stets reibungslos einen Prozeß gleicher Qualität sicherzustellen. Und Flexibilität ist gefragt: Wer kennt nicht die Fälle, wo schnell mal eine Zusatzreinigung, die über das Vereinbarte hinausgeht, gewünscht wird oder wo kurzfristig Umzüge organisiert, neue Büroräume zur Verfügung gestellt werden müssen etc. Die geforderte Flexibilität darf die Umsetzung der Größenvorteile bei den einzelnen Dienstleistungen nicht außer acht lassen. Erst der ideale Mix aus beiden Komponenten bringt letztlich den Erfolg für das Facility Management.

Probleme der Bereitstellung von FM-Leistungen sind Zeitpunkt und konstante Qualität

Im fünften Schritt sieht das IDRC die permanente Abstimmung und Rückkoppelung der vier vorherigen Schritte mit der strategischen Gesamtsituation des Unternehmens. Diese Rückkopplungsschleifen ermöglichen es dem Facility Management, die gemeinsam mit dem Kunden und den externen Dienstleistungsunternehmen entwickelte Strategie kurzfristig geänderten Rahmenbedingungen anzupassen.

Der Vorteil dieses Modells für die Umsetzung in der Praxis liegt in seiner Einfachheit. Gleichzeitig ist es stringent auf die Anforderungen ausgerichtet, die sich aus den operativen Geschäftseinheiten und der Unternehmensstrategie ergeben. Doch löst es nicht das Dilemma vieler deutscher Unternehmen, die noch auf einen großen Bestand eigener Immobilien blicken. Sie befinden sich, neben ihrem Kerngeschäft, noch eher unfreiwillig im Immobiliengeschäft, für das ganz andere Wettbewerbsregeln gelten als in ihrem Stammgeschäft.

Konzentration auf die Teile der Wertschöpfungskette, die Kernkompetenz ausmachen, Optimierung des eingesetzten Kapitals und der Mangel an Managementressourcen machen FM zu einem zwangsläufigen Outsourcingthema. Ein pragmatisches, fünfstufiges FM-Strategiemodell hilft Immobilien besser zu managen, löst aber noch nicht die grundsätzlichen Fragen des Immobilienbesitzes von Unternehmen.

2. Was ist Facility Management?

Frank Seifert

Dieses Kapitel gibt einen Rückblick auf die Entwicklung des Facility Management und einen Überblick über gängige Definitionen. Daraus wird der Ansatz einer Neudefinition von FM entwickelt, die auch wahrscheinliche zukünftige Entwicklungen zu berücksichtigen versucht. Der Kunden- und Service-Aspekt von Facility Management wird in den Mittelpunkt der Diskussion gerückt.

2.1 Herkunft und Bedeutung

Tätigkeiten, die der Begriff Facility Management umschreibt, gibt es schon fast so lange, wie es Unternehmen und die dazugehörige Infrastruktur gibt. Erst in den letzten zehn bis 15 Jahren entwickelte sich Facility Management zu einer eigenständigen und anerkannten Management-Disziplin. Dies mag besonders daran liegen, daß der Anteil der Service- und Unterstützungsfunktionen an der Wertschöpfung der Unternehmen gestiegen und das Zusammenwirken der Funktionen wesentlich komplexer geworden ist. Damit ging – und geht noch – eine deutliche Kostensteigerung für Service- und Infrastrukturleistungen einher. Sicherlich ist auch das Bewußtsein für die kritische Bedeutung des Facility Management bei der Sicherstellung eines reibungslosen, die Produktivität des Unternehmens insgesamt begünstigenden, Betriebsablaufes größer geworden. Aspekte wie das sogenannte „Sick Building Syndrome" oder der Einfluß ergonomisch günstiger Arbeitsplatzgestaltung in Büros haben vor 20 Jahren nicht unbedingt die Aufmerksamkeit gefunden, die sie heute erhalten. Vom Schattendasein einer lästigen Notwendigkeit entwickelten sich Facility-Management-Leistungen zu „key enablern" des Kerngeschäfts in Unternehmen. Das sind die wichtigen Unterstützungsfunktionen, die eine volle und optimale Entfaltung der Kernfunktionen eines jeden Unternehmens erst möglich machen.

Nachfolgend einige der wichtigsten Trends, die bis heute zu einer verstärkten Auseinandersetzung mit dem Thema Facility Management geführt haben:

FM rückt wie alle unterstützenden Services durch technologische Trends und Kostendruck stärker ins Bewußtsein

- Erhöhter Einsatz und stärkere Abhängigkeit vom Technologiefaktor, das heißt mehr Computer, komplexere Telekommunikationseinrichtungen, programmierbare Kopiersysteme, Vernetzung von Sprach- und Datenkommunikation
- Wandel in den Anforderungen an die Gestaltung der Büroarbeitsplätze: vom Standardbüro hin zu flexibleren Bürokonzepten wie Hotelling oder Just-In-Time-Büros
- verstärkter Kostendruck durch Instandhaltungskosten für Unternehmensimmobilien; zunehmende Kosten bei Ver- und Entsorgung von Liegenschaften

- steigende Ansprüche an das Komfortniveau der Arbeitsumgebung mit entsprechenden Auswirkungen auf die Gebäudeausstattung und den Gebäudebetrieb
- steigende Anforderungen an interne und externe Sicherheit in den Unternehmen, Automatisierung der Zutrittskontrollen, stärkerer Schutz vor Unternehmensspionage usw.

Diese kurze, beispielhafte Auflistung wichtiger aktueller Trends rund um das Thema Facility Management enthält sicherlich den ein oder anderen Punkt, dem der Leser in jüngster Zeit in seinem eigenen betrieblichen Umfeld begegnet ist. Das stärkere Bewußtsein um diese seit langer Zeit bereits praktizierten Funktionen führte seit Beginn der achtziger Jahre dazu, diesen Katalog an Funktionen in einem neuen, gesamtheitlichen Modell zu beschreiben.

2.2 Traditionelle Definitionen von Facility Management

Abgrenzung von FM war in der Vergangenheit nicht einheitlich zu fassen

Sowohl in der Theorie als auch in der Praxis wird häufig die Frage nach der Abgrenzung von Facility Management gestellt. Es drängt sich manchmal der Verdacht auf, Facility Management decke auf einmal alle Funktionen und Tätigkeiten in einem Unternehmen ab, die nicht klar den produktiven oder klassisch administrativen Funktionen wie Rechnungswesen, Vertrieb oder Marketing zuzuordnen seien. Dies wird in manchen Unternehmen dadurch verstärkt, daß unklare Organisationsstrukturen noch Bereiche und Abteilungen mit Alt-Bezeichnungen wie „Allgemeine Verwaltung“ oder ähnliches enthalten. Sie sind zuständig für fast alles, mit dem sich Produktion, Vertrieb und Rechnungswesen nicht auseinandersetzen mögen.

Eine der ältesten Definitionen für Facility Management, die sich durchsetzen konnte, stammt vom amerikanischen Facility-Management-Institut. Sie beschreibt FM als:

> *„Managing and coordinating interrelated people, process and place issues and functions within the corporation or organization; it integrates the principles of business administration, architecture, and the behavioral and engineering sciences.“*

Diese Definition ist für den gängigen deutschen Geschmack wahrscheinlich zu oberflächlich und allgemein gehalten. Aber die Kombination von „people, process, place“ ist eine gemeinsame Basis, die angloamerikanische Facility-Management-Experten als verbindendes Element weithin akzeptieren. Im deutschsprachigen Raum sind die Definitionen für Facility Management vielfältig. Die Diskussion um das, was denn eigentlich Facility Management sei, wird sicherlich noch so lange anhalten, bis eine DIN-Norm für alle verbindlich regelt, worum es sich handelt.

Noch stark auf den Teil Immobilien und Liegenschaften fokussiert ist beispielsweise die Definition nach den Richtlinien des VDMA. Hier findet sich für Facility Management folgende Definition:

„Gesamtheit aller Leistungen zur optimalen Nutzung der betrieblichen Infrastruktur auf der Grundlage einer ganzheitlichen Strategie. – Betrachtet wird der gesamte Lebenszyklus von der Planung und Erstellung bis zum Abriß. Ziel ist die Erhöhung der Wirtschaftlichkeit, die Werterhaltung, die Optimierung der Gebäudenutzung und die Minimierung des Ressourceneinsatzes zum Schutz der Umwelt. Facility Management umfaßt gebäudeabhängige und gebäudeunabhängige Leistungen." (Gebäudemanagement 6/96)

VDMA-Definition: Gesamtheitliche Sichtweise aller Leistungen um das Gebäude herum

In Anlehnung an diese Definition definiert die GEFMA (Deutscher Verband für Facility Management e. V.) in der Richtlinie 100 den Begriff des Facility Management mit seiner praktischen Bedeutung für die Aktivitäten bei Konzeption, Planung, Errichtung, Nutzung, Unterhalt, Umbau und Nutzungsänderung, Sanierung und Abriß von Gebäuden oder anderen baulichen Objekten.

Eine andere Definition liefert die Zeitschrift Facility Management:

„FM beinhaltet alle Dienstleistungen, die zum Betreiben und Unterhalten eines Gebäudes oder einer Immobilie erforderlich sind. Die Gebäude beziehungsweise die Immobilie muß dem Nutzer uneingeschränkt zur Ausführung seines Kerngeschäfts zur Verfügung stehen. Wichtig dabei ist, daß die komplette Verantwortung für das FM in „eine Hand" gelegt wird, damit alle Aufgaben zwecks Leistungs- und Kostenoptimierung koordiniert werden können." (Facility Management 1/95)

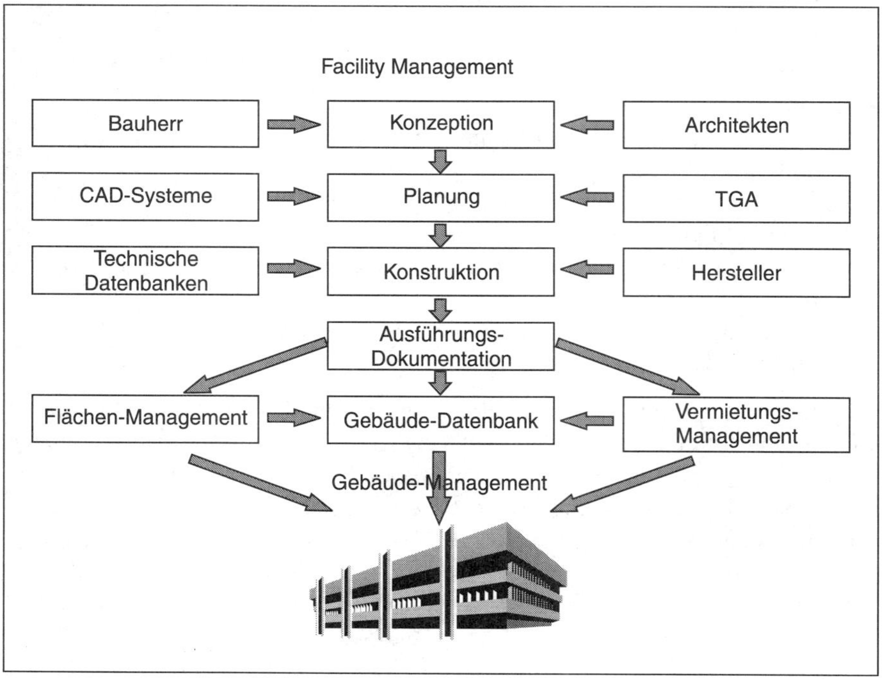

Abbildung 5: Facility Management – Ein Definitionsansatz (Quelle: Facility Management 1/95)

Die Liste der Definitionsansätze aus deutschsprachigen Quellen könnte noch fortgesetzt werden. Teilweise finden sich Versuche der Aufgabenbeschreibung, die von der Schlüsselverwaltung bis hin zum Möblierungsmanagement noch alles auflisten, was mit dem Begriff *Hausverwaltung* besser umschrieben wäre. Ein aktiver, integrierender Managementansatz wie der „People-, Process-, Place-Ansatz" aus dem angloamerikanischen Raum ist nur mit viel gutem Willen zu erkennen.

Betriebswirtschaftliche oder verhaltens-wissenschaftliche Aspekte fehlen in den deutschen FM-Definitionen

Alle drei aufgeführten Definitionen aus dem deutschsprachigen Raum stellen das Gebäude, die Immobilie beziehungsweise „bauliche Objekte" in den Vordergrund ihrer Beschreibung. Das *Was* dominiert. Ein Bezug zu betriebswirtschaftlichen oder auch verhaltenswissenschaftlichen Managementtechniken, wie in der amerikanischen Definition aufgeführt, fehlt. Lediglich die VDMA-Definition geht etwas weiter, indem sie noch gebäudeunabhängige Leistungen mit einschließt. Die deutschen Facility-Management-Definitionen unternehmen zaghaft erste Identifikationsversuche, für *wen* Facility Management überhaupt erbracht wird, wer also ein Interesse an dieser Leistung hat. Etwas lieblos wird häufig von einem Nutzer gesprochen. Das Wort Kunde wird noch nicht so recht in der Facility-Management-Fachwelt benutzt. Kein Automobilhersteller würde seine Käufer als Nutzer seiner Automobile bezeichnen und nicht als Kunde? Und wenn schließlich noch der Kunde König ist, welche Rolle bleibt dann für einen Nutzer?

Nach dem Verständnis des stark angloamerikanisch geprägten Dachverbandes IFMA (International Facilities Management Association) hat eine Definition von FM die Inhalte:

- langfristige Facility-Planung
- lährliche, taktische Facility-Planung
- finanzielle Facility-Vorschau/Finanzmanagement
- Immobilientransaktion
- Arbeitsplatz- und Raumplanung, Flächenmanagement
- Planung/Design von Architekturleistungen
- Neubau/Renovierungen
- technische Instandhaltung
- infrastrukturelle Dienstleistungen wie Telefonzentralen, Sicherheit, Catering, allgemeine Hausverwaltung etc.

Wir finden hier einen ebenfalls starken Fokus auf die Immobilie. Ergänzend kommt jedoch noch der Kundenaspekt und dessen spezifische Anforderungen hinzu: „The role is to ensure that the customer and the corporation have an on-time and on-budget project with the best possible site, space, facilities, furnishings and support systems to serve their needs ...". (Facility Management, 1996, S. 4/5)

2.3 Ein neuer Ansatz zur Definition von Facility Management

Auch wenn die Ziele in der praktischen Ausprägung aller Definitionen ähnlich sein mögen, bedeutet der Zusatz der Kundenorientierung jedoch eine andere Denkrichtung. Er schreibt eine Ausrichtung auf den Kunden, nicht auf das Gebäude, fest. Ohnehin ist die Frage, warum sich dieser starke Immobilienfokus in den deutschsprachigen Definitionsansätzen wiederfindet.

Wörtlich bedeutet *Facilities* „aids, circumstances, which make it easy to do things“ (Oxford Dictionary, „Hilfen, Umstände, die es leicht machen, bestimmte Dinge zu tun“). Danach sind Facilities Unterstützungen, die notwendig sind, um die eigentlichen „things“ leichter tun zu können, und das sind nicht notwendigerweise nur gebäuderelevante Dinge. Das rückt die Frage in den Vordergrund: Welche Unterstützung wünscht sich der *Kunde*, um seine Tätigkeiten optimal verrichten zu können? Was getan werden kann und muß, um die Nutzungsdauer eines betrieblichen Gebäudes zu verlängern, hat dann keine Priorität mehr. Jeder Kunde wird individuell selbst entscheiden, was für ihn die „things“ sind. Grundsätzlich wird der Kunde *seine* Kernkompetenzen und Kernaktivitäten definieren. Alles außerhalb dieser Kernfunktionen kann aus Kundensicht eine Facility-Management-Aktivität darstellen.

Was ist eigentlich der Kundenwunsch bei FM?

Um den grundlegenden Unterschied in der Auffassung von angloamerikanisch geprägtem Facility Management und den noch überwiegend der Gebäudeverwaltung verhafteten Ansätzen in Deutschland zu erklären, muß etwas weiter ausgeholt werden. In Deutschland befindet sich nach wie vor der größte Teil der betrieblich notwendigen Grundstücke und Gebäude im Besitz der jeweiligen Unternehmen. Betriebliche Immobilien stellen einen großen Teil der von Unternehmen gebildeten stillen Reserven dar. Im angloamerikanischen Raum ist aber ein Großteil der Immobilien, die ein Unternehmen zur Erstellung seiner eigentlichen Leistung nutzt, im Eigentum Dritter. Es gibt eine Reihe von Faktoren, die zu diesen unterschiedlichen Ausprägungen geführt haben und auf die nicht weiter im Detail eingegangen werden soll.

Die Immobilie stellt einen Teil stiller Reserven dar, statt Produktionsfaktor in der Hand Dritter

Offensichtlich betrachten angloamerikanische Unternehmen betriebliche Immobilien vornehmlich als Anlagegüter, die in ihrer notwendigen Verzinsung mit anderen Anlageentscheidungen konkurrieren. In Deutschland sehen Manager die betrieblichen Immobilien eher als notwendigen Bestandteil der betrieblichen Produktionsfunktion. Die überaus stark im Bewußtsein der deutschen Bevölkerung verhaftete Inflationsangst und die Sicherheit, die Immobilien in Inflationszeiten gewährleisten können, mag ebenfalls noch eine Rolle spielen. Daher ist nachvollziehbar, warum sich die deutschen Ansätze immer noch stärker mit der Verlängerung des Immobilienlebenszyklus beschäftigen als die angloamerikanischen. In den USA haben sich viele Unternehmen dieses Aspektes bereits entledigt. Sie haben das Problem in die Hände professionell agierender Immobilienbesitzer gelegt. Die höhere Transparenz der angloamerikanischen Kapital-

US-Sichtweise der Immobilie als eines von vielen, miteinander konkurrierenden Anlagegütern

märkte und die Erwartung der Aktionäre, gebundenes Kapital effizient zu nutzen, mag hier eine positive und beschleunigende Funktion gehabt haben.

In dem neuen Definitionsansatz für Facility Management soll der Kundenaspekt stärker mit einbezogen werden. Einige führende Facility-Management-Dienstleister haben sich diesem Gedanken bereits dezidiert verschrieben. Der amerikanische Facility-Management-Anbieter Johnson Controls schreibt in einem seiner Geschäftsberichte:

> *„... uncomfortable temperature and humidity levels in the workplace are leading causes of job dissatisfaction. Conversely, maintaining comfortable workplace conditions has been shown to increase employee productivity and retention. That's why occupant comfort is one of the top priorities of our customers. Our customers are the owners and managers of office, education, ... and other non-residential buildings."*

Auch Komfort kann Teil des Kundenwunsches an FM sein

Es ist oberstes Gebot, das gewünschte Komfortniveau für den Kunden herzustellen. Dabei ist die Wahrnehmung des Kunden, der für diese Leistung bezahlt, letztlich entscheidend. Die Leistungen des Facility Management orientieren sich damit an dem vom Kunden gewünschten Zustand. Er erlaubt ihm, seine Kernaktivitäten „things" möglichst effizient und effektiv zu verfolgen. Die zur Erfüllung dieses Zustandes notwendigen Aktivitäten sind für den Facility-Management-Kunden Nebenfunktionen und Randaktivitäten. Sie werden zu Kernaktivitäten oder auch Kernprozessen des Facility Management. Den Kunden interessiert dabei in erster Linie das Ergebnis eines Prozesses, zum Beispiel eine angenehme Raumtemperatur. Die Inbetriebnahme einer neuen elektrischen Heizpumpanlage wird ihn weniger interessieren. Im Vordergrund einer neuen Definiton des FM sollen daher, als Kern der Facility-Management-Tätigkeit, die notwendigen Prozesse und Funktionen stehen, die der Bereitstellung eines vom Kunden wahrgenommenen Nutzens dienen.

2.3.1 Wer ist der Kunde?

Nun stellt sich noch die Frage, wer ist der „Kunde" des Facility Management überhaupt? Ist es der kostenbewußte kaufmännische Leiter eines Softwareunternehmens, der eine Reinigungsfirma kontraktiert, oder der Programmierer, der täglich neu mit Verdruß feststellt, daß sein Bildschirm immer noch verstaubt ist? Ist es der Eigentümer, der um sein Image fürchtet, weil der Rumpf seiner Flugzeuge nicht mehr den Schriftzug der Airline erkennen läßt? Oder ist es gar die Umweltbehörde, die, nach vollzogener Reinigung des Jets, von einem unabhängigen Institut feststellten läßt, daß die Abwässer ungeklärt in die anliegenden Wiesen des Flugfeldes fließen? Die Antwort ist offensichtlich. Es mag vielleicht einen bestimmten, definierten Auftraggeber für eine Facility-Management-Dienstleistung geben. In der Regel gibt es aber nicht *den* einzelnen Kunden für das Facility Management. FM-Kunden sind eine Reihe unterschiedlicher Interessengruppen.

Jeder Berührungspunkt zwischen Facility Management und Interessengruppe stellt eine kritische Verbindung im Sinne einer Kundenbeziehung dar. Deshalb ist es bei einer Definition von Facility Management von entscheidender Bedeutung, alle verschiedenen Gruppen, ihre Interessen und ihre unterschiedlichen Anforderungen und Entscheidungskriterien zu identifizieren. Statt der Anforderungs- und Entscheidungskriterien, läßt sich auch der im Marketing gebräuchliche Begriff der „Buyer Values" verwenden. Die Gesamtheit dieser Interessengruppen können, bei variierender Wichtigkeit der einzelnen Gruppen im Gesamtgefüge, als Kunden des Facility Management angesehen werden.

Mehrere Kundengruppen für FM mit unterschiedlichen Buyer Values

Nach diesen Erkenntnissen muß das Facility-Management-Dienstleistungen definieren, die den Buyer Values der Kunden entsprechen. Darauf aufbauend müssen dann die zur Leistungserstellung notwendigen Facility-Management-Prozesse ausgerichtet werden. Die Verantwortung der ordnungsgemäßen, vereinbarten Erbringung der Dienstleistungen gegenüber dem Kunden wird der Facility Manager wahrnehmen. Der eigentliche Wertschöpfungsprozeß der jeweiligen einzelnen Dienstleistung kann dagegen von beliebigen Teilnehmern erbracht werden. Durch diesen Ansatz wird der Facility Manager zum Dreh- und Angelpunkt bei der Beschaffung, Koordination und der Qualitätssicherung der für den Kunden erbrachten Serviceleistung.

Wertschöpfungskette von FM kann vom FM-Manager aufgeteilt werden. Sie wird von unterschiedlichen Dienstleistern erbracht

Das folgende, von Andersen Consulting entwickelte Facility-Management-Prozeßmodell ist ein integrierter Ansatz, der alle notwendigen Kernprozesse aus der Sicht der Kunden aufzeigt.

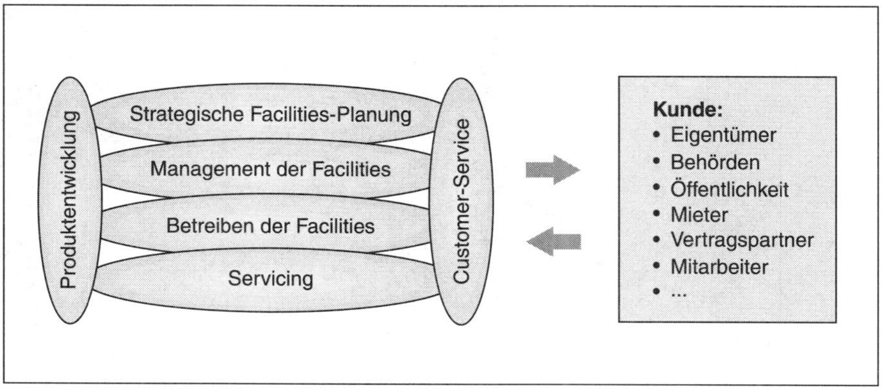

Abbildung 6: Kernprozeßmodell Facility Management (Quelle: Andersen Consulting)

Innerhalb der Kernprozesse „Betreiben der Facilities und Servicing" kann der Facility Manager die oben erwähnte Funktion des Dreh- und Angelpunktes beim Einsatz spezialisierter Dienstleistungsunternehmen wahrnehmen. In einer Reihe von Unternehmen geht der Trend in der Aufgabenteilung sogar schon soweit, daß lediglich die strategische Facility Planung im Unternehmen verbleibt und das eigentliche Management an ein spezialisiertes Facility-Management-Unternehmen vergeben wird. Zusammenfassend soll wie folgt definiert werden:

> *„Facility Management umfaßt die Gesamtheit aller Prozesse zur Erbringung von kundenspezifischen Leistungen, die zur Unterstützung des Kerngeschäftes der Kunden von diesen als notwendig und sinnvoll erachtet werden. FM-Prozesse sind nicht an die physische Existenz von Gebäuden gebunden, denn die zukünftige Entwicklung virtueller Welten wird die Erstellung der Wertschöpfung von Gebäuden unabhängig machen.“*

Dieser bewußt weitgefaßte Ansatz wird die Diskussion um die Frage, was Facility Management nun ist, nicht beenden. Einen solchen Anspruch verfolgen wir nicht. Wichtig ist, daß unterschiedliche Betrachtungsweisen stärker ins Bewußtsein rücken und dadurch die fruchtbare Diskussion angeregt wird.

In einem euen Definitionsansatz für FM darf die Kundenorientierung nicht fehlen

Eine Neudefinition des Begriffs FM ist nicht die Suche nach passenderen Worten, sondern füllt ihn mit neuer Bedeutung. Sie schließt nunmehr nach dem „Was“ auch das „Für Wen“ ein. Damit bezieht man auch die Wünsche der Entscheider und tatsächlichen Nutzer ein. Die Leistungsanteile in der gesamten FM-Wertschöpfungskette läßt der FM-Manager als Schlüsselfigur der Gestaltung der FM-Kernprozesse von unterschiedlichen Anbietern erbringen.

3. Der Facility-Management-Lebenszyklus in einem Unternehmen

Rainer Köllgen/Christopher H. Wolf

Das Kapitel stellt die unterschiedlichen Entwicklungsschritte dar, die FM üblicherweise in einer Unternehmensorganisation durchläuft. Es behandelt die Zusammenhänge zwischen FM und den Produkt- und Unternehmens-Lebenszyklen und untersucht die Verbindung zwischen Immobilienzyklus und dem Entwicklungsstand der Facility-Management-Organisation. Es werden verschiedene Modelle der Corporate Real Estate Organisation beschrieben und ihre Verbindung mit dem Immobilienlebenszyklus aufgezeigt.

3.1 Produkt- und Unternehmenslebenszyklus

Dieses Kapitel stellt die unterschiedlichen Entwicklungsschritte dar, die das Facility Management üblicherweise in einer Unternehmensorganisation durchläuft. Die Zusammenhänge zwischen Facility Management und dem Produkt- und Unternehmenslebenszyklus werden ebenso thematisiert wie die Verbindung zwischen Unternehmenslebenszyklus, Immobilienzyklus und Entwicklungsstand der Facility-Management-Organisation. Auch das wichtige Zusammenspiel zwischen der Corporate-Real-Estate-Organisation, die eine strategische Verbindung zum Immobilienlebenszyklus sicherstellt, und dem Facility Management ist Thema dieses Kapitels. Für den Leser bieten sich Anhaltspunkte, Ideen und Vorschläge zur weiteren organisatorischen Entwicklung des Facility Management und des Corporate-Real-Estate-Bereiches als übergreifendes Dach innerhalb des Unternehmens.

3.1.1 Der Produktlebenszyklus

Der Produktlebenszyklus-Ansatz ist eines der bekanntesten Modelle der modernen Managementlehre. Er beschreibt im wesentlichen die verschiedenen Phasen, die ein Produkt durchläuft. Unterschieden werden in aller Regel die folgenden Phasen:

- Entwicklung
- Einführung
- Wachstum
- Sättigung
- Rückgang

Dem Produktlebenszyklus-Konzept zufolge wird eine Produkt- oder auch Dienstleistungsidee zunächst in der Entwicklungsphase zur Marktreife gebracht. Dies kann hohe Investitionsaufwendungen in die Bereiche Forschung und Entwicklung notwendig machen. Nach der Markteinführung nehmen die Umsätze des Produktes nur langsam zu. Es wird ein gewisser Zeitraum, aber auch ein gewisser Aufwand an Marketing- und Vertriebsbemühungen erforderlich sein, bis die Umsatzkurve deutlich nach oben schnellt und die Wachstumsphase erreicht wird. Die Wachstumsphase ist in der Regel von Bemühungen um das Erreichen optimaler Produktionsgrößen und effizienter Vertriebsformen geprägt. Nach einer von Produkt zu Produkt verschiedenen Zeitspanne geht die Wachstumsphase in die Phase der Marktsättigung über. Die ursprüngliche Nachfrage ist befriedigt, neue Produkte oder Nachahmer mit unterschiedlichen Produkteigenschaften sind auf den Markt gelangt. Sie lenken die noch vorhandene Nachfrage auf andere Produkte.

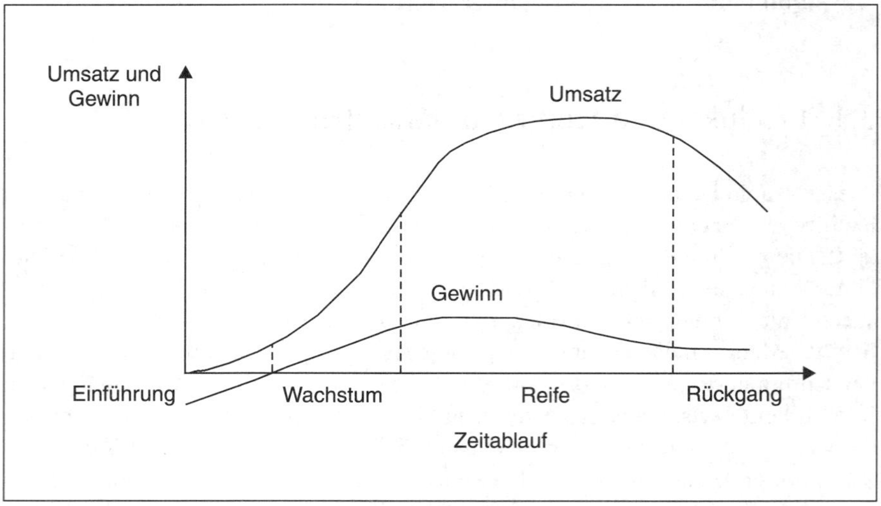

Abbildung 7: Kurve des Produktlebenszyklus (Quelle: Kotler, 1995)

Dem Modell zufolge gibt es für jede Phase der einzelnen betrieblichen Funktionskurven unterschiedliche Verläufe. Sie finden sich sowohl bei Kostenkurven und Umsatzkurven wie auch bei Gewinnkurven. Je nach Kurvenverlauf und Steigung der Kurve kann im Umkehrschluß, zumindest im theoretischen Modell, leicht auf die jeweilige Phase des Produktlebenszyklus geschlossen werden. Im Rahmen dieses Kapitels kann nicht auf einzelne empirische Untersuchungen des Produktlebenszyklus-Konzeptes eingegangen werden. Klar hervorzuheben ist aber die Bedeutung, die den verschiedenen betrieblichen Funktionen innerhalb der einzelnen Phasen des Konzeptes zukommt. Je nach Produkt und Branche kann dies unterschiedliche Auswirkungen auf die Anforderungen der betrieblichen Funktionen an das Facility Management mit sich bringen.

	Einführung	Wachstum	Reife	Rückgang
Merkmale				
Umsätze	niedrig	schnelles Wachstum	langsames Wachstum	abnehmend
Gewinne	nicht beachtenswert	Spitzenwerte	abnehmend	niedrig bis Null
Cash-flow	negativ	mäßig	hoch	niedrig
Kunden	innovativ	Massenmarkt	Massenmarkt	Nachzügler
Wettbewerber	wenige	zunehmend	viele	abnehmende Zahl
Maßnahmen				
Strategischer Fokus	Markt ausdehnen	Markdurch-dringung	Marktanteil verteidigen	Produktivität
Marketing-aufwand	hoch	abnehmend	fallend	gering
Marketingfokus	Bekanntmachung	Markenpräferenz	Markentreue	selektiv
Distribution	löchrig	intensiv	intensiv	selektiv
Preis	hoch	niedriger	niedrigst	ansteigend
Produkt	Grundmodell	verbessert	differenziert	rationalisiert

Abbildung 8: Merkmale der Produktlebenszyklusabschnitte
(Quelle: Peter Doyle, The Realities of the Product Life Cycle, in: Quarterly Review of Marketing, Summer 1976)

3.1.2 Der Unternehmenslebenszyklus

Übertragung des Modells vom Produktlebenszyklus auf den Reifezustand eines Unternehmens

Früher entstanden Unternehmen durch die Markteinführung eines Produktes, einer Produktgruppe oder Dienstleistung. Diese Tatsache legt es nahe, den Verlauf des Produktlebenszyklus auch auf Unternehmen zu übertragen. Natürlich gibt es Fälle, in denen Ein-Produkt-Unternehmen in ihrer Gesamtheit dem Kurvenverlauf des Produktlebenszyklus gefolgt sind oder wo dies zumindest teilweise so aussah. Bei der überwiegenden Zahl der heute bestehenden Unternehmen handelt es sich aber um diversifizierte, komplexe Organisationen, die in den unterschiedlichsten Branchen gleichzeitig tätig sind. Selbst wenn Unternehmen innerhalb einer Branche relativ stark fokussiert sind, stellen sie heute in der Regel eine Reihe unterschiedlicher einzelner Produkte oder ganze Produktgruppen und Produktfamilien her. Diese Unternehmen befinden sich zu einem bestimmten Zeitpunkt mit jedem Produkt und jeder Dienstleistung auf unterschiedlichen Punkten der Produktlebenszyklus-Kurve. Dementsprechend vielfältig sind natürlich auch die Interessenlagen und Anforderungen einzelner Geschäftsbereiche, Divisions-, Tochtergesellschaften usw.

Der Facility Manager braucht klares Verständnis der strategischen Unternehmenssituation

Es ist klar, daß diese unterschiedlichen Anforderungen sich natürlich auch im Facility Management widerspiegeln. Je komplexer und diversifizierter die Organisation, um so größer die Herausforderungen und der Komplexitätsgrad für das Facility Management. Für den Facility Manager ist es wichtig, ein optimales Verständnis der Anforderungen der einzelnen Unternehmens- oder Produktbereiche seines Unternehmens zu entwickeln. Er muß sich selbst in die Lage versetzen, die dem Geschäftsablauf zugrunde liegenden Modelle, Zyklen und Gesetzmäßigkeiten zu verstehen, will er sich optimal auf die unterschiedlichen Bedürfnisse seiner verschiedenen Kundengruppen einstellen. Ein solides Verständnis von strategischer Planung und auch von Entwicklungsmodellen ist die Voraussetzung dafür, adäquater Gesprächspartner für das Management der operativen Divisions- und Geschäftsbereiche zu sein.

Verkürzte Zeithorizonte, alle Investitionen zurückzuverdienen, machen auch Druck auf FM

Bei der Entwicklung von Produkten spielt der Faktor Zeit eine immer größere Rolle. Die Zeiträume der einzelnen Entwicklungszyklen von Produkten werden immer kürzer. Die Abstände, mit denen verbesserte und neue Produkte, seien es nun Autos, elektronische Geräte, Mikrochips oder auch Spezialprodukte für die Industrie, auf den Markt kommen, werden immer kürzer. Dementsprechend verkürzt sich in vielen Branchen auch die Gesamtdauer des Produktlebenszyklus. Eine Studie, die Andersen Consulting 1997 über die Elektronikindustrie durchführte, ergab zum Beispiel, daß die Planungszyklen für die strategischen Planer erfolgreicher Unternehmen in dieser Industrie lediglich noch ca. zwei bis drei Jahre in die Zukunft reichen. Der Druck steigt, in einem immer kürzer werdenden Zeitraum immer größere Investitionen verdienen zu müssen. Wer würde da nicht auch an Facility Management als eine wichtige Funktion zur Kostenoptimierung oder Effizienzsteigerung denken?

3.2 Der Gebäudelebenszyklus

Im Vergleich zu den meisten Produktlebenszyklen, häufig sogar im Vergleich zur Lebensdauer eines gesamten Unternehmens, nimmt sich der sogenannte Gebäudelebenszyklus wie der einer alten Eiche aus. Zumindest in Deutschland haben Gebäude eine physische Nutzungsdauer, die weit über den Zeitraum hinausgeht, den Unternehmensplaner und das Management eines Unternehmens überblicken können. Die Lebensdauer eines Gebäudes liegt häufig bei mehr als 50 Jahren, bestimmte Bürogebäude können sogar auf eine noch längere Lebensdauer zurückblicken.

Gebäude-Lebenszyklen sind viel langsamer als unternehmerische Planungen

Hinzu kommt, daß in vielen Fällen ein recht langer Zeitraum vergeht, bis die auf die betrieblichen Anforderungen zugeschnittene Immobilie oder ein Facility-Leistungspaket zur Verfügung steht. Dies ist bei Neubauten teilweise sehr extrem, aber selbst für kleinere Umbauten und Veränderungen in bestehenden Gebäuden ist oft viel Zeit und Geduld von der Ideenentwicklung bis zur endgültigen Umsetzung notwendig. Daneben haben sich, zumindest im Bereich der Büro- und

Verwaltungsbauten, die wesentlichen Grundformen in der Gestaltung der Gebäude nur relativ wenig geändert, wie die nachfolgende Abbildung aus dem Forschungsbericht „Gebäude der Zukunft“ der Philipp Holzmann AG deutlich macht.

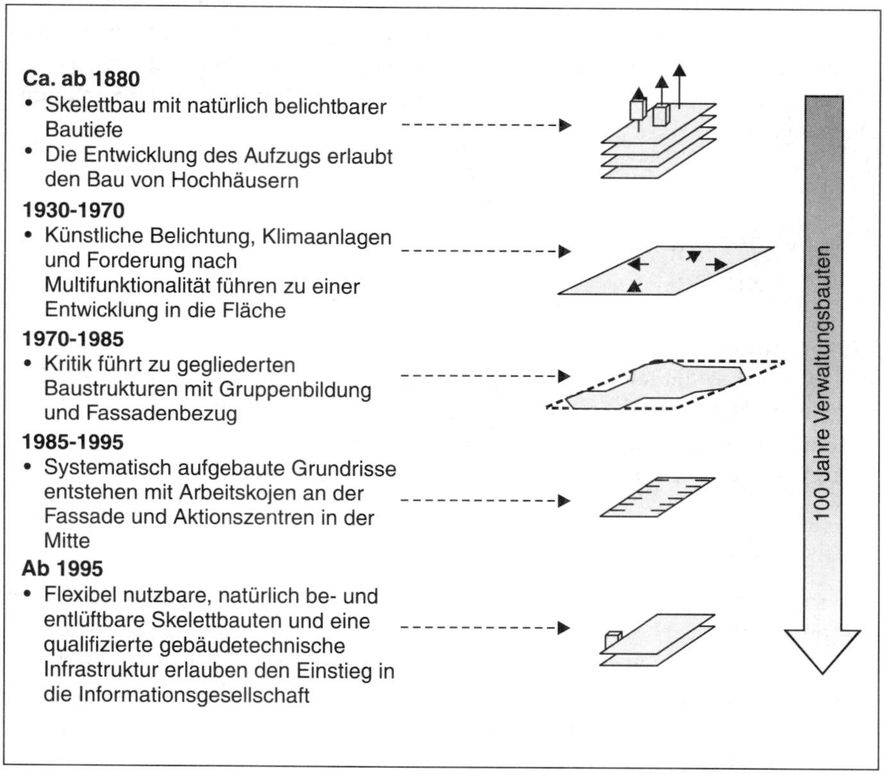

Abbildung 9: Übersicht über Trends in der baulichen Entwicklung von Bürogebäuden (Quelle: Philipp Holzmann AG, 1996)

Die große Diskrepanz zwischen den Planungszyklen und der Lebensdauer einer betrieblichen Immobilie führt zwangsweise dazu, verschiedene Nutzungskonzepte über die Gesamtlebensdauer eines Gebäudes flexibel zu entwickeln und umzusetzen. Flexibilität ist von entscheidender Bedeutung, wenn betriebliche Immobilien über einen längeren Zeitraum optimal genutzt werden sollen. Wenn man berücksichtigt, daß ein Gesamtkostenanteil einer Immobilie von 70 Prozent oder mehr auf den Gebäudebetrieb entfällt, wird deutlich, welch positiven Einfluß auf die Gestaltung der Gesamtkosten flexible Nutzungskonzepte haben können.

70 Prozent des Immobilien-Gesamtkostenanteils entfällt auf den Gebäudebetrieb

Produktlebenszyklen und Planungszyklen klaffen zeitlich auseinander, Immobilienzyklen haben einen gänzlich anderen Zeitablauf. Diese Problematik hat in den USA, teilweise auch in Großbritannien und den Niederlanden, zu Konsequenzen geführt, die in Deutschland noch nicht so akzeptiert werden.

Große Unterschiede in den Mentalitäten: „Umbauen" in Deutschland, „Umhauen" in den USA

In den USA werden viel häufiger wirtschaftlich genutzte Immobilien abgerissen, anstatt sie aufwendig für eine neue Nutzung umzubauen oder zu renovieren. Außerdem sind Unternehmen in den angloamerikanischen Ländern bereits viel stärker dazu übergegangen, die Nachfrage nach betrieblich genutzten Immobilien durch Mietobjekte oder langfristige Leasingverträge zu decken. Bei diesem Vorgehen ist die Flexibilität deutlich höher als beim Aufbau eines eigenen Immobilienportfolios mit dem Problem der theoretischen Nutzungsdauer, die deutlich den Planungs- und Entscheidungshorizont in einer durchschnittlichen Unternehmung übersteigt.

3.3 Konsequenzen für die Facility-Management-Organisation

Die unterschiedlichen Phasen der Lebenszyklen von Produkten oder Dienstleistungen eines Unternehmens stellen unterschiedliche Anforderungen an die Unternehmensfunktionen. Sie führen auch zu unterschiedlichen Ausprägungen der Unternehmensorganisation. Dieser Ansatz kann auch auf die Organisation des Facility Management im Unternehmen übertragen werden.

3.3.1 Funktionale Organisationen

Unternehmen mit einem Produkt oder wenigen Produkten oder Dienstleistungen sind eher funktional organisiert. Bei stärkerer Internationalisierung gehen sie über in eine Struktur mit Vertriebstochtergesellschaften, eventuell ergänzt um die eine oder andere Produktionstochtergesellschaft. Die Entscheidungs- und Ausführungsstrukturen in solchen Organisationen sind tendenziell stärker zentralisiert als in anderen Organisationen.

Für das Facility Management kann es innerhalb einer solchen Unternehmensorganisation eine Reihe unterschiedlicher konkreter Ausprägungen geben. Die Funktionen und Aufgaben des Facility Management können innerhalb anderer Funktionsbereiche angeordnet sein. Beispiel:

- die Personalverwaltung für infrastrukturelle Dienstleistungen wie Kantine, Sicherheit, Reinigung oder deren Steuerung
- das Rechnungswesen oder Controlling zum Beispiel kaufmännische Dienstleistungen wie Mietumlagen, Abschluß und Verwaltung von Mietverträgen etc.
- produktionsnahe Funktionsbereiche für Gebäudeinstandhaltung, Ver- und Entsorgung etc.

Bei vielen Unternehmen wird es bereits eine Organisationseinheit geben, in der ein größerer Teil von Facility-Management-Aufgaben konzentriert ist. Aufgrund des eher geringeren Komplexitätsgrades ist das Facility-Management-Geschäft in diesen Unternehmen noch relativ einfach, auch wenn dies aus Sicht der damit Beschäftigten sicherlich anders aussehen mag.

Die Ausprägung einer eigenständigen, spezialisierten Property-Management-Abteilung ist meist abhängig von der Gesamtgröße des Unternehmens und seiner Immobilienstrategie (Eigentum versus Leasing oder Miete). Je geringer der Immobilienanteil oder die langfristigen Mietverpflichtungen am Anlagevermögen des Unternehmens sind, desto wahrscheinlicher werden Corporate-Real-Estate-Aufgaben mit denen des Facility Management und der eigentlichen Services vermischt sein.

FM in funktionalen Unternehmen mit geringer innerer Komplexität

3.3.2 Divisionale Organisation

Mit stärkerer Diversifizierung der Unternehmensstrategie wurden neue Organisationsformen eingeführt. Neben die funktionalen Gliederung tritt bei der divisionalen oder auch Spartenorganisation die produktorientierte Gliederung der Organisation. Häufig sind solche Spartenorganisationen Mischformen, in denen mehr als ein organisatorisches Gliederungskriterium angewendet wird. Holdingstrukturen, die dann nur noch einen gewissen Grad an Funktionen bei der Holdinggesellschaft verbleiben lassen, sind eine weitere Organisationsform, die oft in Verbindung mit der divisionalen Organisation einhergeht. Die deutlich stärkere Dezentralisierung von Entscheidung und Ausführung ist wichtiges Unterscheidungskriterium für diese Organisationsform. Für die Facility-Management-Organisation gibt es im wesentlichen zwei verschiedene Entwicklungstendenzen:

- Facility Management als zentrale oder teilweise zentrale Funktion
- Facility Management als den Geschäftsbereichen zugeordnete divisionale Funktion

Häufig wird es zu einer Mischform kommen. Je kurzfristiger die Aufgaben und je kürzer der Planungs- und Entscheidungshorizont, um so eher wird eine Teilfunktion des Facility Management dezentral den Geschäftsbereichen als Kunde zugeordnet sein. Mittel- bis langfristige Aspekte des Facility Management werden eher zentral organisiert sein. Zu ihnen gehören beispielsweise die Erarbeitung grundsätzlicher Praktiken und Regeln oder die Beschäftigung mit spezifischen Fachfragen, die innerhalb einer einzelnen Geschäftseinheit zu selten, in der Gesamtunternehmung aber häufig genug auftauchen, um eine Stabs- oder Fachstelle zu rechtfertigen.

FM in divisionalen Unternehmen mit hoher innerer Komplexität

Das Dilemma einer solchen Facility-Management-Organisation, die in Großunternehmen häufig anzutreffen ist, sind Punkte, die als „Gravitationskräfte" der Dezentralisierung bezeichnet werden können. Die Dezentralisierung von Entscheidungs- und Ausführungsstrukturen hat deutliche Vorteile für unmittelbar markt- und geschäftsnahe Funktionen. Bei den unterstützenden Aufgaben, die nicht zum Katalog der Kernfunktionen gehören, kann diese Tendenz sehr schnell zu suboptimaler Nutzung von Größenvorteilen oder zu unterschiedlich interpretierten und angewendeten Serviceleveln für die Kunden des Facility Management im Unternehmen führen. Das betrifft beispielsweise den Einkauf von Serviceleistungen (Reinigung, Sicherheit etc.).

FM in dezentralen Organisationen fast immer suboptimal für das ganze Unternehmen

3.3.3 Die Shared-Services-Organisation

Shared Services macht die Vorteile von zentraler Organisation für dezentrale Strukturen nutzbar

Im Zuge der stärkeren Konzentration der Unternehmen auf die Kernprozesse und Kernfunktionen ist eine deutliche Tendenz zur stärkeren Zentralisierung der unterstützenden Funktionen zu verzeichnen. Da diese Funktionen, wie zum Beispiel Rechnungswesen, Personalbuchhaltung, aber auch das Facility Management von allen unterschiedlichen Geschäftsbereichen eines Unternehmens genutzt und geteilt werden, hat sich hierfür der Begriff der „Shared Services", das heißt mit anderen geteilte Dienstleistungen, eingebürgert. Diese Organisationsform setzt für die unterstützenden Funktionen klar auf die Nutzung von Kosten- und Größenvorteilen (Economies of Scale). Die Ausführung kann dabei direkt zentral, wenn notwendig aber auch dezentral, geschehen. Gemeinsam ist dieser Organisationsform jedoch das Element der zentralen Steuerung der Funktionen durch eine Einheit außerhalb des operativen Geschäftes. Mit den Geschäftsbereichen, den eigentlichen Kunden und Abnehmern dieser Shared-Services-Organisationen, werden Nutzungsvereinbarungen abgeschlossen. Umfang, Geschwindigkeit, Qualität und Preis der Dienstleistungen werden so festgelegt. Man spricht bei diesen Vereinbarungen auch von Service Level Agreements.

Für das Facility Management müssen Hard- und Softwarelösungen zur Verfügung stehen, die Leistungen dezentral an den verschiedensten regional breit gestreuten Standorten erbringen können. Gleichzeitig sollen die notwendigen Steuerungs- und Kontrollinformationen zentral auf Knopfdruck abrufbar sein. Dadurch können zum Beispiel abgeschlossene Rahmenvereinbarungen für Facility Services allen Einheiten zeitnah im System zugänglich gemacht werden. Die Zentrale kann überprüfen, ob die beste Ressourcenverwendung von den dezentral agierenden Facility Managern tatsächlich eingehalten wird.

Im Zeitalter des globalen Wettbewerbs und der geringer werdenden Margen (oder höheren Erwartungen der Kapitalgeber) wird Zentralität, mit Nutzung der Größenvorteile und umfassender Kontrolle, für die Shared-Services-Organisation ein immer wichtigerer Faktor bei der Erfolgssicherung des Unternehmens. Leider sind aber gerade in Deutschland noch viele Manager und Führungskräfte in den Managementkonzepten der Dezentralisierung verhaftet, die häufig genug auch noch falsch verstanden und implementiert wurden. Kontrolle und die dafür notwendige Informationstransparenz haben in Deutschland immer noch einen negativen Beigeschmack, im Gegensatz zu den viel stärker direkt ergebnisorientierten angloamerikanischen Ländern. Zielorientierte Erfolgskontrolle wird mit dem Unterdrücken des „Unternehmers im Unternehmen" gleichgesetzt, obwohl sie für den großen Kostenblock, den das Facility Management positiv zu beeinflussen sucht, von entscheidender Bedeutung ist.

Shared Services vereinigen zentrale Kontrolle mit dezentraler Präsenz

Das Erfolgsgeheimnis der Shared-Services-Organisation liegt in der gleichzeitigen Umsetzung von zentraler Kontrolle mit hoher Transparenz von Daten und Informationen und der dezentralen Präsenz des Facility Managers vor Ort, der Kundennähe und schnelle Reaktionsfähigkeit sicherstellt. Einige der heute verfügbaren technischen Mittel, wie zentrale Service-Call-Center oder entsprechende

Facility-Management-Reporting-Systeme wie zum Beispiel „Magnet“, ermöglichen die Umsetzung der Shared-Services-Organisation im Facility Management. Sie werden in den folgenden Kapiteln dieses Buches erörtert.

3.3.4 Facility Management als internes Profit-Center

In einer Reihe von Unternehmen werden unterstützende Funktionen in der Form interner Profit-Center etabliert. Unter einem Profit-Center versteht man normalerweise eine in sich organisatorisch abgegrenzte Geschäftseinheit, für die über eine eigene Gewinn- und Verlustrechnung ein gesondertes Ergebnis ausgewiesen werden kann. Ursprünglich ist diese Profit-Center-Konstruktion nur für solche Geschäftsaktivitäten genutzt worden, die eine echte Marktleistung darstellt, mit echten Preisen versehen ist und einem tatsächlichen Wettbewerb ausgesetzt ist. Diese Voraussetzungen sind bei intern erbrachten Dienstleistungen natürlich nicht gegeben. Trotzdem gibt es bei einer Vielzahl von Unternehmen sogenannte interne Profit-Center, die versuchen, über ihre internen Verrechnungspreise einen „Gewinn“ zu erzielen. Die Kunden für die interne Leistung haben verständlicherweise häufig eine andere Wahrnehmung der Zusammenhänge. Es gibt für sie oft keine Möglichkeit, auf externe Anbieter auszuweichen. Ein Wettbewerb findet also praktisch nicht statt. Die Gestaltung der Verrechnungspreise ist ein weiterer kritischer Punkt in der Zusammenarbeit zwischen internen Leistungserstellern und deren Kunden.

Oft werden in solchen Fällen Preisvergleiche durchgeführt, bei denen die Preise eines am externen Markt tätigen Unternehmens mit den Verrechnungspreisen eines internen Leistungserstellers gleichgesetzt werden. Bei solchen Vergleichen wird gerne vergessen, daß der externe Anbieter sich einem nicht vergleichbaren unternehmerischen Marktrisiko ausgesetzt sieht, das er über seinen Gewinn abdecken muß. Ein Vergleich zwischen internem und externen Leistungserbringer müßte also eigentlich zu einem Ergebnis führen, bei denen die internen Kosten oder Verrechnungspreise niedriger sind als die Marktpreise des externen. Das unternehmerische Risiko im Falle einer internen Facility-Management-Abteilung besteht in der eigentlichen Form nicht und muß auch nicht gedeckt werden.

Die Zielsetzung einer Abteilung, die Leistungen für einen Abnehmerkreis innerhalb des gleichen Unternehmens erbringt, sollte nicht darin liegen, einen hypothetischen Gewinn zu erzielen. Die Abteilung sollte vielmehr ihr Augenmerk auf eine Erstellung der Leistung zu optimalen Kosten legen. Es bietet sich also für eine interne Facility-Management-Abteilung eher die Option eines Cost-Centers und nicht die eines internen Profit-Centers an. Die Steuerung erfolgt bei einem solchen Cost-Center über entsprechende Kostenvorgaben für eine bestimmte Leistung, die im Laufe eines Geschäftsjahres dann nicht überschritten werden sollen. Der Erfolgsnachweis bei einem solchen Cost-Center ist also wesentlich einfacher zu erzielen als bei einem internen Profit-Center. Die Transparenz ist ebenfalls deutlich höher und für alle Beteiligten von größerem Vorteil.

3.4 Das IDRC-Modell

Zum Abschluß des Kapitels soll noch kurz das vom International Development Research Council (IDRC) und dem MIT Center for Real Estate entwickelte Modell der fünf Entwicklungsstufen des Corporate Real Estate Bereiches vorgestellt werden. Aus ihm können ebenfalls interessante Anhaltspunkte für das Facility Management als einem wichtigen Corporate-Real-Estate-Bestandteil abgeleitet werden.

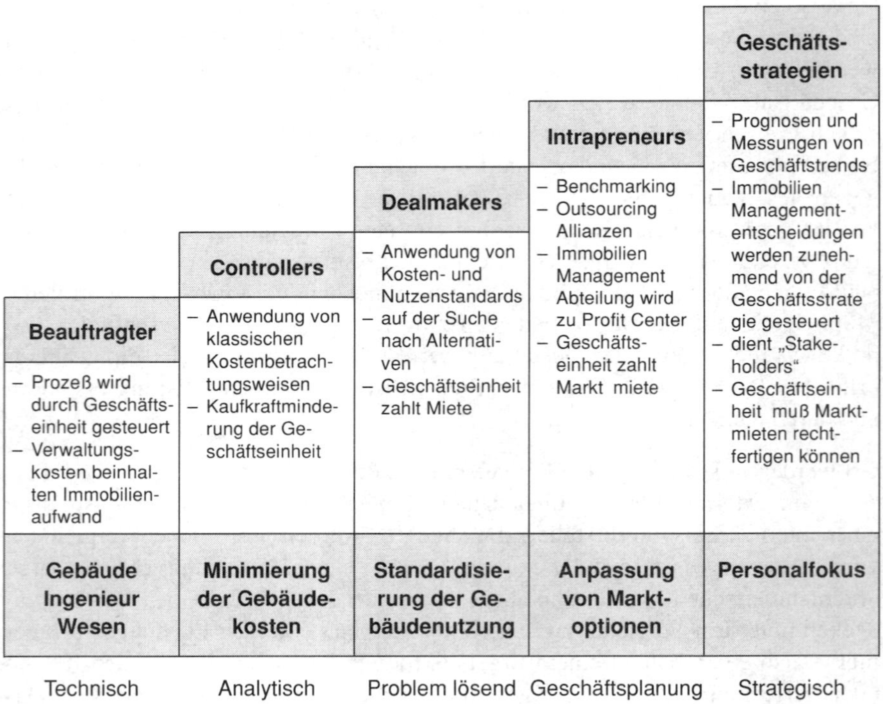

Abbildung 10: Entwicklungsstufen im Immobilien-Management
(Quelle: in Anlehnung an Lambert, Poteete, Kagan/IDCR, 1995)

IDRC unterscheidet im Immobilienmanagement fünf verschiedene Entwicklungsstufen, die von Unternehmen durchlaufen werden.

Die Aufgabenerfüller. Auf dieser Stufe steht die grundsätzliche Erfüllung der Unternehmensanforderungen im Vordergrund. Die Wartung der Gebäude sowie effiziente Hilfsmittel der Raumnutzung sind nicht zwingend vorhanden. Diese frühe Phase wird vom IDRC als wertneutral betrachtet, da weder Wert geschaffen noch explizit vernichtet wird. Die Beziehung zur Führungsspitze des Unternehmens ist noch relativ offen gestaltet und die Zuordnung der Kostenverantwortung für Immobilien und deren Management ist noch nicht völlig klar.

Die Controller. Neben der Bereitstellung der Immobilien besteht hier ein Fokus auf den Kostenaspekt. Andere quantitative Managementziele werden ebenfalls stärker einbezogen. Über die Analyse des Immobilien-Zahlenwerkes verschafft sich der Bereich Gehör und führt die verursachergerechte Kostenzuordnung ein. Durch das Aufzeigen möglicher Kostenreduzierungen intensiviert sich der Dialog mit Kunden und Unternehmensführung.

Die Macher. Der Bereich konzentriert sich auf die aktive Nutzung von Problemlösungsfähigkeiten zur stärkeren Wertschöpfung. Er weitet Kommunikation und Ideengenerierung aus. Die Berechnung der Immobilienkosten und deren Bewirtschaftung als Opportunitätskosten für das investierte Kapital führt tendenziell zu einer marktnäheren Bewertung der gesamten Immobilien und Facility-Management-Kosten.

Die Unternehmer. Die Strategie des Bereiches wird gemeinsam mit den oberen Führungskräften des Unternehmens auf ihre Konkurrenzfähigkeit hin überprüft. Die Bezahlung oder Bewertung der erbrachten Leistung erfolgt vollständig auf der Basis echter Marktpreise. Im Vordergrund steht die Bereichsperformance. Über eine mögliche Profit-Center-Orientierung kann der Bereich als Lieferant komplexer marktorientierter Lösungen auftreten. Die nicht wettbewerbsfähigen Teile werden an externe Dienstleistungsunternehmen vergeben.

Die Strategen. Grundsätzliche Fokussierung auf die langfristigen Unternehmensziele bei Beachtung interner und externer Trends. Die Orientierung an der Wertschöpfung wird durch innovative Lösungen optimiert. Interne und externe Interessengruppen, die sogenannten Stakeholder, werden zu geschätzten Beratern der Abteilung. Der starke Rückzug auf die strategischen Aspekte führt häufig zum Outsourcing der operativen Aufgaben im Facility Management und Property Management an spezialisierte Dienstleister.

Gebäudezyklen und Planungszyklen des Unternehmens lassen sich nicht mit Produktlebenszyklen synchronisieren, müssen aber dem FM-Manager bei strategisch wichtigen Entscheidungsvorlagen bewußt sein. Das Verständis von FM hängt vom gesamten Reifegrad des Unternehmens ab. FM wird entweder der Unternehmensstrategie passiv folgend oder aktiv mitbestimmend gemanagt.

4. Die Entwicklung des Facility-Management-Marktes

John D. Goldstein/Rainer Köllgen

Dieses Kapitel beschäftigt sich zunächst mit der Entwicklung des Facility-Management-Marktes in den USA und Großbritannien, die international als die führenden Märkte in puncto Entwicklungsstand gelten können. Danach wird die Ausgangssituation des deutschen Marktes betrachtet. Dem Facility Manager im Unternehmen soll eine kurze Klassifikation der wichtigsten Marktteilnehmer die Bewertung der jeweiligen Stärken und Schwächen einzelner Anbietergruppen in der täglichen Arbeit erleichtern.

4.1 Chancen für Facility Management

In einem sind sich alle einig, seien es externe Marktforscher, Unternehmensberater, offizielle Branchenvertreter oder die Facility-Management-Praktiker in den Unternehmen und bei den bereits spezialisierten Dienstleistern: Der Facility-Management-Markt in Deutschland und generell in Westeuropa, wird in den nächsten Jahren deutlich stärker wachsen, als dies in der Vergangenheit der Fall war. Geht man jedoch weiter in die Tiefe, dann verliert sich schnell die Gemeinsamkeit dieser Aussage. Zu gering die Übereinstimmung in den Trendvoraussagen, zu groß die Unterschiede in angenommenen Marktpotentialen, ihrem Ausschöpfungsgrad und zukünftigen Wachstumsraten.

Die Übereinstimmung der Experten über die positiven Entwicklungschancen des Marktes ist jedoch nicht besonders verwunderlich. In den vorangegangenen Kapiteln ist ja bereits erörtert worden, wie groß die bestehenden Unterschiede zwischen den umfassenden, neuen Management-Konzepten Facility- und Corporate-Real-Estate-Management zwischen den USA, Großbritannien und Deutschland, oder generell dem westeuropäischen Raum, noch sind. Schon der einfache Vergleich zwischen den sich seit einigen Jahren kräftig entwickelnden Märkten der USA und, zeitversetzt auch Großbritanniens, sowie dem noch unterentwickelten Facility-Management-Markt in Deutschland, verführt zu einheitlich positiven Wachstumsprognosen.

Einheitlich positive Wachstumsprognosen für FM in Deutschland

4.2 Am Anfang war die US-Air-Force

Der Anfang von FM 1952: PAN AM als Dienstleister für die US-Air-Force

Man schreibt das Jahr 1952. Der Koreakrieg ist für die USA seit einem Jahr vorüber, der kalte Krieg zwischen den zwei großen Weltblöcken kommt langsam auf Touren. Nur zwei Jahre später, im Jahr 1954, wird es die Anhörungen vor dem McCarthy-Ausschuß im US-Kongreß zur Untersuchung unamerikanischer Aktivitäten geben. Das Trendwort Outsourcing ist, falls überhaupt bekannt, zumindest nicht verbreitet. Ausgerechnet in dieser brisanten Zeit tritt ein Bereich der legendären Fluggesellschaft Pan Am mit einer etwas ungewöhnlichen Idee an die Luftwaffe der Vereinigten Staaten, die US-Air-Force, heran. Man wolle, so der Vorschlag der Pan-American-World-Services (PAWS), die Facilities eines Air-Force-Geländes betreiben und managen sowie für ihre Instandhaltung sorgen. So ungewöhnlich wie dieses Ansinnen war auch die Entscheidung der US-Air-Force. Sie entschied sich 1952 für PAWS als den externen Facility Manager ihrer damaligen US-Air-Force Eastern-Test-Range. Das Gelände, dessen heutige Bezeichnung Eastern Space and Missile Center at Cape Canaveral Air Force Station in Cape Canaveral, Florida, lautet, wird nach wie vor vom heutigen Nachfolger der damaligen Pan-American-World-Services betrieben (Johnson Controls, 1996). Dieser ungewöhnliche Vertrag gilt weithin als Beginn des externen Facility-Management-Marktes. Natürlich gab es auch vor diesem Zeitpunkt bereits spezialisierte Haus- und Grundstücksverwalter. Aber Facility Management im heutigen Sinne können diese sicherlich nicht genannt werden.

Dem ersten Vertrag mit der US-Air-Force folgten für die Pan-Am-World-Services noch eine ganze Reihe weiterer Verträge. Teilweise führten sie das gesamte nichtmilitärische Personal großer Basen der Pazifikinseln auf der Gehaltsliste und boten für die US-Air-Force einen Komplettservice vor Ort an. Auch die US-Navy ging später verstärkt zur Ausgliederung zahlreicher Facility-Management-Aufgaben an die Pan-Am-World-Services über und schloß auch die Häfen ihrer nuklearen U-Bootflotte in diese Maßnahmen ein. Dieses Beispiel der Auftragsvergabe an einen externen Facility Manager macht heute noch sehr deutlich, wie wichtig das Vertrauensverhältnis zwischen den Parteien sein muß, besonders, wenn es zu Leistungsgarantien kommt, die wie bei der „Aufrechterhaltung der Betriebsfähigkeit" eben „Mission Critical" sind.

FM entwickelt sich in zwei Zeitabschnitten zwischen 1950 und 1980

Zwischen der Geburtsstunde des Facility Management und dem Beginn seiner nächsten Entwicklungsstufe mit einer deutlichen Fortentwicklung des FM-Konzeptes liegen fast 30 Jahre, in denen man sich kaum mit dem Thema beschäftigte. Die sechziger und siebziger Jahre waren dann auch von der Seite der Unternehmen, und damit der potentiellen Nachfrager, von Größenwachstum und komplexen Konzernstrukturen geprägt. Als weitere Meilensteine der FM-Entwicklung gelten die Jahre 1979 und 1980. Im Jahr 1979 wurde in den USA das Facility-Management-Institut in Ann Arbor, Michigan, gegründet. Es kann als die erste und älteste auf Forschung und Weiterbildung spezialisierte Einrichtung dieser Art gelten. Kurze Zeit später, 1980, gründeten etwa 40 Facility-Management-Praktiker aus verschiedenen Unternehmen und öffentlichen Einrichtungen während eines Seminars am Facility-Management-Institut in Ann Arbour die National Facility Management Association NFMA. Bis zu diesem Zeitpunkt waren die meisten der Praktiker aus den Unternehmen, die sich mit dem Thema Facility Management beschäftigten, Mitglieder in anderen Berufsverbänden (Cotts, Lee, 1992). Aus der NFMA, die bereits sehr schnell ihre Arbeit auch nach Kanada ausdehnte, wurde dann die International Facility Management Association IFMA, die heute mit zahlreichen Landesorganisationen als weltweit bedeutendste Vereinigung für das Gebiet des Facility Management gelten kann. Zwar gibt es mit der Building Owners und Manager-Vereinigung BOMA und NACORE, dem internationalen Verband der Corporate Real Estate Executives, noch zwei weitere große Verbände, die sich mit Facility-Management-Themen beschäftigen. Ihr Wirken ist aber doch stärker noch auf die USA und Großbritannien begrenzt.

4.3 Der Beginn des Booms in den USA und Großbritannien

Die Schwerpunkte für die Weiterentwicklung des Facility Management liegen in den achtziger Jahren bei der Aus- und Weiterbildung sowie der Forschung. Ende der achtziger Jahre begann sich, fast gleichzeitig mit dem Beginn der Reengineering-Ansätze, die Anbieterlandschaft im Facility-Management-Markt zu verändern. In den USA gab es 1989 ein deutliches Signal für bevorstehende Veränderungen. Die 1883 vom Erfinder des Thermostaten gegründete Firma Johnson Controls Inc. übernahm von der angeschlagenen Fluglinie Pan Am deren Pan-American-World-Services. Damit entstand quasi über Nacht eine Verbindung zwischen Gebäudetechnik, Facility Management und dem Service-Aspekt.

Auch eine Reihe anderer Unternehmen, die heute zu den weltweit führenden Facility-Management-Anbietern gezählt werden, begannen ihre Aktivitäten Ende der achtziger Jahre und zu Beginn der neunziger Jahre im wesentlichen aus den USA heraus. Der im kalifornischen Newport Beach beheimatete Immobiliendienstleister Koll, der 1962 als Hochbauunternehmen startete und später seine Palette um Property- und Portfolio-Management ergänzte, begann mit der Entwicklung eines speziell auf Facility Management ausgerichteten Geschäftsbereiches. Auch weitere Unternehmen, die speziell auf Immobiliendienstleistungen spezialisiert waren, wie die aus dem Immobilienportfolio- und Property-Management-Bereich stammende Firma LaSalle Partners aus Chicago oder die durch klassische Immobilienmaklertätigkeit bekannt gewordene Gruppe Cushman & Wakefield, begannen mit dem Auf- und Ausbau von Facility-Management-Dienstleistungen.

In den achtziger Jahren entwickelt sich FM synchron mit dem Reengineering Konzept

Etwas anders lag der Fall bei dem Facility-Management-Spezialisten Compass aus Atlanta. Ihre Muttergesellschaft, die Versicherungsgruppe Equitable und ihre Immobilien-Managementfirma Equitable Real Estate Management unternahm gezielt eine Diversifikation in den Bereich des Facility Management hinein. Teile ihrer für fremde Investoren verwalteten Immobilien bildeten den Grundstock, als das Unternehmen seine Facility-Management-Aktivitäten 1990 begann. Wie rasant sich die Entwicklung bei Compass vollzog, zeigt die Abbildung unten. Sie gibt die Entwicklung der im Rahmen von Facility-Management-Verträgen betreuten Flächen und wichtige Stationen auf dem Weg zur Internationalisierung des Unternehmens wieder.

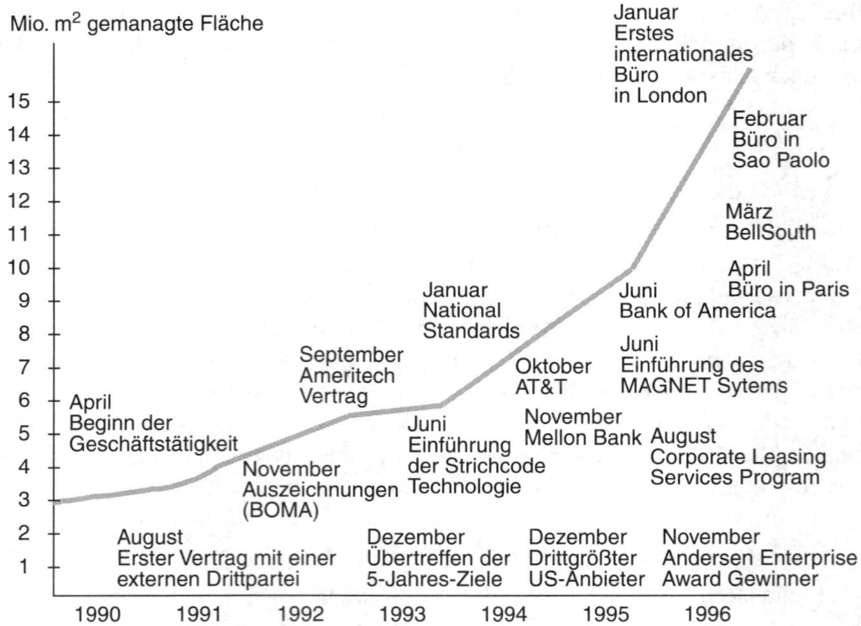

Compass wurde 1990 von der Muttergesellschaft verselbständigt und bewies das Potential auf dem Facility-Management-Markt durch ein jährliches Wachstum von rund 29 Prozent.

Abbildung 11: Entwicklung des Unternehmens Compass Management und Leasing (Quelle: Andersen Consulting, 1998)

Großbritannien

In Großbritannien begannen die Aktivitäten zahlreicher Firmen ebenfalls zu Beginn der neunziger beziehungsweise Ende der achtziger Jahre. Zu ihnen zählen Unternehmen wie Symmonds oder FPM-Facilities & Property-Management. Ein erster zusammenfassender Überblick über den britischen Facility-Management-Markt wurde vom Centre for Facilities Management der Strathclyde Universität im November 1992 veröffentlicht (Centre for Facilities Management, 1992).

Dieser mittlerweile jährlich veröffentlichte Bericht hat sich in Großbritannien bereits nach kurzer Zeit zu einer Art Institution entwickelt, in der die für das jeweilige Jahr bedeutenden Trends zusammengefaßt werden.

Die Ende der achtziger und zu Beginn der neunziger Jahre in den USA und Großbritannien gezielt mit Facility-Management-Dienstleistungen auf den Markt tretenden Unternehmen lassen sich in mehrere Kategorien einteilen. Im einzelnen können die professionellen Marktteilnehmer der ersten Jahre folgenden Gruppen zugerechnet werden:

- Facility Management als Ergänzung zu bestehenden Immobilien-Dienstleistungen
- Facility Management als gezielte Diversifikationsinvestition
- Facility Management als Abrundung für Dienstleistungen rund um die Gebäudetechnik (wie im Falle von Johnson Controls)

4.4 Die ersten Management-Buyouts

Im Zuge der Restrukturierungswellen und Reengineeringprogramme der großen multinationalen Konzerne kam es für den Bereich des Immobilien- und Facility-Managements zu den ersten Management-Buyouts. Unter einem Management-Buyout ist eine organisatorische und rechtliche Verselbständigung vorher interner Einheiten zu verstehen. Dabei wird ein nennenswerter Anteil des Kapitals der neuen, ausgegründeten Gesellschaft vom bisherigen Management übernommen.

Ob Management-Buyout oder Spin-Off: Hohe Anforderungen an das Management und Leistungstransparenz

Mit der Durchführung von Management-Buyouts können eine ganze Reihe spezifischer Probleme verbunden sein, auf die hier nicht detailliert eingegangen werden kann. Es sei aber darauf hingewiesen, daß ein durch ein Management-Buyout gegründetes Unternehmen nur dann eine reelle Marktchance hat, wenn die ehemals interne Unternehmenseinheit oder -abteilung ganz klar wettbewerbsfähig im Hinblick auf Kostenstrukturen, Leistungsangebot, Qualität und Reaktionsfähigkeit ist. Unternehmen mußten häufig die Erfahrung machen, daß allein die Veränderung der Rechtsform und die Ausgründung einer ehemals internen Abteilung noch nicht zu einer verbesserten Leistung führt. Allenfalls läßt sich dadurch Mißerfolg und zu hohe Kosten über ein eigenes Rechnungswesen und eine eigene Bilanz mit ihrer Gewinn- und Verlustrechnung leichter nachweisen.

Als wohl erfolgreichste Management-Buyout Ausgründung kann die ehemalige Facility-Management-Abteilung der britischen IBM gelten. Unter dem Namen Procord Ltd. wurde diese ehemalige Abteilung als Starthilfe mit einem Vertrag zur Durchführung des Facility Management bei den IBM Immobilien versehen. IBM hatte bereits vorher in den USA die Facility-Management-Abteilung als Management-Buyout aus seiner Unternehmensstruktur herausgelöst. Nach einer für ein Management-Buyout überaus erfolgreichen Entwicklung wurde Procord Ltd. nur wenig später vom Branchenführer Johnson Controls Integrated Facility

Management gekauft und zur Basis seiner Aktivitäten im Raum Europa, Mittlerer Osten und Indien ausgebaut.

Ein weiteres Beispiel ist der ebenfalls in Großbritannien beheimatete Facility-Management-Anbieter FM2. Dieses Unternehmen entstand aus der ehemaligen internen Abteilung der Firma Allied Dunbar. Auch Rank Xerox ging einen ähnlichen Weg mit seiner Facility-Management-Abteilung, die unter dem Namen CBX Management Team den externen Markt bearbeitete. In der deutschen Facility-Management-Welt sind echte Management-Buyouts in der Größenordnung, wie es sie insbesondere in Großbritannien zu verzeichnen gab, noch nicht aufgetreten.

Man darf sogenannte Spin-Offs, bei denen statt des Managements die Muttergesellschaft alleine oder mit einem Partner die wesentlichen Anteile hält, nicht mit der Ausgründung in Form eines Management-Buyout verwechseln. Für diese Form ist in Deutschland sicherlich die als LGM Lufthansa Gebäudemanagement gestartete, ehemalige interne Abteilung der Lufthansa, das bekannteste Beispiel.

4.5 Übernahmen und Beginn der Konzentration

Etwa ab dem Jahr 1993 sind in den USA und auch in Großbritannien die ersten Übernahmen von Facility-Management-Unternehmen zu verzeichnen. Die übernehmenden Firmen kommen aus der Facility-Management-Branche oder verwandten Immobiliendienstleistungen. Aber es sind auch Übernahmen von Facility-Management-Unternehmen durch nicht direkt der Branche angehörende größere Unternehmensgruppen zu verzeichnen. Bereits genannt wurde das Beispiel der Übernahme der britischen Procord Ltd. durch die amerikanische Johnson Controls Inc., die dann in deren Sparte Johnson Controls Integrated Facility Management integriert wurde. Aber auch der Johnson Controls Wettbewerber Honeywell Inc. setzte durch den Erwerb des britischen FM-Unternehmens FM2 seinen Fuß in den Facility-Management-Markt. FM2 stellt nun die Basis für den erwarteten Ausbau der Geschäftsaktivitäten im FM dar.

Nicht untätig beim Thema Übernahmen waren auch größere Anbieter aus Frankreich. Die Unternehmensgruppe Compagnie Générale des Eaux erwarb den britischen Anbieter Symonds. Auch innerhalb Frankreichs setzten sich Konsolidierungstendenzen fort. Dort schlossen sich die Unternehmen CGME, Optimège und Sari zu einer einheitlich am Markt auftretenden Gruppe zusammen.

In den USA haben einige Übernahmen in den Jahren 1996 und 1997 zu einer deutlichen Verringerung der Anbieterzahl und zu einer Bildung stärker vertikal integrierter Immobilien-Dienstleistungsunternehmen geführt. Gerade wurden zwei führende FM-Unternehmen, Compass Management und Leasing, Atlanta, und Koll Real Estate Services Company, Newport Beach, von größeren, nicht direkt aus dem FM-Bereich stammenden Unternehmensgruppen akquiriert. Compass wanderte gemeinsam mit seiner Muttergesellschaft, der Equitable Real Estate

Investment Inc., einem der größten Manager von Immobilienfonds und -vermögen weltweit, in den Besitz der australischen Lend-Lease-Gruppe.

Koll wurde im Verlauf des zweiten Halbjahres 1997 von der CB Commercial Gruppe, Los Angeles, erworben. CB Commercial gilt als das größte Maklerunternehmen im Bereich der Vermittlung von gewerblichen Immobilien, das über Partnerschaften, Allianzen und eigene Büros bereits eine fast weltweite Präsenz aufweisen kann. Andere Übernahmen, wie die Akquisition von Galbraith durch LaSalle Partners oder die Übernahme von Premisys durch Cushman & Wakefield, führten zu einer weiteren Konzentration im amerikanischen Markt.

Betrachtet man die Struktur der Akquisitionen in der Facility-Management-Industrie auf einer weltweiten Ebene, so lassen sich Tendenzen erkennen.

Deutschland im FM-Markt als rote Laterne; USA führt mit reifem Markt und ausdifferenzierten Leistungen

Westeuropa: Hier werden die Übernahmen eher von Unternehmen getrieben, die ihre Kernkompetenzen im Bereich der technischen Gebäudeservices haben. Sie versuchen mit ihren Akquisitionen Marktanteile zu erwerben, oder in Marktsegmente vorzustoßen, in denen ihnen bislang noch die Erfahrung fehlt.

Großbritannien: Konsolidierungstrends in Großbritannien sind durch die Übernahmen von kleineren Anbietern durch größere Unternehmen gekennzeichnet. Auch ausländische Unternehmensgruppen betreiben hier aktiv Übernahmen, wie die Compagnie Générale des Eaux oder auch Honeywell, die Großbritannien als Einstiegsbasis für den gesamteuropäischen Facility-Management-Markt sehen.

USA: In diesem Markt sind die Übernahmen einmal durch FM-Anbieter getrieben, die ihren Marktanteil durch die Aufkäufe ausdehnen möchten. Hier sind aber auch größere Immobilien-Dienstleistungsgruppen aktiv, die ihre Produkt- und Leistungspalette hin zu einem One-Stop-Shopping-Konzept rund um die Unternehmensimmobilie ausdehnen wollen.

4.6 Der deutsche FM-Markt – der ewige Spätstarter? Mögliche und realistische Entwicklungen

Viele angloamerikanische Facility-Management-Anbieter mögen den deutschen Markt als Spätstarter sehen. Sogar das wird von Insidern möglicherweise noch als positive Bewertung belächelt. Selbstverständlich existieren die im Rahmen von umfassenden Facility-Management-Verträgen enthaltenen Dienste rund um die Gebäudebewirtschaftung in ihren unterschiedlichen Formen und Ausprägungen auch in Deutschland. Schon immer gab es eine technische Instandhaltung für die Gebäudeanlagen, schon immer Gebäudereinigung, Bewachung und Betriebskantinen. Trotzdem ist in Deutschland der Anteil der gebäudespezifischen Facility-Management-Dienstleistungen, die von unternehmensinternen Abteilungen erbracht werden, noch relativ hoch.

Verschiedene Marktuntersuchungen gehen davon aus, daß der „Erschließungsgrad“ (der Anteil der durch externe Dienstleistungsfirmen erbrachten Leistungen) je nach betrachteter Dienstleistung zwischen etwa vier bis fünf Prozent und etwas über 60 Prozent schwankt (Schneider, 1996). Im Licht unserer Ausführungen zur Konzentration von Unternehmen auf die eigenen Kernkompetenzen (Kapitel 1 und 5), erlauben diese Zahlen verschiedene Schlüsse. Mit der zunehmend verschärften Wettbewerbssituation wird sich in deutschen Unternehmen nicht nur das Bewußtsein für die Trennung von Nicht-Kernaktivitäten stärker ausbilden, sondern die notwendigen Schritte zur Umsetzung dieser Erkenntnisse in die Praxis zunehmen.

Aufbruch in neues FM-Zeitalter in Deutschland durch SIEMENS signalisiert

Vielleicht wird das Jahr 1997 später einmal im Rückblick als das Jahr der Initialzündung auf dem deutschen Facility-Management-Markt gelten. Neugründungen oder auch größere Restrukturierungen innerhalb der Anbieterlandschaft haben bereits zu einer deutlich veränderten Struktur geführt. Mit der Gründung der Siemens Gebäudemanagement zu Beginn 1997 trat eines der weltweit größten Industrieunternehmen aktiv in den Markt der Gebäudedienstleistungen ein. Verbunden mit der sich in 1997/98 vollziehenden Integration des Gebäudetechnikspezialisten Landis & Staefa mit seinen Dienstleistungsaktivitäten in die Siemens AG wird die Ausgangsbasis noch verbessert. Hier kann sich, zumindest was Größe, Ausgangsposition, Finanzkraft und Managementressourcen angeht, ein ernsthafter Wettbewerber für die weltweit Großen im Markt des Facility Management und der Gebäudedienstleistungen formieren.

Auch die Facility-Management-Aktivitäten innerhalb der Thyssen AG sind 1997 neu geordnet worden. Mit der Gründung einer eigenen Facility-Management-Tochtergesellschaft und den bereits vorhandenen Unternehmen im Bereich Industrie- und Gebäudewartung zeichnet sich auch in diesem Fall das Entstehen einer mächtigen Gruppe ab, die deutlich zu einer Veränderung der überwiegend noch mittelständisch geprägten Branchenstruktur in Deutschland beitragen kann. Auch durch die Zusammenlegung der Facility-Management-Aktivitäten der beiden Bauunternehmen Hochtief und Philipp Holzmann, die im November 1996 verkündet wurde, werden die Konsolidierungsaktivitäten weiter verstärkt.

Nachfolgend ein kurzer, aber kritischer Blick auf Thesen und Annahmen, die wir in verschiedenen, für den deutschen Facility-Management-Markt veröffentlichten Quellen gefunden haben. Einige dieser Darstellungen erwecken den Eindruck, Facility-Management-Services und das daraus erwartete Wachstum könnten die deutschen Beschäftigungsprobleme lösen. Auch könne Facility Management erfolgreiche Wege von der Produktions- in die Dienstleistungsgesellschaft aufzeigen. Was ist realistisch?

„Das FM-Marktvolumen wird insgesamt bis zum Jahr 2000 stark wachsen“

Die meisten Untersuchungen und Publikationen verstehen das FM-Marktvolumen als Summe der gesamten Dienstleistungen. In diese Summe werden sowohl die von unternehmensinternen Abteilungen erbrachten Leistungen wie auch die von den externen Unternehmen erbrachten Services eingerechnet. In dem Rahmen, in dem das gesamtwirtschaftliche Wachstum zunimmt und sich zum Beispiel der Bestand an gewerblich genutzten Immobilienflächen erhöht, werden sicherlich auch die zur Gebäudebewirtschaftung notwendigen Dienstleistungen zunehmen. Darüber hinausgehende Wachstumsraten sind für das Gesamtvolumen nur dann vorstellbar, wenn Deutschlands Unternehmen deutlich mehr in Reinigung, Bewachung, Instandhaltung und Verwaltung ihrer Immobilien investieren. Mit anderen Worten, wenn das Service- und Komfortniveau rund um die Unternehmensimmobilie angehoben wird. Ob dies aber in Zeiten einer sich nur mäßig entwickelnden Konjunktur und vor dem Hintergrund des zunehmenden globalen Wettbewerbsdruckes realistisch ist, sei dahingestellt.

Volkswirtschaftliche Umverteilung von unternehmensinternen Leistungen zu externen Anbietern erhöht nicht die Gesamtnachfrage

Gerade die Erwartung von Kostensenkungen, die sich Unternehmen bei dem Wechsel ihres FM von internen Dienstleistungserbringern zu externen Spezialisten versprechen, macht deutlich, wie irreal die Hoffnungen auf einen insgesamt stark wachsenden Markt zu sein scheinen. Bei stärkerer Fremdvergabe zu geringeren Kosten wird das Gesamtvolumen logischerweise über den entsprechenden Vergabezeitraum sinken müssen. Auch die fortschreitende technologische Entwicklung bei den Betriebsanlagen kann kaum als Treiber für stark steigende Marktvolumina angesehen werden. Im gesamten technologischen Bereich gehen die Trends eher zu längeren wartungsfreien Intervallen oder hin zur stärkeren Modularisierung technischer Betriebsanlagen. Module werden eher komplett ausgetauscht als umfangreich repariert.

Wachstum im Facility Management wird, analog zu den genannten Argumenten, in der Verschiebung der intern erbrachten Anteile hin zu den Anteilen liegen, die durch extern am Markt agierende Anbieter geleistet werden.

„Facility Management schafft zusätzliche Arbeitsplätze“

Dieses Argument steht in enger Verbindung mit dem gerade erörterten Aspekt des Marktvolumens. Bei einer sich tendenziell nur gering verändernden Gesamtnachfrage nach Facility-Management-Dienstleistungen bleibt auch das Entstehen neuer Arbeitsplätze im Bereich des Wunschdenkens. Die mit der Vergabe an die externen Profis und Spezialisten verbundenen Kostensenkungspotentiale beruhen nicht nur auf der Ausnutzung anderer, häufig günstigerer Tarifvertragsstrukturen oder arbeitsrechtlicher Regelungen, sondern auch auf Effizienzverbesserungen. Gerade im Bereich des integrierten Facility Management mit einem Fokus auf dem Managementteil sind durch einen versierten FM-Anbieter sicherlich in vielen Fällen deutliche Effizienzsteigerungen möglich. Im Umkehrschluß sind diese Tätigkeiten mit weniger Aufwand und daher auch durch weniger Mitarbeiter oder einen geringeren Kapitaleinsatz möglich. Provozierend formuliert kann man die internen FM-Bereiche, die noch Potentiale zur Effizienzsteigerung besitzen, als recht stark geschützte Beschäftigungsbereiche ansehen.

Weniger Arbeitskräfte im planenden FM, aber mit höherer Effizienz

Ohne jeden Zweifel wird die Verschiebung intern erbrachter Dienste zu externen FM-Dienstleistern Veränderungen in Art und Struktur der Arbeitsplätze ergeben. Es werden mehr Management- und Führungspositionen mit echter Ergebnisverantwortung entstehen. Selbst wenn ihre Grundtätigkeit vielleicht zunächst unverändert bleibt, wird sich für Mitarbeiter ohne Führungsverantwortung einiges grundlegend ändern. Immerhin bewegen sie sich von einer unterstützenden Randfunktion im alten Unternehmen in die Kernfunktion eines neuen Unternehmens hinein.

Bei der Verschiebung von internem zu externem Facility Management verringern sich, verglichen mit dem heutigen Stand, im Zeitverlauf die Arbeitsplätze, mit denen die Gesamtleistung erbracht wird. Dieser Aspekt sollte, insbesondere für größere Unternehmen mit einer noch relativ hohen Zahl an intern im FM-Bereich beschäftigten Mitarbeitern, zu folgenden Überlegungen führen:

- Der das Personal übernehmende externe Dienstleister muß effizienter arbeiten als die frühere interne Abteilung.
- Zwangsläufig wird er daher die Dienstleistungen mit weniger Mitarbeitern erbringen können.
- Die aufgrund verbesserter Effizienz nicht mehr für die ursprüngliche Tätigkeit eingesetzten Mitarbeiter können teilweise für andere Unternehmen ihre bisherige Tätigkeit erbringen.
- Tendenziell wird es aber auch bei den anderen Unternehmen Mitarbeiter geben, die bislang in internen Facility-Management-Bereichen tätig waren und die der neue Kunde gerne durch das Outsourcing dem externen Dienstleister überlassen würde.
- Als Fazit daraus wird deutlich, daß sich ein ausgeprägter Mitarbeiterüberhang im gesamten Facility-Management-Markt aufbaut, der stärker die Managementfunktionen betrifft als die traditionell operativ ausgeführten Servicetätigkeiten (zum Beispiel Reinigung). Das Anforderungsprofil bei den Managementfunktionen verschiebt sich in die Richtung einer stärkeren Ergebnisverantwortung und mehr Marketing- und Vertriebserfahrung, da Effizienzsteigerungspotentiale bei den einfachen, arbeitsintensiven Dienstleistungen wie zum Beispiel Bewachung oder auch Reinigung häufig bereits ausgereizt sind.

Sichere FM-Verträge zu Beginn der Outsourcingwelle vorteilhafter als am Ende

Die Konsequenzen liegen auf der Hand: Beim Facility-Management-Outsourcing mahlt der zuerst, der zuerst kommt. Die letzten outsourcenden Unternehmen beißen die Hunde. Je später sich ein Unternehmen entschließt, seine bislang intern erbrachten Dienstleistungen an einen externen Profi zu vergeben, desto wahrscheinlicher ist der Personalbedarf des Facility-Management-Unternehmens bereits gedeckt. Können am Anfang der Outsourcingwelle sicher noch relativ vorteilhafte Verträge ausgehandelt werden, so wird dies im Verlauf der Zeit immer schwieriger. Letztendlich wird der übernehmende externe Facility-Management-

Anbieter im ausgereiften Stadium des Marktes nur die ehemaligen internen FM-Mitarbeiter auf seine Gehaltsliste übernehmen. Sie bedeuten für ihn einen besonderen Zusatznutzen. Diese Praxis ist in den USA bereits seit einiger Zeit üblich.

Nach der Logik des beschriebenen Outsourcingmarktes wird es in Deutschland lediglich einer Initialzündung bedürfen, um eine größere FM-Welle auszulösen. Dazu dürften einige wenige, von größeren Industrieunternehmen betriebene Facility-Management-Outsourcingprojekte genügen. Wenn diese Welle rollt, wird keiner der letzte sein wollen.

Der Reifegrad von FM ist in angelsächsischen Ländern erheblich weiter fortgeschritten. In den fünziger Jahren begonnen als originelle Geschäftsidee, in den achtziger Jahren wissenschaftlich unterlegt und als ein Bestandteil der beginnenden Reengineering-Welle gesehen, konsolidiert sich dort die Branche bereits, während sich die Marktdynamik und Lernkurve mit externen Anbietern in Deutschland gerade erst entwickelt.

5. Kernkompetenzen, Outsourcing und Allianzenbildung

Rainer Köllgen

Outsourcing von FM-Dienstleistungen an kompetente externe Anbieter ist nichts weiter als die konsequente Durchführung einer Konzentration auf die eigenen Kernkompetenzen im Unternehmen. Das Kapitel beleuchtet Infrastruktur- und Organisationsentwicklungen, die diesen Prozeß begleiten. Es stellt einen neuen Ansatz für den Umgang mit externen Dienstleistern vor, der die alten Command-and-Control-Verhältnisse durch ein kooperatives Miteinander ablöst.

5.1 Konzentration auf Kernkompetenzen – die neue Arbeitsteilung

„Verkauft die Poststelle!“, oder wie es im englischen Original des vielbeachteten Artikels von Peter Drucker aus dem Wall Street Journal bereits 1989 hieß: „Sell the mailroom!“ (Drucker, 1989). Wie kam es, daß der Doyen der amerikanischen Managementlehre, der sich seit Jahren nur noch mit den großen Trends und Themen der Wirtschafts- und Gesellschaftswissenschaften auseinanderzusetzen pflegte, sich auf einmal in die Niederungen des Facility Management und der dazugehörenden Dienstleistungen verstieg?

Drucker hatte einen Trend, der sich in amerikanischen Unternehmen zu dieser Zeit bereits deutlich bemerkbar machte, das sogenannte „Unbundling“ (Entflechtung von Funktionen), beobachtet und aufgegriffen. Noch bevor Prahalad und Hamel in Harvard Business Review offiziell von Kernkompetenzen sprachen, hatte Drucker dieses Konzept praxisbezogen thematisiert. Ansatz und Konsequenzen für den Verkauf der Poststelle an ein spezialisiertes externes Dienstleistungsunternehmen sind offensichtlich:

- Zunehmender Wettbewerb führt zu höheren Anforderungen an die Produktivität.
- Nur in den marktbezogenen Organisationseinheiten eines Unternehmens sind Wettbewerbsvergleiche direkt und einfach möglich.
- Die Karriere in das Top-Management eines Unternehmens ist in der Regel für Manager aus nicht direkt oder indirekt marktbezogenen Funktionen nicht möglich; die Motivation zur Steigerung der Produktivität der betroffenen Unternehmensfunktion, in diesem Fall Facility Management, ist eher gering.
- Interne Servicefunktionen des Facility Management und der entsprechenden Dienstleistungen sind faktisch Monopole. Ein Wettbewerb findet nicht statt.

FM-Manager: Ungewohnter Wettbewerbsdruck auf eine interne Funktion mit mangelnder Karrierechance

Natürlich steht heutzutage fast jede interne Facility-Management-Organisation unter dem ständigen Druck, zum einen die Verfügungsbereitschaft der Betriebsflächen zu erhöhen und auf der anderen Seite die Betriebskosten zu senken. Druck zur Kostensenkung kann aber nicht mit Wettbewerb gleichgesetzt werden, auch wenn viele Facility Manager das anders sehen. Die Kollegen aus Marketing und Vertrieb und die Unternehmensführung haben gewiß eine andere Einschätzung. Die Entflechtung der einzelnen internen Facility-Management-Dienstleistungen erhöht zunächst die Transparenz. Der von Drucker geforderte „Verkauf" oder, praktischer gedacht, die Vergabe der Dienstleistung an Dritte, bringt die Wettbewerbskomponente ins Spiel. Dieser für gewöhnlich auch als Outsourcing bezeichnete Vorgang ist letztlich innerhalb des volkswirtschaftlichen Systems etwas sehr sinnvolles.

Outsourcing verkörpert im Grunde nichts anderes als die Rückbesinnung auf das Konzept der Arbeitsteilung in der Wirtschaft. Jeder, der ein volks- oder betriebswirtschaftliches Grundstudium durchlaufen hat, dürfte die Vorteile des arbeitsteiligen Wirtschaftens noch kennen. Vielleicht hat aber auch die stark ausgeprägte Tendenz großer und kleiner Unternehmen zu komplexen und wenig transparenten Organisationen den Blick für das Wesentliche und Offensichtliche in den vergangenen Jahren verstellt. Besonders deshalb, weil ab einer bestimmten Größe zwangsläufig der systemimmanente Hang zu Autarkie und Beschäftigung mit sich selbst besteht. Dieser fast automatische Trend großer Organisationen wird auch als das Parkinsonsche Gesetz bezeichnet. Parkinson geht in seinen Überlegungen plastisch gesprochen davon aus, daß man ab einer Zahl von ca. 2 000 Verwaltungsmitarbeitern diese von der Außenwelt abschotten könnte, ohne daß dies großartig bemerkt wird. Die Organisation hat dann eine Größe erreicht, bei der sich viele Abteilungen und Mitarbeiter gegenseitig mit Geschäftsvorfällen, Anfragen, und Rückfragen, kurzum, mit Arbeit versorgen. Dies ist natürlich eine Überzeichnung der tatsächlichen Unternehmenswelt, aber der Kern des Parkinsonschen Gesetzes ist sicher auch heute noch in vielen Unternehmen anzutreffen.

In Zeiten, in denen der Anteil der Facility-Management-Kosten bei vielleicht zehn bis 15 Prozent an den Gesamtkosten lag, war das Problem der Produktivitätssteigerung und des Wettbewerbs eine Frage mit geringer Priorität. Heute hat sich der prozentuale Anteil der auf Facility-Management bezogenen Kosten schon alleine durch stärkere Produktivitätszuwächse in den anderen Funktionsbereichen erhöht. Das garantiert dem Kostenproblem die Aufmerksamkeit des Managements.

Natürlicher Vorteil eines externen FM-Anbieters durch Konzentration auf seine Kernkompetenz FM

Die Konzentration auf das, was ein Unternehmen im Vergleich mit den Wettbewerbern am besten zu leisten vermag, also dessen Kernkompetenzen und Kerngeschäfte, führt tendenziell zu geringeren Kosten und zu einer verbesserten Wettbewerbsfähigkeit. Im Umkehrschluß bedeutet dies aber auch, daß der Bezug einer Facility-Management-Dienstleistung von einem Unternehmen, das diese Dienstleistung als Teil seines Kerngeschäftes und seiner Kernkompetenzen sieht, tendenziell zu geringeren Kosten möglich sein müßte als bei Erstellung dieser Leistung durch internes Facility Management.

Viele Unternehmen führen eine Diskussion um die Gewinne, die spezialisierte externe Facility-Management-Anbieter oder andere Dienstleistungsunternehmen in ihren Preisen berücksichtigen, und denen dann die Kosten der internen Facility Services gegenübergestellt werden. Diese Diskussion verfolgt nicht den richtigen Ansatz. Die einkalkulierten Gewinne werden ja nicht nur an die Eigentümer ausgeschüttet, sie werden auch für Investitionen in neue Dienstleistungen, neue Managementsysteme, Produktivitätssteigerungen, Training und Fortbildung der Mitarbeiter usw. verwendet.

Die optimale Konstellation scheint also die Nutzung und Stärkung der eigenen Kernkompetenzen und Funktionen und gleichzeitig die sinnvolle Nutzung der Kernkompetenzen anderer Unternehmen zu sein. Wie bereits in Kapitel 1 durch die Kernkompetenz-Portfolio-Darstellung (siehe Abbildung 1) erläutert, sind Facility Management und verwandte Dienstleistungen nur in wirklich wenigen Fällen in der Nähe des Kernkompetenz-Quadranten zu positionieren.

5.2 Die neuen Spielregeln in der arbeitsteiligen Wirtschaft

Fokus auf Kernkompetenzen erhöht die Anzahl und den Anspruch an die organisatorischen Schnittstellen

Die Neuentdeckung der Vorzüge einer stärker arbeitsteiligen, auf den Kernkompetenzen beruhenden Unternehmensordnung stellt, wie zuvor beschrieben, einen klaren Trend dar. In seiner Tendenz wird dieser Trend die Unternehmensstrukturen aufbrechen. Die Zahl der agierenden Unternehmenseinheiten, von denen jede für sich um ein eigenes Set an Kernkompetenzen und -funktionen gruppiert ist, nimmt zu. Gleichzeitig wächst als Folge der stärkeren Nutzung der Kernkompetenzen anderer Anbieter die Zahl der Außenbeziehungen, die ein Unternehmen insgesamt eingeht. Bildet man die Zahl der bestehenden und täglich neu hinzukommenden Außenbeziehungen ab, entsteht im Zeitablauf das Bild einer netzwerkartigen Unternehmenslandschaft. Abbildung 12 verdeutlicht diesen Prozeß grafisch.

Konfliktsituationen durch externe Anbieter vorprogrammiert

Dieser Ablauf kann natürlich auch leicht auf den Bereich des Facility Management übertragen werden. Zuvor intern erbrachte Dienstleistungen, zum Beispiel die Bewirtschaftung einer Kantine oder die Reinigung der Büros, werden als nicht zu den Kernkompetenzen gehörend erkannt und schrittweise an spezialisierte Dienstleistungsunternehmen vergeben. Automatisch erhöht sich die Zahl der Außenbeziehungen analog dem allgemeinen Modell der Netzwerkstrukturen.

Wenn die Anzahl der Außenbeziehungen eines Unternehmens sich erhöht oder ständig verändert, bringt das in aller Regel einen Zuwachs an Komplexität in der Steuerung der Facility-Management-Funktion mit sich. Die Zeit zur Steuerung und Kontrolle der zahlreichen externen Unternehmen und der Beziehungen zwischen diesen und der eigenen Facility-Management-Funktion kann zunehmen. Ebenso nehmen auch die kleinen Probleme in der tagtäglichen Abstimmung oder in der Erbringung der Dienstleistung zu. Fast wie von selbst entsteht eine Konfliktsituation.

Auf der einen Seite ist es notwendig, Facility Management und entsprechende Dienstleistungen an spezialisierte Unternehmen zu vergeben, auf der anderen Seite muß ein interner Kontroll- und Steuerungsapparat aufgebaut werden. Ist das Ganze also letztlich nichts anderes als ein Nullsummenspiel?

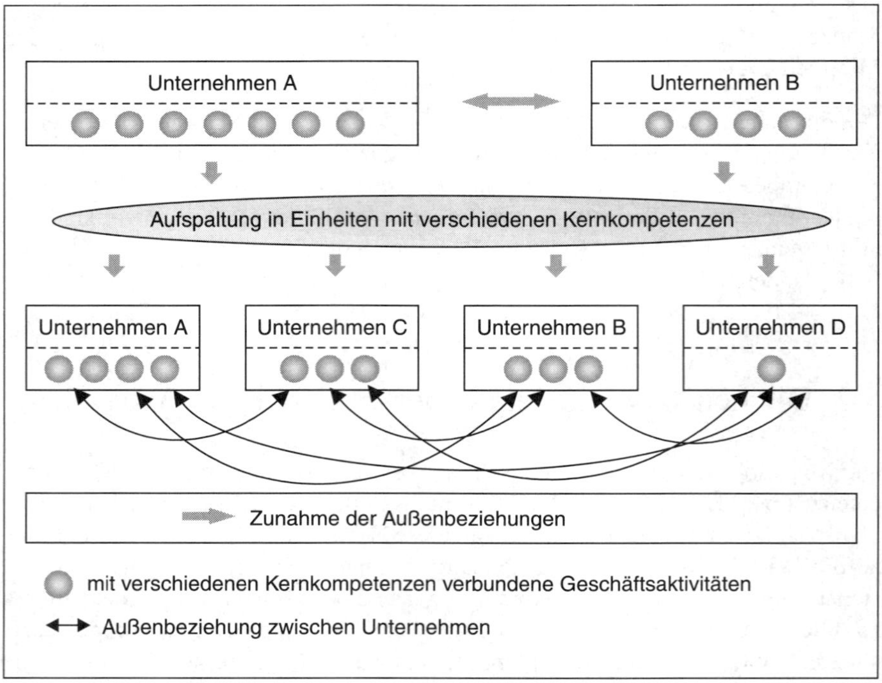

Abbildung 12: Entstehen der Netzwerkstrukturen und Zunahme der Außenbeziehungen (Quelle: Andersen Consulting)

Kooperation mit Wettbe erbern in selektierten Feldern: Co-Opetition

Das Problem der Steuerung zunehmender Außenbeziehungen für den Facility Manager findet seine Entsprechung für zahlreiche andere Führungskräfte in den Unternehmen. Verstärkt durch die wachsende Konzentration auf die Kernkompetenzen, setzt sich seit einiger Zeit die Erkenntnis durch, daß die sich neu bildenden Netzwerkstrukturen in unserer Unternehmenslandschaft nicht mehr effizient mit den traditionellen Konzepten von Kontrolle und Steuerung gelenkt werden können. Vertrauen und Kooperation rücken wesentlich stärker in den Vordergrund als alte Denk- und Verhaltensmuster, wie sie eher in traditionellen Auftraggeber/-Lieferanten-Verhältnissen zum Ausdruck kommen. Neue Untersuchungen zu diesem Ansatz (Nalebuff, 1996) setzen stark auf das Verständnis der Spieltheorie und ihre Anwendung auf das Verhalten im Wirtschaftsleben. Diese Untersuchungen erläutern sogar die Vorteile und die Vorgehensweise bei einer Kooperation von Unternehmen, die in bestimmten Feldern Wettbewerber sind. Man spricht in diesem Fall von Co-Opetition (Nalebuff, 1996).

5.2.1 Aktuelle Facility-Management-Praxis in den USA

Innerhalb des Facility Management haben führende US-amerikanische Firmen den Aspekt der Co-Opetition schon aufgegriffen. Sie setzen ihn mit zahlreichen ihrer Kunden bereits um. In Deutschland und Westeuropa ist es aber noch ein langer Weg, bis sich ein klarer kooperativer Ansatz in der Zusammenarbeit von externen Serviceunternehmen, Facility-Management-Firmen und den internen Stellen eines Unternehmens durchgesetzt haben wird. Einige der Ansätze von Facility-Management-Firmen, die im zweiten Abschnitt dieses Buches dargestellt sind, beruhen auf der klaren Akzeptanz der kooperativen Arbeitsteilung. Ihr Funktionieren setzt aber nicht nur geeignete Techniken und Methoden voraus. Es baut auch auf das gegenseitige Anerkennen eines gerechtfertigten Gewinns für beide Seiten, also das Anrecht auf ein „gerechtes" Stück des zu verteilenden Kuchens.

Selbst wenn amerikanische Unternehmen in der deutschen Öffentlichkeit häufig mit dem Image eher selbstsüchtiger, rein auf den eigenen Vorteil bedachter Firmen verbunden werden, so haben in der Zwischenzeit die meisten die Vorteile für den einzelnen und das Gesamtsystem bei Umsetzung der spieltheoretischen Ansätze erkannt. Ein großes amerikanisches Unternehmen, das im Bereich des Immobilien- und Facility-Managements als führend gilt, verfolgt bewußt den neuen, partnerschaftlichen Ansatz. Sein Beispiel sei kurz erläutert:

Ameritech, eine der führenden Telefongesellschaften in den USA, begann Ende 1991 ein firmenweites Reformprogramm unter dem Namen „Breakthrough Leadership". Auch die für Property und Facility Management verantwortlichen Bereiche wurden nach und nach in das Programm einbezogen. Unter der Leitung von Gary W. Schreck, dem General Manager des Immobilienbereichs der Ameritech Services Inc., Chicago, wurden Strategie, Organisation und Prozesse überarbeitet.

Die größte Veränderung war die Entwicklung strategischer Allianzen mit einer ausgewählten Gruppe multifunktioneller Partner. Über einen Zeitraum von einem Jahr hinweg wurden partnerschaftliche Allianzen mit La Salle/Johnson Controls für das Property und Facility Management entwickelt, das gleiche geschah mit der Maklerfirma Equis für die gesamten Immobilientransaktionen und mit den Firmen Stein/CRSS für alle Aufgaben in den Bereichen Architektur/Bau.

Neues Kooperationsmodell in den USA: „Open Book"

Ziel von Ameritech ist es, langfristige und offene („Open Book") Beziehungen aufzubauen, deren Schwerpunkt auf der Teilung von Risiko, Informationen und geschaffenen Werten liegt. Grundsätze wie die gemeinsame Nutzung der Informationen haben dazu geführt, daß die einzelnen Partner im Allianznetzwerk stärker im Interesse des Gesamten miteinander arbeiten, als dies vorher der Fall war (Stephens, 1995)

Die nachfolgende Auflistung an Methoden und Techniken, die führende Facility-Management-Anbieter ihren Kunden bereits bieten, zeigt, mit welchen praktischen Mitteln der oben beschriebene Ansatz praktisch verwirklicht werden kann:

Open Book Accounting: Dieser Begriff bezeichnet die Möglichkeit, dem Kunden des Facility-Management-Unternehmens uneingeschränkten Zugang zu den Unterlagen des Rechnungswesens seines Dienstleistungspartners zu gewähren. Dies ermöglicht beiden Seiten ein einheitliches, auf den gleichen Daten beruhendes Verständnis für entstandene Personalkosten, erbrachte Einsparungen, Abweichungen vom vereinbarten Budget etc. Durch die Open Book Policy wird der Steuerungs- und Kontrollaufwand des Facility-Management-Kunden deutlich reduziert. Der Kontrollaufwand, den ein traditioneller Ansatz fordert, Nachrechnen, Fehlerkorrektur etc., entfällt.

Beteiligung am Ergebnis von Kostensenkungsprogrammen: Welcher Lieferant führt schon gerne freiwillig ein Kostensenkungsprogramm durch, bei dem die eigenen Leistungen wesentlicher Bestandteil des Programmes sind? Was für Unternehmen in der Automobilindustrie und deren Zulieferer bereits seit Jahren praktiziert wird, ist im Facility Management in Deutschland kaum zu sehen. Wohl aber in den USA: Statt die Feebasis, das heißt die Vergütung für das Management der Funktionen, an den Gesamtwert oder Aufwand zu knüpfen, machen immer mehr amerikanische Unternehmen einen Teil der Vergütung oder die Ausschüttung eines Bonus vom Erreichen geplanter Kostensenkungen der Lieferanten abhängig. Der langfristige Vorteil aus der Co-Opetition kommt dem Kunden und dem Facility Manager gleichermaßen zugute.

Einbindung in Planung, Training etc.: Externe Facility Manager oder Manager anderer Dienstleister werden frühzeitig in Planungs-, Budget- und Abstimmungsrunden eingebunden, in denen ein hohes Maß an Offenheit herrscht. Diese kooperative Arbeitsteilung auf partnerschaftlicher Basis hat nichts mit den in Westeuropa üblichen Lieferantengesprächen im jährlichen oder halbjährlichen Abstand zu tun. Vielmehr handelt es sich um ein permanentes, geregeltes Forum aller, die am Facility-Management-Prozeß beteiligt sind. Bei führenden amerikanischen Facility-Management-Firmen sieht diese Art der Partnerschaft auch das gemeinsame Training von spezialisierten Dienstleistern, externen Facility Managern und internen Mitarbeitern eines Unternehmens vor.

5.3 Wie Facility Management den Komplexitätsgrad reduzieren kann

Wie bereits erörtert, führt die durch Outsourcing und externe Facility-Management-Dienstleister größer gewordene Anzahl der Außenbeziehungen zu einem Anstieg des Komplexitätsgrades in der Unternehmenssteuerung. Partnerschaftlich ausgerichtete Spielregeln innerhalb der Netzwerkstrukturen können dieses Problem vereinfachen. Eine Vereinfachung leistet aber auch die richtige Strukturierung der externen Beziehungen.

Die Strukturen von Property- und Facility-Management und der darunter angesiedelten Funktionen werden häufig in der sogenannten Facility-Management-Pyramide dargestellt. Ihre Ebenen beginnen mit dem Property Management, dessen integrale Teile Immobilien-Portfolio-Management und Asset-Management sind. Darunter findet sich Facility Management, dem die Funktionen und Leistungen technisches Gebäudemanagement, Infrastrukturelle Dienstleistungen und kaufmännische Dienstleistungen nachgeordnet sind. Auf einer weiter untergliederten Stufe werden dann spezifische Dienstleistungsbereiche innerhalb der Pyramide aufgeführt.

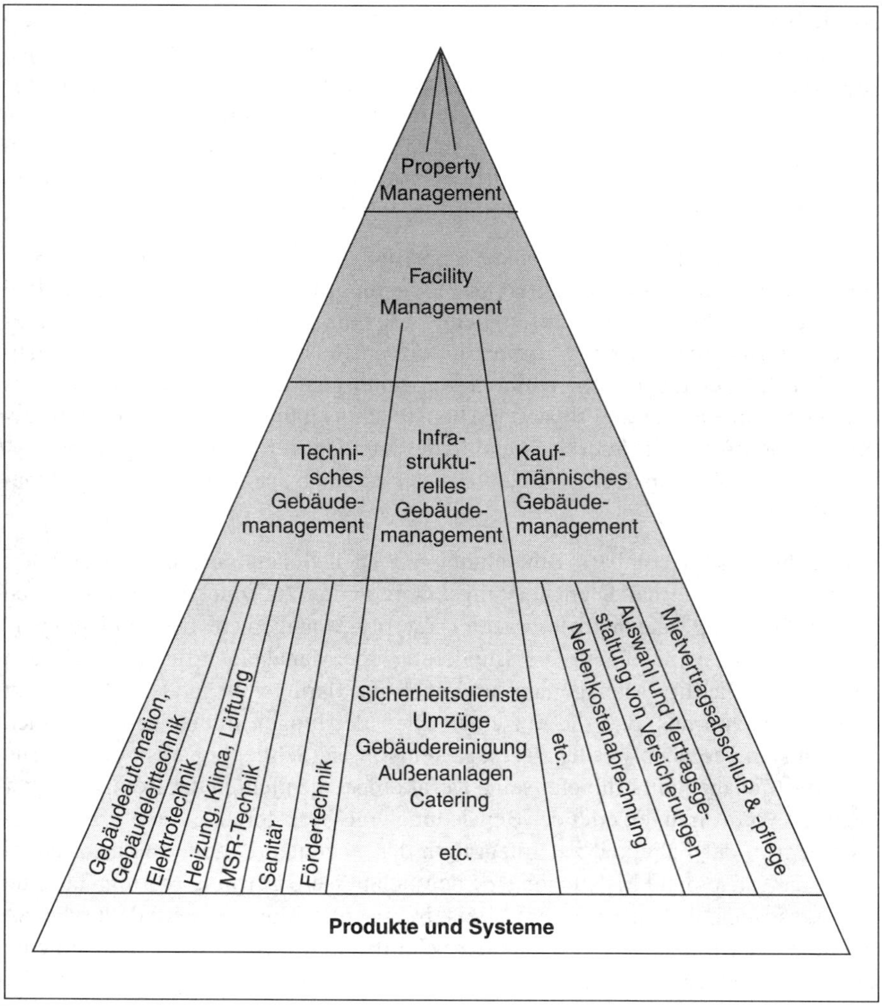

Abbildung 13: Die Facility-Management-Pyramide (Quelle: Andersen Consulting)

Analysiert man die Intensität, mit dem sich ein Unternehmen der Kernkompetenzen und Kernfähigkeiten anderer Unternehmen bedient, kommt man zu folgendem Ergebnis: Der Grad der Einschaltung externer Dienstleister ist auf der untersten Ebene der Facility-Management-Pyramide am höchsten. Sicherlich wird es von Unternehmen zu Unternehmen Unterschiede geben, aber generell läßt sich dieser Trend feststellen.

Koordinationsaufwand auf der untersten Dienstleistungsebene am höchsten

Auf der untersten Ebene sind Komplexitätsgrad und Anzahl der zu steuernden Außenbeziehungen noch sehr hoch. Bleibt ein Unternehmen in seiner gesamten Facility-Management-Strategie auf dieser Ebene, trifft es auf eine Vielzahl unterschiedlichster Dienstleister-Interessen, Schwierigkeiten in der Abstimmung, einen hohen Aufwand bei der Einbindung des Personals der Dienstleistungsunternehmen etc. Noch schwieriger wird es, sich die Fortsetzung dieses Beziehungsgeflechts im Rahmen eines Call-Centers vorzustellen, bei dem Aspekte wie Störungsmeldungen, Auftragsvergaben an Subunternehmer, Rückmeldungen an den Kunden und Auftragsverfolgung integriert sind. Trotz der offensichtlichen Schwächen dieses Ansatzes läßt sich das Gros des deutschen Facility Management in der Praxis wahrscheinlich auf dieser Stufe einordnen.

Einige Unternehmen haben bereits erkannt, daß die Vergabe sogenannter „Paketleistungen“ den Komplexitätsgrad und Steuerungsaufwand deutlich vermindern kann. In dem Paket können zusammengefaßt sein: Dienstleistungen des technischen Gebäudemanagements, Infrastrukturdienstleistungen oder auch kaufmännische Dienstleistungen. Noch eine Stufe weiter geht die komplette Vergabe des FM als Summe dieser drei separaten Dienstleistungsbündel an einen spezialisierten externen Anbieter. Je nach Situation des Kunden werden auch noch Property-Management-Aufgaben eingeschlossen oder an einen speziellen Property Manager vergeben.

Wie paßt diese scheinbare Bündelung von Dienstleistungen unter der Obhut spezialisierter externer Dienstleistungsunternehmen zu Druckers Postulat nach der Entflechtung hausintern erbrachter Facility-Management-Dienstleistungen? Die Erklärung ist einfach! Die Bündelung der Managementfunktion auf den Ebenen des Facility Management und auch der darunter liegenden Ebene geht natürlich davon aus, daß die einzelnen Dienstleistungen immer dann an einen Spezialisten vergeben werden, wenn es sinnvoll ist. Schließlich sieht der externe Facility-Management-Anbieter seine Kernkompetenz nicht in der Reinigung, der Wartung von Aufzügen oder der Bewachung von Werkstoren. Seine Kernkompetenz liegt in der Fähigkeit zur Integration der einzelnen Partner zu einem Netzwerk, das für seinen FM-Kunden eine deutlich bessere Leistung erbringt, als eine selbstgestrickte interne Lösung. Der externe Facility Manager wird dadurch zum Komplexitäts-Reduzierer. Die Zahl der Schnittstellen wird im Extremfall auf eine einzige Außenbeziehung reduziert.

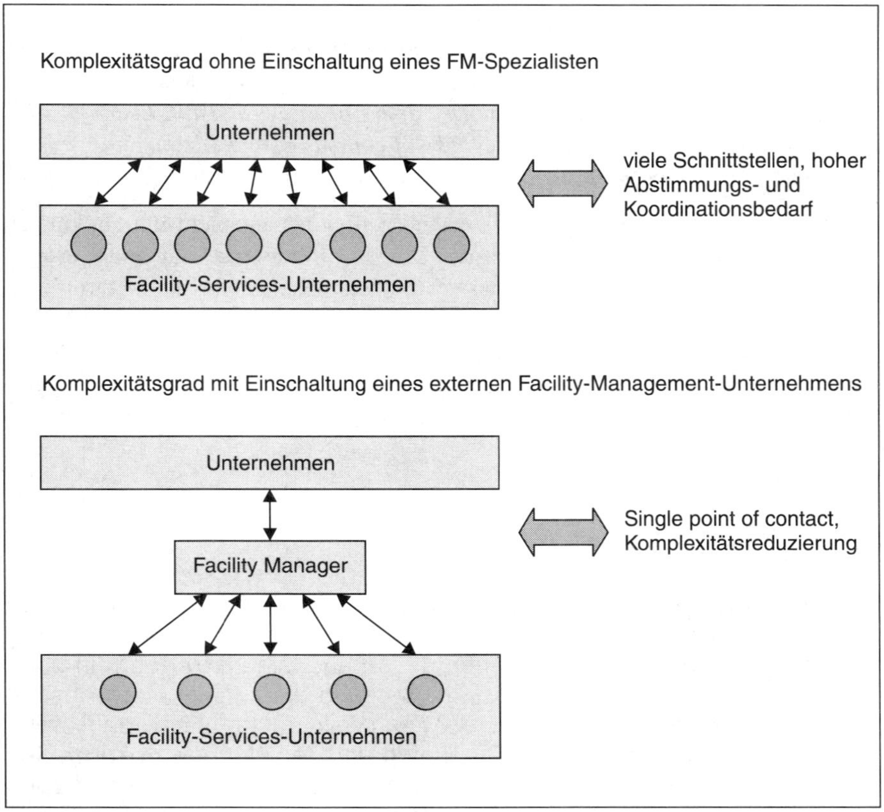

Abbildung 14: Reduzierung des Komplexitätsgrades durch Einschaltung eines externen Facility-Management-Spezialisten (Quelle: Andersen Consulting)

Zumindest in großen deutschen Unternehmen setzt sich die Erkenntnis, daß die Einschaltung eines externen Facility Managers die Komplexität reduziert, erst sehr langsam durch. Beispiele wie das der Bank of America, San Francisco, die für ihr Facility/Property-Management in drei großen Regionen der USA jeweils nur einen externen Facility-Management-Anbieter eingeschaltet hat, sind in Deutschland noch Mangelware. Auch Unternehmen wie SUN Microsystems, SCS Computer Science Corporation, Ameritech und andere arbeiten mit einem, maximal zwei Facility-Management-Partnern. Zu groß ist in vielen deutschen Unternehmen noch das Mißtrauen im Umgang mit dem Konzept des partnerschaftlichen Outsourcing oder des Transfers von Managementaufgaben an Externe, wie Facility Management dies fordert. Zu groß ist bei vielen auch die Angst vor dem eigenen Mittelmanagement oder einer harten Reaktion des Betriebsrates. Aber seien wir doch einmal ehrlich! Welchem Betriebsrat wäre nicht Druckers Beispiel der Aufstiegsmöglichkeiten einsichtig:

„However, if clerical, maintenance and support work is done by an outside independent contractor it can offer opportunities, respect and visibility. ... In one large hospital maintenance company, some of the women who started 12–15 years ago pushing vacuum cleaners are now division heads or vice presidents and own substantial blocks of company stock. As hospital employees, most of them would still be pushing vacuum cleaners." (Drucker, 1989)

Veränderungen, die zu einem verbesserten Facility Management führen, können nicht am manchmal etwas schwierigen Umgang mit Betriebsrat und Gewerkschaftsvertretern scheitern. Möglicherweise spielt die Angst des stark betroffenen Mittelmanagements vor einem Kurswechsel eine Rolle. Der könnte die eher im verborgenen liegenden Abläufe des In-House-Facility-Management ins Licht der härteren, direkt markt- und erfolgsbezogenen Umwelt des externen, spezialisierten Facility-Management-Anbieters ziehen.

Outsourcing erhöht grundsätzlich den Koordinations- und Kontrollaufwand mit externen, zu kontrollierenden Dienstleistern. Neue Kooperationsmodelle wie Open Book gehen davon aus, sie zu Partnern in einer Win-Win-Situation werden zu lassen. So kann die zunehmende Abstimmungskomplexität gemindert und der finanzielle oder qualitativen Gewinn von Netzwerken erhöht werden Die Einführung des Wettbewerbkonzeptes in interne Funktionen durch Outsourcing muß sich wegen der hohen Transparenz der tatsächlich erbrachten Leistung in Deutschland noch häufig genug gegen den schweigenden Widerstand der Betroffenen und Beteiligten durchsetzen.

6. Kundenorientierung

John W. Davis/William H. Knotts III/Edward R. Lyons

Das Kapitel beschäftigt sich pragmatisch mit folgenden Aspekten: Wie läßt sich Kundenzufriedenheit messen? Wie muß ein Reporting-System aussehen, das die wesentlichen Parameter zur Messung von Kundenzufriedenheit unterstützt? Welche Schritte kann ein Facility Manager unternehmen, um Service-Level-Vereinbarungen abzuschließen, zu revidieren und so anzupassen, daß ein Optimum zwischen Aufwand, Nutzen und finanziellem Einsatz entsteht? Das Kapitel beschreibt aus der Sicht der Kunden und der FM-Anbieter, durch welche Stufen ein neues FM-Vertragsverhältnis sich innerhalb der ersten 90 Tage seiner Existenz wahrscheinlich entwickelt.

6.1 Frühere Ansätze

In der Vergangenheit wählten Facility-Management-Anbieter typischerweise einen quantitativen Ansatz für die Messung von Kundenzufriedenheit. Computerdaten, die detailliert das Ergebnis der verschiedenen Geschäftsvorgänge anzeigten, bildeten die Grundlage für periodische Bewertungen. Durch Stichproben zeigten einige, wenn auch nicht alle, durch Personal und Ausstattung bedingte Probleme auf. Heute, in den 90ern, beobachten wir im Bereich der Industrie, wie sich das Hauptaugenmerk immer mehr auf den Kunden richtet. Dies erfordert natürlich andere und weiter reichende Methoden zur Messung der Kundenzufriedenheit.

Unternehmen haben in der Vergangenheit Dienstleistungen extern in Auftrag gegeben und beispielsweise Wach- und Sicherheitsdienste, Dachdecker und Elektriker direkt beauftragt. Unternehmen strukturieren sich neu und konzentrieren sich auf ihre Kernkompetenzen. Sie gehen verstärkt dazu über, ihre gesamte Immobilienverwaltung extern zu vergeben. Indem sie Aufgaben des Facility Management von ihren eigenen, innerbetrieblichen Abteilungen für Immobilienverwaltung an Unternehmen mit der Kernkompetenz „Facility Management" übertragen, reduzieren sie Personalkosten und verbessern den Service.

Um das geographisch weit verstreute Immobilienportfolio eines Unternehmens zu verwalten, verwenden heute die führenden Facility-Management-Anbieter mehrdimensionale, über alle Services und Leistungen integrierte, EDV-gestützte Management- und Berichtssysteme. Die ABC-Bank verfügt beispielsweise über Verwaltungsgebäude, einzelne Zweigstellen, freistehende und in Fremdgebäuden befindliche Geldautomaten. Da es für einen Facility-Management-Anbieter schwierig ist, eine derart variierende Bandbreite von Immobilien überall eigenhändig zu überprüfen, muß er zur Erfassung der entscheidenden Informationen eine ausgefeiltere Methode verwenden.

6.2 Moderne Methoden

Grundlage für mehr Kundenzufriedenheit sind nach quantitativen nun auch qualitative Informationen

Der moderne, integrierte Facility-Management-Ansatz unterscheidet sich von den traditionellen Methoden dadurch, daß er sowohl quantitative als auch qualitative Informationen bereitstellt. Sie können so kombiniert werden, daß sie das Grundmaterial einer ganzen Reihe verschiedener Profile für Kundenzufriedenheit bilden. Wenn eine Anfrage im Kundendienstzentrum des Facility-Management-Anbieters eingeht, wird sie zur schnellen Bearbeitung und zur Nachkontrolle in ein computergesteuertes Call-Center- und Auftragssystem eingegeben. Auf Knopfdruck kann der Leiter unter anderem Informationen abrufen wie: Anzahl der in der Telefonzentrale der Organisation eingegangen Anrufe, Grund des Anrufes, Anrufer, Anzahl der Rückrufe für dieses Problem, Dringlichkeitsstufe des Anrufes und Zeitraum zwischen Problemmeldung und Lösung des Problems.

Mustererkennung von Vorfällen und Verhalten führen zu proaktivem Problemmanagement

Viele Anrufe wegen ein und desselben Teiles einer Gebäudeeinrichtung bedeuten möglicherweise, daß es ersetzt werden muß oder daß der beauftragte Lieferant schlecht arbeitet. Unverhältnismäßig viele Anrufe eines Kunden können darauf hindeuten, daß Facility-Management-Anbieter und Lieferanten zur Betreuung seines Standortes keinen proaktiven Service-Ansatz verwenden. Informationen, die der neue Facility-Management-Ansatz liefert, erlauben den Anbietern nicht nur eine sorgfältige und genaue Verwaltung der Kundenbestände. Gleichzeitig wird auch sichergestellt, daß Vertragspflichten und Kundenerwartungen erfüllt werden. Außerdem erlaubt der integrierte Ansatz dem Facility-Management-Anbieter auch die graphische Darstellung und Betrachtung seiner Leistung aus einer Vielzahl verschiedener Perspektiven. Die Analyse quantitativer und qualitativer Daten ermöglicht ihm ferner ein besseres Verständnis seiner finanziellen Ergebnisse in Relation zur Zufriedenheit seiner Kunden. Dies ist besonders dann wichtig, wenn an das Erreichen eines bestimmtes Grades von Kundenzufriedenheit die Zahlung eines Bonus gebunden ist.

Führende Unternehmen in der Industrie verwenden die Informationen zur Erstellung monatlicher Geschäftsberichte mit folgenden Inhalten:

- Eine erste **Zusammenfassung für die Geschäftsleitung** oder interne Immobilienabteilung enthält eine Zusammenstellung der wichtigsten Ergebnisse und Trends des Monats: Es wird dabei häufig das Budget mit den Ist-Ergebnissen verglichen, Prognosen über die weitere Entwicklung im Jahresverlauf abgeleitet sowie erste Erklärungen für größere Abweichungen der Ist-Ergebnisse gegenüber dem Budget gegeben. In der Zusammenfassung für die Geschäftsleitung erörtert der Facility Manager wichtige Kernpunkte und zeigt Möglichkeiten zur Kosteneinsparung oder Verbesserung des Service im vergangenen

Berichtszeitraum auf. Wichtige oder ungewöhnliche Vorgänge werden ebenso dargestellt wie laufende Monats- und Jahresaktivitäten und ihr Bezug zum Budget. Eine Prognose für alle Entwicklungen im gesamten Berichtszeitraum ist ebenfalls ein typischer Indikator des monatlichen Finanzberichtes. Die monatlichen Berichte des Facility Managers werden dabei immer anforderungsgerecht auf den jeweiligen Bedarf des Kunden zugeschnitten, so daß nahtlose Übergänge in das Rechnungs- und Berichtswesen des Kunden gewährleistet werden.

- **Operative Detailinformationen** wie zum Beispiel Übersicht über Anrufe im Call-Center, Vergleich der aktuellen Performance gegenüber Benchmarks und eventuell aufgetretene Probleme mit Dienstleistern.
- Eine Übersicht über den **Status des Immobilienportfolios** weist alle Zu- und Abgänge für den jeweiligen Zeitraum aus. Hier wird dem Kunden ein Überblick über die Bewegungen auf der Basis einzelner Immobilienobjekte gegeben. Dies ist besonders für Unternehmen wichtig, die sich in starken Wachstumsphasen oder Restrukturierungssituationen befinden.
- Ein **Organisationsplan** sowie Informationen zum Personalbestand, Informationen über durchgeführte oder in naher Zukunft geplante Trainingsmaßnahmen runden den Bericht ab.
- Grundsätzlich sind führende Facility-Management-Anbieter in der Gestaltung ihrer Monatsberichte für den Kunden so flexibel, daß letzten Endes jeweils die Verantwortlichen auf der Kundenseite über den Informationsgrad sowie den damit verbundenen Aufwand entscheiden.

In den Monatsberichten sind auch häufig die Ergebnisse in Form eines sogenannten Balance-Scorecard-Systems enthalten. Balance-Scorecard geht davon aus, daß nicht nur rein quantitative, finanzorientierte Daten Bestandteil eines Steuerungssystems und der entsprechenden Berichte sein sollten, sondern auch eine Reihe von eher qualitativen Faktoren berücksichtigt werden müssen. Die Balance-Scorecard mißt also zum Beispiel qualitative Aspekte wie Kundenzufriedenheit und äußere Merkmale des Arbeitsumfeldes, aber auch quantitative Aspekte wie Wartungsrückstand, administrative Unterstützung, das Budget für die Unternehmenstechnologie und für betriebliche Aufwendungen.

Moderne Facility-Management-Anbieter sammeln alle Kundeninformationen in einer zentralen Datenbank und ermöglichen so für ihren Kunden jederzeit einen elektronischen Zugriff auf die dort akkumulierten eigenen Informationen. Die computergestützte Datenbank erlaubt den Facility-Management-Anbietern interne Überprüfungen und Vergleiche mit der gesamten Branche. Die Datenbank enthält Informationen über die Anrufe, die im Kundendienstzentrum eingegangen sind, sowie Abrechnungsdaten, Finanzanalysen, Projektüberwachungsberichte und Kalkulationstabellen.

6.3 Kundenzufriedenheit

Service Level Vereinbarungen legen die Anforderungen und Erwartungen des Kunden fest

Ein zufriedener Kunde ist üblicherweise ein Kunde, dessen Immobilie bei angemessenen Kosten und geringem Arbeitsaufwand seiner Mitarbeiter in erstklassigem Betriebszustand bleibt und der so eine bessere Wettbewerbsfähigkeit und eine Wertsteigerung des Unternehmens erzielt. Facility-Management-Anbieter schließen eine Vereinbarung über Service Levels ab, in der die Erwartungen der Kunden, die eigenen Erwartungen und die der Lieferanten festgelegt werden. Diese Vereinbarungen legen auch Prioritäten spezieller Kundenbedürfnisse fest. So kann zum Beispiel die Außenbeleuchtung für die ABC Bank von entscheidender Wichtigkeit sein: Aufgrund besonderer Sicherheitsanforderungen bei Geldautomaten erhält eine defekte Außenleuchte hier die Dringlichkeitsstufe eins. Wird ein Lieferant, in diesem Fall ein Elektriker, eingeschaltet, so muß er dieses Problem als Notfall behandeln und sofort erledigen. Ein undichtes Dach dagegen kann die Dringlichkeitsstufe drei und ein Stück abgeschlagene Farbe die Dringlichkeitsstufe vier erhalten. Je nachdem, was in der Vereinbarung über Serviceniveaus festgelegt wurde, muß der Dachdecker die undichte Stelle innerhalb von vier Tagen reparieren und der Maler muß seine Arbeit innerhalb einer Woche durchführen. Im Idealfall entdecken Mitarbeiter des Facility-Management-Anbieters oder Mitarbeiter seines Lieferanten – also der Elektriker, Dachdecker oder Maler – die Probleme dann, wenn sie auftreten und geben sie sofort weiter, damit der Kunde die Zeit seiner eigenen Mitarbeiter nicht damit verschwenden muß.

Responsqualität besser meßbar durch computergestützte Systeme

Die neuen, computergestützen Call-Center-Systeme zeigen, wer einen Service-Anruf macht. Sie geben damit einen Hinweis, wie proaktiv sich der Facility-Management-Anbieter verhält. Führende Facility-Management-Organisationen schulen ihr Personal und die Mitarbeiter von Lieferanten so, daß Probleme im gesamten Bereich der Immobilienbewirtschaftung unverzüglich an das Service-Center weitergegeben werden. Dadurch können der Kunde und seine Mitarbeiter aus dem Verwaltungsprozeß herausgehalten werden.

Call-Center als Clearingstelle bei Vertragsbeginn besonders gefragt

Gewöhnlich verzeichnet das Call-Center zu Beginn eines neuen FM-Vertrags ungewöhnlich viele Anrufe von Kunden. Wenn ein Unternehmen Tätigkeiten extern durch einen Facility-Management-Anbieter erledigen läßt, durchläuft es fast zwangsläufig einen Gewöhnungs- und Anpassungsprozeß, der nach Einschätzung führender amerikanischer und britischer FM-Anbieter etwa drei bis vier Monate dauert. Jedes Unternehmen, das bisher Dienstleistungen für seine Immobilien direkt in Auftrag gegeben hat, muß sich erst an ein neues System unter externer Verwaltung gewöhnen.

6.4 Entwicklung des FM-Anbieter-/Kundenverhältnisses

Wenn die ABC-Bank beispielsweise zum ersten Mal einen Facility-Management-Anbieter beauftragt, will sie ihre Probleme natürlich schnell erledigt sehen. Sie setzt daher die meisten Probleme auf Dringlichkeitsstufe eins fest, um in jedem Fall eine schnelle Reaktion sicherzustellen. So entsteht eventuell folgendes Szenario:

> Der Sicherheitsmitarbeiter der Bank stellt während seiner nächtlichen Rundgänge fest, daß einer der Wege zu den Geldautomaten nicht beleuchtet ist. Er teilt dem Kundendienstzentrum des Facility-Management-Anbieters das Problem telefonisch mit. Im Kundendienstzentrum ruft ein Service-Mitarbeiter auf dem Monitor alle Informationen ab, die für den Vertrag mit der Bank relevant sind. Er stellt fest, daß defekte Beleuchtung an Geldautomaten zur Dringlichkeitsstufe eins gehört und innerhalb von zwei Stunden behoben werden muß. Er ruft den zuständigen Elektriker an und gibt alle notwendigen Informationen an ihn weiter. Gemäß der bestehenden vertraglichen Vereinbarung muß der Elektriker das Problem innerhalb von zwei Stunden beheben.

In den ersten Wochen der neuen Zusammenarbeit zwischen dem FM-Dienstleister und der Bank geben Bankmitarbeiter Probleme schnell weiter. Sobald aber der Facility-Management-Anbieter seine Kompetenz bewiesen hat, entsteht Vertrauen zu dem externen Unternehmen und das Thema Immobilienverwaltung verliert für die Banker an Bedeutung. Wenn Mitarbeiter der ABC-Bank ein Problem anzeigen, wird das Problem jeweils innerhalb der durch Service Levels festgelegten Zeit erledigt. Zwischen der Bank und ihrem Facility-Management-Anbieter hat sich eine Vertrauensbasis entwickelt. Die Anzahl der Anrufe mit hoher Dringlichkeit werden nach und nach weniger, so daß die Dringlichkeitsstufen herabgesetzt werden können. Die meisten Anrufe im Service-Call-Center kommen nun nicht mehr vom Kunden sondern von Mitarbeitern der Immobilienverwaltung und des Lieferanten. Dies ist ein Hinweis dafür, daß sich der Rekulturierungsprozeß dem Ende nähert. Nun kann mit dem proaktiven Ansatz für das aktive Facility Management begonnen werden.

In der Gewöhnungsphase ensteht Vertrauen durch schnellen Response bei Problemen

In der graphischen Darstellung betrachtet, sind die Aktivitäten im Call-Center in den ersten dreißig Tagen eines neuen Anbieter-/Kunden-Vertrages die Umkehrung des dritten Monats. Zu Anfang kommen die meisten Anrufe vom Kunden und erhalten die Dringlichkeitsstufe eins, später kommen sie vom Personal des Facility-Management-Anbieters oder von Lieferanten und werden mit Dringlichkeitsstufe drei eingeordnet.

Zu Beginn eines neuen Vertragsverhältnisses untersucht der Facility-Management-Anbieter die verschiedenen Immobilien des Kunden. Er analysiert Gebäudetechnik-Systeme, Pläne zur vorbeugenden Instandhaltung und weitere spezifische Bedürfnisse des Kunden. Intensiv überprüft werden auch Außenfassaden, Heizung, Klima- und Lüftungs-Systeme, die Gebäudeelektrik, Brandschutzsyste-

Gebäude-Audit steht am Beginn der Zusammenarbeit

me, Fahrstühle, Ver- und Entsorgungsleitungen, Energiesparvorrichtungen, umweltschädliche und gefährliche Materialien, kurzum die gesamten Gewerke und Gebäude-Systeme, deren Vorgeschichte, Betriebskostenverläufe und anderes mehr. Diese intensive Analyse zu Beginn der Zusammenarbeit wird in der Fachsprache „Gebäude-Audit“ genannt.

Auf der Grundlage dieser Analyse erarbeitet das Facility-Management-Team im Idealfall für jede Immobilie des Kunden ein Budget auf der Basis des Zero Based Budgeting (Kapitel 11). Ebenfalls wird ein separates Programm für etwaige oder notwendige Investitionen, die über das normale Instandhaltungsbudget hinausgehen, vorgeschlagen.

Vereinbarte Service Level enthalten Abmachungen zu Dringlichkeitsstufen

Das Facility-Management-Team setzt sich dann mit seinen Kunden und Lieferanten zusammen, um eine erste Vereinbarung über die Service Levels auszuarbeiten. Für jede Dienstleistungskategorie werden Dringlichkeitsstufen festgelegt und so definiert, daß sie den spezifischen Bedürfnissen des Kunden entsprechen. Die Anrufe der ABC Bank mit Dringlichkeitsstufe eins erfordern vielleicht eine Reaktion innerhalb von vier Stunden, wogegen die DEF-Versicherungsgesellschaft für ihre dringlichsten Anrufe eine Reaktionszeit von acht Stunden gewährt.

Danach wird über Preise gesprochen. Die Preisvereinbarungen beinhalten Leistungsprämien, die an den Facility-Management-Anbieter gezahlt werden, wenn er es schafft, die Gesamtbetriebskosten des Kunden zu reduzieren. Häufig gibt das Facility-Management-Unternehmen seinerseits einen Teil der Prämien an seine Lieferanten weiter.

Die Vereinbarung der Service Level etabliert eine Reihe quantifizierbarer Erwartungen des Facility-Management-Unternehmens, seines Kunden und seiner Lieferanten. Mit ihren klar definierten Parametern dient die Vereinbarung als Grundlage für die andauernde Überprüfung der Kundenzufriedenheit. Sie ist Maßstab für die Feststellung, ob die Erwartungen aller Parteien erfüllt werden. Um die Erwartungen des Kunden auf eine Wertschöpfung durch Facility Management zu erfüllen, wird der Facility-Management-Anbieter einen nahtlosen Plan für die Instandhaltung der Gebäudeeinrichtungen und für Serviceleistungen aufstellen und Einsparmöglichkeiten aufzeigen. Die Wartungsverträge für die Gebäudeeinrichtungen des Kunden, Wartungsmöglichkeiten und Wartungspläne werden im Computer erfaßt und alle neuen Wartungs-, Service- und Lieferverträge werden sorgfältig ausgehandelt.

Dringlichkeit ist ein weicher Faktor in der Preisfindung

Die Kosten für die Bearbeitung eines Serviceanrufes steigen mit der entsprechenden Dringlichkeitsstufe erheblich an. Eine defekte Elektroleitung im Aufenthaltsraum der Bankmitarbeiter wäre ein Beispiel für einen Anruf der Dringlichkeitsstufe drei, während das gleiche Problem an einem Geldautomaten im Freien ein Anruf der Dringlichkeitsstufe eins wäre. In diesem Fall würde man einen abrufbereiten Elektriker sofort losschicken. Die Sonderkosten, die von dem Elektriker verursacht werden, der eine Arbeit verlassen, zur Bank fahren und ein defektes

Kabel reparieren muß, spiegeln sich in den höheren Kosten für den Anruf wieder. Daher können Unternehmen sparen, indem sie Dienstleistungen der Dringlichkeitsstufe eins reduzieren.

Führende Immobilienverwaltungsgesellschaften führen periodisch Selbstüberprüfungen durch. Sie sollen sicherstellen, daß ihre Kunden den bestmöglichen Service erhalten. Wenn Unternehmen die Verwaltung ihrer Immobilien extern vergeben, so verlassen sie sich darauf, daß sich ein Facility-Management-Anbieter auf seine Kernkompetenzen konzentriert, erstklassigen Service und Spitzentechnologie mitbringt. Regelmäßige Überprüfungen helfen, das hohe Qualitätsniveau beim Service aufrechtzuerhalten.

Als Teil der ständigen Selbstanalyse eines führenden Facility-Management-Anbieters werden Foren abgehalten, in denen das Personal technische Ideen, Kenntnisse und Erfahrungen vergleichen, Ideen zur Kosteneinsparung einbringen, die Wirtschaftlichkeit verbessern, neue Technologien und Ausstattungen aufnehmen und ortsspezifische Probleme lösen kann. Die Foren stehen in direktem Zusammenhang zur Kundenzufriedenheit, da sie den Service verbessern und eine Verpflichtung zu erstklassigem Service und Spitzentechnologie sicherstellen.

Basis des FM-Vertrags kann ein Gebäude-Audit sein, in dem Auftraggeber und Auftragnehmer die Immobiliensubstanz analysieren. Grundlage zur Messung der Kundenzufriedenheit sind die Vereinbarungen im Service Level Agreement, in dem der weiche, subjektive Faktor Dringlichkeit eine besondere Rolle spielt. Computergestützte Call-Center sind die Infrastrukturen, mit deren Hilfe proaktiv Problemmuster erkannt und die zugesagte Qualität gesichert wird. Sie werden von den Auftraggebern in den ersten drei bis sechs Monaten der Zusammenarbeit überproportional beansprucht, bis sich ein Vertrauensverhältnis zwischen den Parteien gebildet hat.

7. Human Resources

John W. Davis/William H. Knotts III/Edward R. Lyons

Beispiele aus dem amerikanischen Wirtschaftsumfeld zeigen, welche tiefgreifenden Veränderungen durch konsequentes Outsourcen von FM-Dienstleistungen im Personalbereich eines Unternehmens vollzogen werden. Die zitierten Beispiele sind wegen des unterschiedlichen Personalrechts nur bedingt auf Deutschland übertragbar. Bei wertfreier Betrachtung der Situation läßt sich das Augenmerk auf die Chancen richten, die in der Professionalisierung der FM-Prozesse und den beruflichen Entwicklungsmöglichkeiten der Mitarbeiter eines betroffenen Unternehmens liegen.

7.1 Veränderungen im Personalbereich

Im Personalbereich eines Unternehmens finden durch das Outsourcen von FM-Dienstleistungen an einen externen Anbieter tiefgreifende Veränderungen statt. Das Beispiel eines solchen Prozesses im folgenden Kapitel stammt aus dem amerikanischen Wirtschaftsumfeld. Deutsches Personalrecht gestattet solche Veränderungen kaum. Trotz der unterschiedlichen rechtlichen Situation beim Thema des Betriebsübergangs mit den Auswirkungen des berühmt-berüchtigten Paragraphen 613 BGB in Deutschland und der übergreifenden Regelung im Rahmen der Europäischen Gemeinschaft sind doch eine Reihe der Maßnahmen und Schritte, die in diesem Kapitel vorgestellt werden, auch auf Situationen in Deutschland übertragbar.

Eine wertfreie Betrachtung der Situation scheint wichtig. Der Fokus soll nicht auf Einsparung und Freisetzung von Personal liegen. Er muß auch und vor allem auf der Professionalisierung der FM-Prozesse und den sich daraus ergebenden Chancen für die berufliche Entwicklung der Mitarbeiter eines Unternehmens liegen. Schließlich verändern sich für den betroffenen Mitarbeiter nicht nur der Name seines Arbeitgebers, seine Vorgesetzten und so manche bislang über Jahre praktizierten Abläufe. Der Wechsel von der bisherigen internen Facility-Management-Abteilung in das Arbeitsumfeld des externen Spezialisten bedeutet den Wechsel von einer oft wenig oder eher mit negativen Gefühlen beachteten Nebenfunktion in ein Unternehmen, dessen Kerngeschäft es ist Facility-Management-Dienstleistungen professionell am Markt anzubieten. Damit eröffnen sich für viele der vom Transfer betroffenen Mitarbeiter neue Chancen und Entwicklungsmöglichkeiten, die sich für sie in ihrem bisherigen Unternehmensumfeld sehr oft nicht geboten hätten. In den USA und Großbritannien, wo externe Facility-Management-Unternehmen bereits auf eine längere, erfolgreiche Historie zurückblicken können, werden die Transfers und Personalübergänge von den betroffenen Mitarbeitern viel stärker unter dem Aspekt der sich nun bietenden Möglichkeiten gesehen als unter dem Blickpunkt der Gefährdung des Arbeitsplatzes. Entsprechende Lernbereitschaft und Anpassungsfähigkeit sind natürlich hilfreich, um die sich bietenden neuen Chancen auch wahrnehmen zu können.

7.2 Produktivitätsgewinn durch neue Prozesse

Outsourcing = Kosten- und Personalersparnis plus Professionalisierung der FM-Prozesse

Das Hauptziel, das hinter der Entscheidung eines Unternehmens zum Outsourcing durch einen Facility-Management-Anbieter steht, ist die Kosteneinsparung. In einem typischen Dienstleistungsvertrag zwischen einem Facility-Management-Anbieter und seinem Kunden ist eine Liste mit Leistungsanforderungen enthalten, die jeweils quantitativ bestimmbar sein müssen. Ein FM-Anbieter, der den operativen Budgetansatz seines Kunden bei gleichzeitiger Aufrechterhaltung oder Verbesserung des aktuellen Leistungsniveaus reduzieren will, muß dies über Produktivitätsverbesserungen erreichen. Diese werden in den meisten Fällen durch neue, verbesserte Prozesse, die Eliminierung von Doppelarbeit oder die Ausnutzung von Größenvorteilen und die Nutzung einer bereits bestehenden Infrastruktur erzielt. Die operativen Verbesserungen führen in den allermeisten Fällen dazu, daß die gleiche oder sogar eine verbesserte Leistung mit einer geringeren Mitarbeiterzahl erreicht werden kann.

Unternehmen, die ihr Facility Management selbst betreiben, beschäftigen häufig auch Einkäufer, Servicemitarbeiter, Bauingenieure, Wartungsmitarbeiter etc. Beim Outsourcing an einen externen Facility-Management-Anbieter kann dessen bereits existierende Infrastruktur genutzt werden. In vielen Fällen sind dann die bisherigen innerbetrieblichen Positionen nicht mehr oder nicht mehr im bisherigen Ausmaß notwendig.

Hochspannung unter den Mitarbeitern auf beiden Seiten

Während der Restrukturierungen, die zu Beginn von Outsourcing-Prozessen stattfinden, herrscht Hochspannung unter den betroffenen Arbeitnehmern. Einigen Mitarbeitern wird angeboten, sich dem Team des Facility-Management-Anbieters anzuschließen, andere werden jedoch entlassen. Wieder andere suchen sich eine neue Beschäftigung außerhalb des Unternehmens oder werden auf andere Positionen innerhalb ihres alten Unternehmens versetzt. Das „Übernahme-Team“, Mitarbeiter des Facility-Management-Dienstleisters aus dessen Personalbereich, hat in dieser Übergangsphase eine Schlüsselfunktion.

Zu Beginn der Übergangsphase analysiert das Übernahmeteam die Unterschiede bei Personal, Gehältern und Versicherungsleistungen zwischen dem Unternehmen des Auftraggebers und dem des externen Anbieters. Dadurch erhält das Team ein klares Bild von der Unternehmenskultur, dem Managementstil und den Erwartungen der Mitarbeiter. Es nimmt auch eine Bewertung der Versicherungskosten und -deckungshöhen sowie des Niveaus der Mitarbeiterbeteiligungen vor.

Der zweite Schritt in einem typischen Übergangsprozeß besteht in der Entwicklung der Kommunikation zwischen dem Übernahme-Team und den Mitarbeitern des Kunden. Die Leiter des Übernahme-Teams halten Treffen mit den Mitarbeitern ab und informieren sie über jeden Schritt. Sie äußern sich klar zu Absichten und Zielen des Facility-Management-Anbieters und erläutern das Verfahren der kommenden Einstellungsgespräche. Für Mitarbeiter, die einen Prozeß der Restrukturierung mitmachen müssen, werden häufig gebührenfreie Telefonleitungen geschaltet.

Transparente Vorgehensweise des Übernahme-Teams des FM-Anbieters

Die Hauptziele zu Anfang des Übergangsprozesses bestehen im Personalbereich darin, neben den Arbeitgeberleistungen des Facility-Management-Anbieters dessen Unternehmensphilosophie und -geschichte transparent zu machen. Auch muß über Personalplanung, den Zeitplan für Einstellungsgespräche und die Auswahlverfahren für Mitarbeiter gesprochen werden. Die betroffenen Arbeitnehmer erhalten Firmenprospekte, Bewerbungsformulare, eine Zusammenfassung der Sozialleistungen, ein Arbeitsblatt zur Vorbereitung auf das Einstellungsgespräch, Arbeitsplatzbeschreibungen für die offenen Positionen und eine Erklärung über den Ablauf des Bewerbungsverfahrens.

Das Übernahme-Team ergreift während des Übergangsprozesses Maßnahmen, die eine deutliche Verschlechterung des Arbeitsklimas verhindern helfen. Betroffene Mitarbeiter, die kein Übernahmeangebot vom Facility-Management-Anbieter erhalten, vermuten möglicherweise, daß ihr früherer Arbeitgeber den Auswahlausschuß des FM-Anbieters negativ beeinflußt haben könnte. Um diese unerwünschte Situation zu vermeiden, verlangt das Übernahme-Team in der Regel, daß sich ihr Kunde aus dem Auswahlverfahren vollkommen heraushält. Die Übernahme-Teams erhalten durch die stringente Nutzung von Verhaltens- und Qualifikationsmerkmalen als wichtigste Einstellungskriterien, quantifizierbare Daten, die ihre Auswahlentscheidung unterstützen.

FM-Anbieter übernimmt keine kollektive Beschäftigungsverpflichtung

Wenn sich ein Unternehmen entschließt, sein FM extern durchführen zu lassen, zerstört es damit die Arbeitsplatzstabilität, die vielleicht ein Jahrzehnt unberührt war. Es reagiert empfindlich auf die Bedürfnisse seiner betroffenen Mitarbeiter und das gesamte Klima begünstigt das Entstehen von Arbeitsauseinandersetzungen. Mitarbeiter, die Jahre damit verbracht haben, ihre Fähigkeiten zu entwickeln und bei den Arbeitgebern ihre Unabkömmlichkeit unter Beweis zu stellen, werden plötzlich damit konfrontiert, bei einem neuen, unbekannten Arbeitgeber anfangen zu müssen. Oder noch schlimmer, ihnen wird gekündigt. Der Kunde verläßt sich darauf, daß der Facility-Management-Anbieter betroffene Arbeitnehmer fair und respektvoll behandelt und daß er das Unternehmen vor einseitigen Verpflichtungen schützt.

Kunde hält sich aus der Mitarbeiter-Auswahl heraus

Bruch in der Unternehmenskultur des Kunden

7.3 Fähige Mitarbeiter finden

Mitarbeiterauswahl durch den FM-Anbieter nach Kriterien der Kundenorientierung

Eine Reihe von Punkten sind für den Mitarbeiter beim neuen Facility-Management-Spezialisten neu oder doch zumindest deutlich anders als in seinem bisherigen Arbeitsumfeld. Der Fokus ist stärker auf den Markt bezogen, die Servicephilosophie mag anders ausgeprägt sein, die Qualitätsansprüche an Zeit und Reaktionsschnelligkeit mögen sich unterscheiden usw. Für das Facility-Management-Unternehmen ist es daher besonders wichtig, aus den zu übernehmenden Mitarbeitern solche auszuwählen, die im Hinblick auf die neuen Anforderungen die besten Fähigkeiten oder doch zumindest ein gesundes Entwicklungspotential besitzen. Diese Aufgabenstellung charakterisiert den gesamten Prozeß der Auswahl jener Mitarbeiter, die in die Organisation des neuen Facility-Management-Anbieters übernommen werden. Dies ist natürlich die Idealsituation für den Facility-Management-Anbieter, aber es gibt auch Fälle, in denen solch ein konzentrierter Auswahl- und Bewertungsprozeß im Vorfeld nicht oder nicht im gewünschten Umfang durchgeführt werden kann.

Jeder Mitarbeiter des Kunden aus dem Bereich Grundstücksverwaltung wird vom Facility-Management-Anbieter zu einem Einstellungsgespräch eingeladen. Bei der Einschätzung individueller Vorzüge suchen Mitarbeiter des Facility Managers nach Personen mit schneller Auffassungsgabe und einer ausgeprägten Einstellung zum Kundenservice. In Frage kommende Mitarbeiter müssen begreifen, daß ihre ehemaligen Kollegen jetzt plötzlich ihre Kunden sind. Sie müssen ihre beruflichen Pflichten aus der Perspektive des Kundenservice betrachten lernen.

Da sich der technologische Fortschritt und seine Folgen in der gesamten Industrie ausbreiten, wird der Kundenservice der Hauptbereich werden, in dem Facility-Management-Anbieter miteinander konkurrieren. Die Verpflichtung, dem Kunden erstklassigen Service zu bieten, ist eine unverzichtbare Anforderung für Mitarbeiter, die übernommen werden wollen.

Verhalten und Fachwissen zählen

Wer von dem FM-Anbieter angestellt werden will, muß über Führungsqualitäten verfügen, Teamwork mögen und Verständnis für Technologie oder die Bereitschaft und Fähigkeit zum Lernen mitbringen. Das typische Einstellungsverfahren konzentriert sich auf zwei Hauptbewertungsbereiche: Verhalten und Fachwissen. Die Einschätzung von Verhalten und Fachwissen wird von einem Fachmann des Human-Resources-Bereiches durchgeführt. Sie besteht aus einer Reihe von Fragen, die explorieren, ob die Kandidaten in einer veränderten Umgebung erfolgreich sein können. Andere allgemeine Kriterien bei der Exploration der Bewerber sind Anpassungsfähigkeit, Flexibilität und Kundenorientierung, Führungsstil, Teamwork, Betriebsführung, Technologie, Interpersonelle Kommunikation, Initiative, Motivation und Verhandlungsgeschick.

7.4 Hilfreiche Fragen für den Arbeitgeber

Die folgende Liste mit einigen wichtigen Fragen ist primär aus dem Blickwinkel eines externen Facility-Management-Unternehmens heraus entwickelt worden. Trotzdem können natürlich die Fragen in Facility-Management-Abteilungen auch intern angewendet werden. Sie lassen sich in diesem Fall als ideale Fragestellungen bei der Überprüfung von Organisationsveränderungen, der Entwicklung von Trainings- und Schulungsprogrammen und anderen Verbesserungsmaßnahmen heranziehen. Die Liste erhebt keinen Anspruch auf Vollständigkeit, deckt aber doch die wichtigsten Bereiche ab. Eine Reihe von amerikanischen Facility-Management-Unternehmen setzt auch psychologische Testverfahren ein, in denen die nachfolgend aufgelisteten Fragestellungen abgedeckt werden.

- Sind meine zukünftigen Mitarbeiter kreative Problemlöser?
- Verstehen sie den Begriff des erstklassigen Service aus der Perspektive des Facility Management?
- Deutet ihre Berufserfahrung darauf hin, daß sie alltägliche Herausforderungen flexibel bewältigen können?
- Können sie, um positive Ergebnisse zu erzielen, andere Mitarbeiter zur Arbeit motivieren und die Meinungen anderer beeinflussen?
- Haben sie mehrere verschiedene Führungspositionen innegehabt?
- Können sie mit anderen so zusammenarbeiten, daß die Arbeitsmoral unterstützt wird und gleichzeitig Selbstverpflichtungen der Gruppen gefördert werden, um vorgegebene Ziele und Absichten einzuhalten?
- Können sie positive Energie in Gruppensituationen schaffen?
- Respektieren sie andere Personen?
- Sind sie sich der Gruppendynamik bewußt?
- Zeigen sie ein gewisses Maß an Engagement und Disziplin?
- Können sie als Vermittler fungieren?

Die Zielsetzung des Outsourcing ist eindeutig die Kosten- und Personalersparnis. Der Kunde erhofft dadurch außerdem eine Professionalisierung der FM-Prozesse. Seine Mitarbeiter sind stark betroffen, denn ihre bisherige Karriereentwicklung wird in fremde Hände gelegt. In diesem hochkritischen, weil emotionalisierten Prozess muß der FM-Anbieter eine seiner Kernkompetenzen nutzen: intelligentes HR-Management bei der Auswahl der übernommenen und beim Outplacement der nicht übernommenen Mitarbeiter.

8. Lieferanten-Management

Mark Mundahl

In diesem Kapitel werden die entscheidenden Aspekte der Beziehungen mit Lieferanten (externen Anbietern des Facility Managers) beleuchtet. Zur Sprache kommen Auswahl der Lieferanten, Vorzugslieferanten und Vorzugspreisgestaltung, Lieferantenstandards und Leistungsmessung bei Lieferanten. Die Vertragsgestaltung mit Lieferanten wird am Vergleich eines traditionellen Lieferantenvertrages mit einem leistungsbezogenen Vertrag erörtert.

8.1 Die Rolle des Facility Managers

Ein professioneller Facility Manager muß sich mit einem breiten Spektrum ständig wechselnder Konjunkturzyklen und Strategien auseinandersetzen. Trotz aller Veränderungen bleibt jedoch das eigentliche Ziel immer die Reduzierung von Gebäudemanagementkosten bei gleichbleibender beziehungsweise verbesserter Qualität der sogenannten Services Levels (die zu erbringenden Leistungs- und Komfortniveaus). Das Konzept der Kostensenkung bei Erhaltung beziehungsweise Steigerung der Service Levels erscheint vielleicht widersprüchlich, ist jedoch wichtig für gegenwärtige Facility-Management-Strategien.

FM-Manager im Dilemma der Kostenersparnis plus qualitativer Verbesserung der Service Levels

Um seine Kosten- und Qualitätsziele zu erreichen, ist der Professionelle Facility Manager zu ständiger Innovation im Technologie- und Geschäftsbereich gezwungen. Selten ist die gesamte Palette moderner Innovationsmöglichkeiten im Unternehmen des Facility Managers vorhanden. Ein einzelnes Unternehmen kann kaum der beste Anbieter für alle Dienstleistungen sein. Also muß der Facility Manager entscheiden, wann Dienstleistungen nach außen zu vergeben und wann sie intern zu erbringen sind. Sobald er dies entschieden hat, konzentriert sich seine Suche auf den „Best-in-class"-Dienstleister für die extern vergebene Leistung.

8.2 Auswahl externer Lieferanten

Die Entscheidung bei der Auswahl eines externen Unternehmens hängt von der Erfüllung zweier grundsätzlicher Zielsetzungen ab: Kundenzufriedenheit und Kostenüberwachung. Die Auswahlkriterien können in drei Grundaspekte eingeteilt werden:

- einen operativen: Kann der Lieferant die Leistung erbringen?
- einen finanziell-rechtlichen: Kann der Lieferant die Arbeit für weniger Geld verrichten und ist er eine juristische Person?
- und einen kulturellen: Hat der Lieferant eine ähnliche Unternehmensphilosophie?

Die nachstehende Tabelle umreißt Angaben, die zur Beurteilung von Lieferanten als potentielle Best in Class Dienstleister sinnvoll sein können. Die aufgeführten Auswahl- und Beurteilungskriterien sind nur ein erster Einstieg in die umfangreichere Bewertung möglicher Lieferanten. Jedes Unternehmen wird ein anderes Maß an Informationsbedürfnissen haben, bis es zu einer für sich ausreichenden Beurteilung kommen kann.

Kriterien	**Informationen**
1. Finanzinformationen und Rechtsrahmen	– Höhe der Sicherheitsleistung – Geprüfte Geschäftsabschlüsse – Gründungsurkunde und Satzung
2. Engagement des Management	– Empfehlungen von Großkunden – Qualifikation und Erfahrung der Führungskräfte
3. Beziehungen	– Beispiele von anderen partnerschaftlichen Beziehungen – Unternehmensphilosophie
4. Training	– Besichtigung der Ausbildungseinrichtungen – Standard der Trainings

Ein wesentliches, unter Umständen kritisches Element des Auswahlprozesses für externe Unternehmen ist der kulturelle Aspekt. Immobilien- und Gebäudeverwaltungsaufgaben werden fast immer vor Ort erledigt. Lieferantenbeziehungen und Kaufkraft am Standort des Kunden erreichen kaum die Kaufkraftmöglichkeiten eines großen, bundesweiten Portfolios. Durch den Lieferantenauswahlprozeß strebt der Facility Manager eine partnerschaftliche Beziehung mit den Lieferanten an. Diese Partnerschaft ist wesentlich für jeden, der seine Zielsetzungen bei Kundenzufriedenheit und Kostenkontrolle erreichen will. Daher empfehlen sich externe Unternehmen, die Erfahrungen in der Zusammenarbeit und in vertraglich geregelten Beziehungen haben. Wichtig sind nachgewiesene Kenntnisse und Fähigkeiten und ihre Bereitschaft, ein kundenspezifisches Leistungsprogramm beziehungsweise ein individuelles Leistungs- und Komfortniveau für ein bestimmtes Gebäude auszuarbeiten.

Der Idealpartner hat außer quantitativen, objektiven Kriterien auch den besten kulturellen Fit

Träger der Geschäftsbeziehung mit dem Externen muß eine „offene" Philosophie und ein offener Gedankenaustausch sein. Das Ziel der Lieferanten-Auftraggeber-Beziehung ist die nahtlose Organisation vor Ort. Der ausgewählte Lieferant ist integraler Teil des Managementprozesses und nimmt regelmäßig an der Geschäftsplanung und Budgeterstellung für das jeweils von ihm betreute Gebäude teil. Die Mitarbeiter des Lieferanten und des Auftraggebers besuchen die gleichen Mitarbeitertreffen und Trainingsmaßnahmen. Gegenüber dem Nutzer treten sie als ein einheitliches Team auf. Von außen hat es den Anschein, als würde der Betrieb von einer einzigen „Mannschaft" geführt.

8.3 Beziehungen mit Vorzugslieferanten

Die Verwaltung von Immobilien und Liegenschaften erfolgt im allgemeinen vor Ort. Viele Unternehmen zentralisieren jedoch ihren Einkauf, damit sie überregional Verträge mit einem einzigen Lieferanten abschließen können. Diese Idee beruht auf dem güterbezogenen Ansatz des Einkaufs, bei dem das Volumen der preisbestimmende Hauptfaktor ist. Solche Verträge basieren auf dem Wirtschaftskonzept der Economies of Scale (Größenvorteile). Die Grundidee: Wenn verschiedene kleinere Bestände eines Unternehmens in einer größeren geographischen Region verteilt sind, ergibt die Summe dieser Portfolios eine größere Kaufkraft als sie jedes einzelne Portfolio für sich hätte. Diese vergrößerte Kaufkraft führt dann zu niedrigeren Kosten. Als grundsätzliche Prämisse hat sich ein solches Vorgehen beim Warenkauf im Fertigungsbereich bewährt. Es erfüllt jedoch nicht die beiden Zielsetzungen des Facility Managers, nämlich Kundenzufriedenheit und Kostenüberwachung. Das Problem mit diesem Ansatz liegt darin, daß er die Qualität der Dienstleistung nicht als Entscheidungsfaktor einbezieht.

Vorzugslieferant kann lokale Präsenz und Economy of Scale kombinieren

Für den professionellen Facility Manager mag der Preis nicht immer der maßgebliche Faktor sein. Das Erbringen von Gebäudedienstleistungen erfolgt, wie die Immobilienverwaltung auch, vor Ort. Die Ausführung der FM-Dienstleistungen (zum Beispiel Gebäudereinigung, Sicherheitsdienste, Post und Kantine) wird meist vom örtlichen Arbeitsmarkt diktiert. Durch die Entwicklung einer zentralen Beziehung mit einem Vorzugslieferanten läßt sich der lokale Aspekt des Einkaufsprozesses minimieren. Um den lokalen Aspekt der Lieferantenauswahl zu maximieren, sollte der Einkauf so dezentral wie möglich erfolgen. Mit Vorzugslieferanten sollten auch Vorzugspreisvereinbarungen bestehen. Diese Vereinbarungen werden ähnlich wie Vorzugsverträge auf Bundesebene ausgehandelt, garantieren jedoch dem Lieferanten Abnahmemengen und gelten auch als Mindestnorm für die Facility Manager vor Ort. Sie setzen diese Standards bei der Vergabe von Dienstleistungen in ihren jeweiligen Märkten ein. Wenn sie einen starken Lieferanten vor Ort haben, der die Bedingungen der Vorzugspreisvereinbarungen unterbieten kann, werden sie ermutigt, diesen Lieferanten zu wählen. Ziel eines Gebäudemanagers ist es, beste Leistung für den besten Preis in seinem Markt zu erhalten.

Derartige Preisvereinbarungen setzen die Einrichtung von Mindestleistungsstandards, akzeptablen Qualitätsniveaus und grundsätzlichen Vertragsbedingungen voraus. Wie oben erwähnt, ist das Ziel einer partnerschaftlichen Beziehung mit einem Lieferanten die Entwicklung eines kundenspezifischen Leistungsprogrammes für ein bestimmtes Gebäude beziehungsweise ein bestimmtes Portfolio. Die Schaffung von zentralisierten Standards scheint zwar im Gegensatz zu einem kundenzentrierten Programm zu stehen, jedoch gelten die in den Vorzugspreisvereinbarungen enthaltenen Standards als Richtlinien beziehungsweise als Mindestqualitätsniveaus für den Facility Manager. Das Ziel der Partnerschaft mit dem Lieferanten ist es, diese Standards als Grundlage und Richtlinie für die Entwicklung des kundenspezifischen Ansatzes zu benutzen.

FM-Manager kontrolliert Balance zwischen Vorzugspreisvereinbarungen und Mindestqualitätsniveau

Die Standards kommen auch zum Tragen, wenn ein Lieferant in einer geographischen Region nicht vertreten ist. Obwohl es einen bundesweiten Vertrag über die Wartung von Aufzügen mit Firma A gibt, kann der Manager vor Ort die Standards auch benutzen, um eine Vereinbarung mit Firma B auszuhandeln, die in einem bestimmten geographischen Markt nicht vorhanden beziehungsweise nicht groß genug ist. Das Ergebnis ist der beste Preis und die beste Leistung, mit den etablierten bundesweiten Standards.

8.4 Lieferantenstandards und Leistungsmessung

Grundsätzliche Lieferantenqualifikationen werden sich schon im Laufe des Auswahlprozesses herauskristallisieren. Diese Qualifikationen bilden die Grundlage für eine Partnerschaft, die regelmäßig überprüft wird. Die Effizienz eines Lieferanten wird nach den von Lieferanten, Kunden und Facility Managern festgelegten Richtlinien gemessen. Das Werkzeug zur Messung der Effizienz eines Lieferanten ist ein **Leistungsmessungsystem**. Ungeachtet der Vertragsart, sollte der Facility Manager ein Leistungsüberprüfungsverfahren einrichten. Es stellt sicher, daß die Programme vorhanden sind und richtig verwaltet werden.

Die Entwicklung eines formalen Leistungsmessungssystems ist die wirksamste Art der Überprüfung. Ein Standardleistungs-Beurteilungssystem besteht aus einer Sammlung von wichtigen Leistungsindikatoren in Form einer Datenbank. Die Leistungsindikatoren werden eindeutig definiert und messen die Wirksamkeit eines Prozesses bezogen auf Kosten und Qualität. Maßgrößen sind zum Beispiel die Anzahl von Fehlern, Kundenzufriedenheit, Kostenkomponenten, Arbeitseffizienz, Aufgabenhäufigkeit, Ausbildung und Fluktuation der Mitarbeiter. Periodische Inspektionen der Vertragsarbeiten und Kundenumfragen liefern Angaben für die Qualitätsmessungen. Die Mindestqualitätsniveaus werden mit den Kunden und Lieferanten festgelegt. Sie geben die Mindestleistungsstandards wieder.

Wichtigstes Werkzeug des FM-Managers ist ein Meßsystem für Leistungen mit Effizienz-Indikatoren der betroffenen Prozesse

Die Ergebnisse der Leistungsmessungen müssen dem Lieferanten und dem Facility Manager rechtzeitig mitgeteilt werden. Die punktgenaue Mitteilung der Ergebnisse macht das System zu einem wertvollen Werkzeug, mit dem Leistungstrends identifiziert und fundierte Managemententscheidungen getroffen werden können. Richtige Leistungsmessung und rechtzeitige Berichterstattung erlauben dem Management-Team vor Ort direkte, umgehende Prozeßverbesserungen. Ihre Wirksamkeit im Laufe der Zeit kann anschließend ebenso direkt bewertet werden. Das Leistungsmessungssystem gibt oberen Führungskräften ein Werkzeug in die Hand, mit dem sie die Effizienz ihrer Manager beurteilen können. Es gestattet auch, unterschiedliche Objekte innerhalb eines größeren Portfolios miteinander zu vergleichen.

8.5 Leistungsbezogene Verträge

Bei der Suche nach Wegen zur Kostensenkung vergeben Facility Manager immer mehr traditionelle Gebäudeverwaltungsfunktionen an externe Dienstleister. Auf dem heutigen Markt ist es schon üblich, Dienstleistungen wie Reinigung, Kantine, Sicherheit, Grünflächenpflege, Kopierdienste und Post auszulagern. Preis und Qualität der Dienstleistung werden erheblich davon beeinflußt, *wie* die Dienstleistung vergeben wird. Die Art des Servicevertrages bestimmt den Geist der Beziehung zwischen dem Auftraggeber und dem Lieferanten. Grundsätzlich gibt es vier Arten von Serviceverträgen:

Festpreis- oder Pauschalvertrag: Die Vergütung für eine Dienstleistung besteht aus einem festen Betrag oder Pauschbetrag. Beispiel: Reinigungsvertrag mit einem festen Monatsbetrag. Die Firma XYZ reinigt das Gebäude jeden Abend für 20 000,– DM im Monat.

Cost Plus Fee: Vertrag auf der Grundlage der Ist-Kosten des Lieferanten für die Lieferung bestimmter Leistungen plus einem festen Zuschlag. Der Zuschlag ist entweder ein fester Betrag oder ein Prozentsatz der direkten Kosten. Er stellt die Gemeinkosten und den Gewinn des Lieferanten dar. Beispiel: Bezahlt werden die Personalkosten eines Elektrikers plus dem vereinbarten Zuschlag in Höhe von 15 Prozent (Gemeinkosten und Gewinn).

Stückkosten: Vertrag, in dem der Wert einer Dienstleistungseinheit festgelegt wird. Beispiel: Der Unternehmer reinigt Teppiche für einen bestimmten Betrag je Quadratmeter.

Leistungsbezogener Bonus: Vertrag, der alle Kostenkomponenten ausweist (zum Beispiel direkte Kosten, Gemeinkosten). Die direkten Kosten werden garantiert, der Vertragsbonus hängt von der Unterschreitung der festgelegten Basis- und Gemeinkosten sowie der Überschreitung der Servicequalität ab. Der Lieferant wird auf der Grundlage *seiner* Leistung im Vergleich zu vorgegebenen Standards vergütet. Für den Bonus gilt eine gleitende Skala; die mit den vorgegebenen Standards verbunden ist. Wenn die Leistung des Lieferanten besser als diese Standards ist, kann er den Bonus in Anspruch zu nehmen. Wenn jedoch die Leistung die Mindeststandards nicht erreicht, wird der Bonus gekürzt.

Bei dieser Art von Vertrag hat der Lieferant ein Interesse daran, mit dem Eigentümer als Partner zusammenzuarbeiten, den Prozeß zu verbessern, und die direkten Kosten zu senken.

Bei den ersten drei Vertragsarten sind die Kosten unmittelbar mit der Frequenz der Arbeitsaufträge verbunden. Qualität und Kosten bewegen sich in die gleiche Richtung. Für den Kunden kann eine Kostensenkung nur durch eine Reduzierung des Leistungsumfangs entstehen. Die ausgelagerten Arbeiten werden seltener durchgeführt. Das führt zwar zu allgemeinen Kosteneinsparungen, geht aber zu Lasten der Qualität. Alle Prozeß- beziehungsweise Technologieverbesserungen, die zu einer Senkung der direkten Kosten führen, fließen an den Lieferanten als höhere Gewinnmargen zurück.

Für den Facility Manager wird diese Konstellation zu einem zyklischen Problem. Der Kunde will die Kosten reduzieren, ändert folglich die Standards entsprechend. Das führt zu einer Abnahme der Qualität. Fällt die Qualität auf ein unannehmbares Niveau, steigt die Anzahl der Beschwerden solange an, bis die Standards wieder heraufgesetzt werden. Die Folge sind höhere Kosten. Dieser Zyklus setzt sich bei den ersten drei Vertragsarten fort.

Um den zyklischen Auswirkungen der ersten drei Vertragsmodelle entgegenzusteuern, geht der Facility Manager eine Partnerschaft mit dem Dienstleister ein. Nur so können Kosteneinsparungen durch Prozeßverbesserungen erzielt werden. Für den Erfolg der Partnerschaft muß es einen Anreiz geben. Anreize sind am wirkungsvollsten, wenn sie mit einem finanziellen Vorteil für beide Parteien verbunden sind. Für den Lieferanten wird dies in Form von zusätzlichen Aufträgen beziehungsweise größeren Gewinnmargen und/oder zusätzlichen Boni sein. Für den Facility Manager bedeutet es niedrigere Kosten bei akzeptablen Service Levels.

Win-Win-Situation erzeugen, um das Oszillieren zwischen Kostenersparnis und inakzeptabler Qualität zu verhindern

Der effektivste Anreiz ist die Verknüpfung der Lieferantenbezahlung mit der Qualität der von ihm erbrachten Dienstleistung. Das ist das Ziel eines leistungsbezogenen Vertrages mit eingebautem Anreiz für Verbesserungen, der die Grundlage für eine Partnerschaft mit dem Lieferanten darstellt. Dieser „Open-Book-Vertrag" benennt die direkten Kosten, die Gemeinkosten und die Gewinnmargen. Die Partner vereinbaren gemeinsam die Höhe der direkten Kosten und der Gemeinkosten. Die gesamte beziehungsweise eine anteilige Gewinnkomponente hängt jedoch von den Leistungen des Lieferanten ab. Sie werden regelmäßig mit gemeinsam vereinbarten Leistungsindikatoren gemessen. Ist die Leistung besser als die Standards, wird als Anreiz ein höherer Bonus ausgezahlt. Zusätzlich zu der Aussicht auf ein höheres Honorar kann der Lieferant auch an den Einsparungen beteiligt werden, die durch die Partnerschaft erwirtschaftet werden. Abbildung 15 verdeutlicht die Funktionsweise eines solchen Vertrages grafisch.

Der Kreis links zeigt den traditionellen Ansatz für ausgelagerte Dienstleistungen. Alle Kosten werden in eine oder zwei Kategorien zusammengefaßt, um die Gesamtkosten der Dienstleistung darzustellen. Jede Senkung der direkten Kosten bewirkt eine Zunahme des an den Lieferanten gezahlten Gewinns und der Gemeinkosten. Mit dieser Vertragsart ist keine Qualitätssicherung verbunden. Der Kreis rechts zeigt einen leistungsbezogenen Vertrag. Er weist alle Kostenkomponenten aus, trennt Gewinne und Gemeinkosten. Die Gewinnkomponente wird noch einmal unterteilt. Ein Teil des Gewinns (0 – 100 Prozent) hängt davon ab, wie die Leistung des Lieferanten im Vergleich zu den Standards abschneidet.

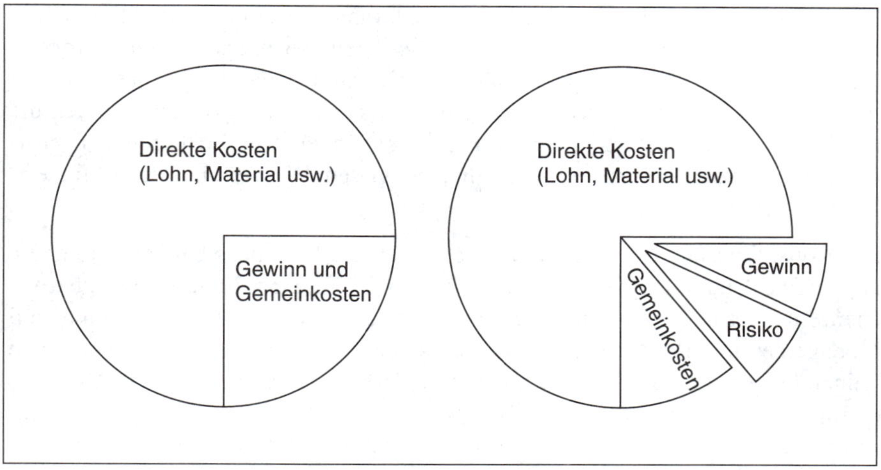

Abbildung 15: Leistungsbezogener Vertrag und traditioneller Lieferantenvertrag
(Quelle: Andersen Consulting)

Das Ergebnis des leistungsbezogenen Vertrags ist eine Partnerschaft, die einen finanziellen Anreiz für Leistungen auf den höchsten Service Levels sowie für Kosteneindämmungen bietet. Solche Partnerschaften richtig aufgebaut, gesteuert und meßbar gemacht, steigern die Qualität, senken die Kosten, verbessern das Arbeitsklima.

8.6 Anzahl der Lieferanten

Welche Anzahl von Lieferanten ist für eine FM-Organisation richtig? Ein großer Bürogebäudebestand in der Innenstadt kann bis zu 300 Lieferanten erfordern. Eine Bank mit vergleichbarer Fläche, jedoch verteilt auf mehrere Filialen in mehreren Bundesländern, kann mehr als 2000 Lieferanten haben. Die richtige Anzahl von Lieferanten hängt von der Größe, der geographischen Verteilung, der Gebäudeart und dem Umfang des Immobilienbestandes ab. Eindeutige Kostensenkungen sind möglich, wenn man die Anzahl der Lieferanten reduziert. Diese Kostensenkungen beziehen sich nicht immer auf die Kosten für Dienstleistungen, sondern auch auf Kosten der Verwaltung einer großen Anzahl von Lieferanten. Je mehr Lieferanten, desto mehr Verwaltungsarbeiten sind zu erledigen. Die erhöhte Anzahl bedeutet auch eine stärkere Neigung zu teuren Fehlern, die aufgrund mangelnder Übersichtlichkeit geschehen. Und sie erschwert die Beibehaltung annehmbarer Service Levels innerhalb des Gesamtportfolios.

Das Erreichen der richtigen Anzahl von Lieferanten setzt eine sorgfältige Überprüfung des Portfolios und der Methoden der Dienstleistungserbringung voraus. Ein effizientes System zur Kontrolle und Verwaltung der Lieferanten und der beauftragten Arbeiten ist erforderlich. In dieses Verwaltungssystem werden die möglichen Lieferanten und deren Verfügbarkeit eingegeben. Erfolgreiche Dienstleister werden ausgesucht und vertraglich gebunden. Die Verträge legen Mindestleistungskriterien fest.

Die Konsolidierung der Lieferanten bietet mehrere Vorteile. Man kann strengere allgemeine Qualitätsniveaus vorschreiben und ihre Einhaltung besser überwachen. Eine geringere Anzahl von Lieferanten bedeutet weniger Verwaltungs- und Managementmitarbeiter, die den Prozeß steuern müssen. Weniger Rechnungen reduzieren die Rechnungsfehler und den Bedarf an Überprüfungen. Die Konsolidierung von Lieferanten kann zu Mengenrabatten führen. Der Erfolg eines konsolidierten Lieferantenprogramms hängt jedoch von der Fähigkeit des Auftraggebers ab, eine echte Partnerschaft mit dem Lieferanten einzugehen.

Der FM-Manager muß nach quantitativen und qualitativen Kriterien zahlreiche Lieferanten auswählen, wobei die lokale Präsenz bei der Leistungserbringung und seine Möglichkeiten der Economy of Scale beim zentralen Leistungseinkauf wichtig sind. Selbst wenn diese Kriterien wie Vorzugspreise und der kulturelle Fit stimmen, ist die partnerschaftliche Beziehung ein andauernder Balanceakt zwischen Kostenoptimierung und garantierten Service-Leveln auf skalierbarem Niveau. Die Lieferanten müssen mit finanziellen Zielen motiviert werden und ihre Leistung sowie die eigene FM-Performance des Kunden durch ein Leistungsmessungssystem mit klaren Indikatoren kontinuierlich überwacht werden.

9. Technologie

John W. Davis/William H. Knotts III/Edward R. Lyons

Technologische Entwicklungen beeinflussen nahezu alle Aspekte des Facility Management. Besonders die fortschreitende Computerisierung und die Entwicklung der Kommunikationstechnologie haben einschneidende Auswirkungen. Das Service-Call-Center eines FM-Anbieters rationalisiert alle Abläufe rund um das Immobilienmanagement ganz wesentlich. Der Einsatz von Internet-Technologien erleichtert die ortsunabhängige Kommunikation und das Führen gemeinsam zugänglicher Datensammlungen. Elektronische Bildübertragung spart und verkürzt Wege und die elektronische Codierung von Inventar kann der effektiven Kontrolle und Wartung dienen.

9.1 Call-Center revolutionieren Facility Management

Technologische Entwicklungen machen die Facility-Management-Industrie zu einem computerunterstützten, effizienten Powerhouse. Sie ist in der Lage, einzigartige Dienstleistungen zu liefern und dadurch die operativen Kosten weiter zu senken. Ein wesentlicher Grund dafür liegt im Aufbau von Call-Centern. Sie sind die primären Kontaktpunkte zwischen Kunden und Anbietern von Facility-Management-Leistungen und dienen als Puls des Betriebes. Wenn ein Kunde das Call-Center eines FM-Anbieters unter einer gebührenfreien Nummer anruft, holt ein Kundendienstmitarbeiter (Customer Service Representative) die verfügbaren Informationen über den Kunden und den in Frage kommenden Service-(Sub-)Lieferanten auf seine Bildschirm. Ein Beispiel:

Call-Center als der ultimative One-Stop-Service für den Kunden

> Ein Verwaltungssachbearbeiter der ABC-Versicherungsgruppe meldet ein verstopftes Wachbecken. Der Kundendienstmitarbeiter im Call-Center ruft auf seinem Computer die relevanten Informationen über die zugrundeliegenden Rahmenverträge und den üblicherweise eingeschalteten Installationsbetrieb auf. Durch die Nutzung der elektronischen Datenbank stellt der Kundendienstmitarbeiter die Priorität eines verstopften Waschbeckens fest. Schließlich kontaktiert er den Installationsbetrieb, vergibt einen Arbeitsauftrag, spezifiziert die Zeit bis zur Fertigstellung und überprüft im nachhinein die Auftragserfüllung. Dabei wird die Zeit für jeden Prozeßschritt im Computersystem erfaßt. Sie dient als Qualitätsmaß.

Die Nutzung von Call-Center-Technologie ermöglicht dem Facility-Management-Anbieter die Erfassung von mehr Informationen über jeden einzelnen Kunden, als dieser während des In-House-Betriebs zur Verfügung hatte. Die Dienstleistungsqualität wird substantiell verbessert und die Performance läßt sich durch quantifizierbare Indikatoren messen.

Völlige Informations-Transparenz bei der Nutzung der FM-Services als Grundlage zur Leistungsmessung

Call-Center-Technologie entwickelt sich mit einer rasanten Geschwindigkeit. Facility-Management-Anbieter, die industrielle Best Practices nutzen, haben eine Reihe neuer Technologien in ihre Organisationen eingebunden. Call-Center-Auswertungssysteme ermöglichen den Kundendienstmitarbeitern die verläßlichere Begleitung der Kundendossiers. Im Vergleich zu herkömmlichen Techniken für das Handling der Anrufe besitzen sie drei oder vier zusätzliche Informationsebenen. Moderne Anruf-Auswertungssysteme helfen den Führungskräften bei einer genauen Performancemessung. Sie bieten Informationen darüber, wann ein Anruf stattfand, die Dauer des Anrufs, die an den Kundendienstmitarbeiter übermittelte Information und die Dauer, bis das Wartungs- oder Reparaturproblem gelöst wurde.

Call-Center-Management-Systeme, wie zum Beispiel automatische Anrufverteiler (automated call distribution systems – ACD), ordnen die eingehenden Anrufe chronologisch und ermöglichen so eine schnelle Bearbeitung. ACD-Systeme sind ein technologisches Minimum für heutige Facility-Management-Anbieter. Die nächste Generation von ACD-Systemen bietet die Möglichkeit des „Anruf-Routings“: Anrufer werden anhand ihrer Telefonnummer vor der Anrufentgegennahme identifiziert und an den am besten geeigneten Kundendienstmitarbeiter weitergeleitet. Beispiel: für ein typisches ACD-Szenario:

> Ein Verwaltungssachbearbeiter der ABC Versicherungsgruppe ruft das Facility-Management-Service-Zentrum an. Der Anruf wird von dem ACD-System empfangen, es identifiziert sofort den Anrufer. Von den zwölf Kundendienstmitarbeitern des Service-Zentrums haben zwei praktische Erfahrungen mit den Angelegenheiten der ABC-Versicherungsgruppe. Falls einer davon mit einem anderen Anruf belegt ist, wird der Anruf des Sachbearbeiters automatisch an den zweiten Experten geleitet. Falls beide erfahrenen Kundensachbearbeiter besetzt sind, so wird der Anruf an einen der übrigen weitergeleitet, um die Dauer bis zur Anrufannahme möglichst kurzzuhalten.

ACD Technologie in Call-Centern ordnet die erforderlichen Service-Resourcen optimal zu

Die technische Weiterentwicklung der Call-Center bringt vor allem eine Verbesserung der Effizienz. Durch die Zuordnung der Anrufe optimiert die ACD-Technologie den Kundenservice und bringt kürzere Wartezeiten. Mit Hilfe von interaktiven Spracherkennungssystemen können die Anrufer Informationen elektronisch eingeben, noch bevor sie mit einem Kundendienstmitarbeiter gesprochen haben. Diese Systeme bieten auch die Option, sich innerhalb eines bestimmten Zeitrahmens von dem Kundendienstmitarbeiter zurückrufen zu lassen. Und sie lassen sich für die Auftragsbearbeitung nutzen: Wartungstechniker können mit Hilfe des Systems Arbeitsaufträge abrufen oder deren Fertigstellung melden.

Die moderne Call-Center-Technologie repräsentiert ein Maximum an technologischer Konvergenz. Facility-Management-Anbieter können ein ACD-System so individuell anpassen, daß es eingehende Anrufer anhand ihrer digital mitgesendeten Telefonnummer identifiziert. Anrufe können dadurch vom Computer priorisiert werden: Der Geschäftsführer eines Kundenunternehmens ruft im Service-

Call-Center an. Weil der Computer ihn erkennt, steht für ihn ohne Parkzeit in der Warteschleife sofortige Assistenz bereit.

Durch die Nutzung eines integrativen Technologiemodells haben Kundendienstmitarbeiter Zugriff auf mehr Informationen als der Anrufer selbst. Falls der Sachbearbeiter eines Kunden wegen einer defekten Glühbirne anruft, holt sich der Kundendienstmitarbeiter alle Informationen über den Kunden und die entsprechenden Lieferanten auf den Bildschirm. Stellt er zum Beispiel dabei fest, daß in zwei Tagen sowieso ein Elektriker den Kunden wegen Wartungsarbeiten aufsuchen wird, kann er den Anrufer entscheiden lassen, ob er noch zwei Tage auf die neue Glühbirne warten kann. Diese Funktionalität des Systems ist ein wirtschaftliches Hilfsmittel, das die Kunden bei der Senkung der gesamten Betriebskosten unterstützt.

Die Call-Center-Technologie verbessert auch die Kontrollmöglichkeiten. Es kann alle Informationen über eingehende Anrufe aufzeichnen und als Grundlage für Performanceanalysen verwenden. Zum Beispiel kann ein Hotel, das die Reinigungskosten und alle mit der Reinigung verbundenen Kundenbeschwerden minimieren will, die Anrufe an das Call-Center überwachen und analysieren:

> In einem ersten Schritt könnte das Hotel die Staubsaugerdienste von fünfmal in der Woche auf einmal in der Woche reduzieren. Die Beschwerden werden wahrscheinlich deutlich steigen, so daß die alte Regelung wieder eingeführt würde. Nun wird in einem zweiten Schritt das Abstauben von viermal auf einmal in der Woche gekürzt, weniger Beschwerden als vorher sind die Folge. Das Hotel fährt mit diesem iterativen Prozeß fort, bis die neuen Reinigungspraktiken die Reinigungskosten und die Kundenbeschwerden auf einen erwünschten Bereich senken. Mit diesem Vorgehen ermöglicht der Facility-Management-Anbieter dem Hotel, die Reinigung nach den Erwartungen der Hotelgäste durchzuführen, nicht nach denen der Hotelleitung. Der Kundenservice wird verbessert und die Betriebskosten sinken.

Call-Center als Grundlage zur Individualisierung von Kundenbedürfnissen mit gleichzeitiger Kostenoptimierung

Eine Kernkomponente der für die FM-Branche bahnbrechenden Call-Center-Technologie ist ihre Fähigkeit, angebotene Dienstleistungen auf die individuellen Kundenbedürfnisse abzustimmen. Die Technologie stellt quantifizierbare Indikatoren bereit, mit deren Hilfe die Kundenzufriedenheit erhöht und die Ausgaben gesenkt werden können.

Leichter als andere andere Einrichtungen zur Aufnahme von Kundenwünschen (die „klassische" Werkspforte) können Call-Center Größenvorteile erzielen und damit einen weiteren Schritt zu kostengünstigem Facility Management leisten.

Eine weitere Kernkomponente der Call-Center-Technologie ist die Leichtigkeit, mit der die Performance gemessen werden kann. Gespeicherte Informationen aus dem Call-Center-System lassen sich so vielfältig kombinieren, daß alle gewünschten Maßgrößen berechnet werden können. Mit der intensiven Nutzung von mehrdimensionalen Auswertungsverfahren können die Entscheider die jeweiligen Performance-Standards analysieren. Für den FM-Anbieter ergeben sich Economies of Scale dadurch, daß er ein zentralen Call-Center betreibt und für jeden seiner betreuten Kunden ein virtuelles Call-Center einrichtet. Er erreicht dadurch eine Gesamtoptimierung seines eigenen Kundenportfolios, die sich wiederum vorteilhaft für jeden von ihnen niederschlägt.

9.2 Internet-Anwendungen im Facility Management

Für die Facility-Management-Industrie eröffnen Internet-Technologien ein ganz neues Zeitalter. Bis heute haben Facility-Management-Anbieter alle Daten, die ihre Kunden betreffen, auf eigenen Servern verwaltet und ausschließlich ihren Mitarbeitern zugänglich gemacht. Jetzt können die Kunden über das Internet direkt auf bestimmte Informationen zugreifen.

Kunden greifen zeit- und medienunabhängig über das Internet auf Daten des FM-Anbieters zu

> Der Manager einer Bank ruft das Facility-Management-Service-Center an. Er berichtet, daß vor einer der Filialen ein Baum umgefallen ist. Das Service-Center schreibt einen Auftrag für den zuständigen Landschaftsgärtner und sorgt für eine korrekte Abwicklung des Problems. Der Bankmanager kann, ohne zum entsprechenden Ort fahren zu müssen, anhand der über das World Wide Web zugänglichen Informationen überprüfen, ob die Arbeit zu seiner Zufriedenheit erledigt worden ist.

Internet-Technologie macht auch die Verwendung von transportablen Datenträgern nahezu überflüssig. Ein Architekt in Portland kann sich über das Web mit einem Projekt-Manager in Phoenix über eine Baustelle in Houston austauschen. Kein Papier, keine Disketten oder Telefongespräche sind dazu notwendig.

Das Web wird wegen seiner graphischen Möglichkeiten heute als eines der am leichtesten zugänglichen User-Interfaces betrachtet. Ein Facility Manager in Des Moines kann die Schäden, die an einem Gebäude durch Hochwasser entstanden sind, fotografieren und über das Internet an die entsprechenden Verantwortlichen in Los Angeles schicken.

9.3 Electronic Imaging

Ein Bild sagt mehr als tausend Worte und verhindert unnötige Kosten

Aus Kostensicht wäre es wohl übertrieben, in jedem Raum eines Gebäudes eine Kamera zu installieren. Es kann jedoch sinnvoll sein, wichtige Maschinen oder Teile eines Raumes überwachen zu lassen. Electronic Imaging verbessert das Work-Order-Management und gestattet dem Facility Manager, effektiver über spezielle Gebäudeprobleme via Internet zu kommunizieren. Ein Wartungstechniker, der einen Auftrag über den Austausch eines geplatzten 120-Liter-Boilers ausschreiben soll, setzt fälschlicherweise einen 200-Liter-Boiler für die Reparatur an. Der zuständige Manager kann bei Bedarf sofort korrigieren, weil er sich das entsprechende Bild über das Internet direkt auf seinen Computer laden kann. Electronic Imaging wird mit fortschreitender Technologieentwicklung weiter verbessert werden und so den Stellenwert der Web-Nutzung innerhalb des Facility Management weiter erhöhen.

Das sogenannte Web Enabling ist eine weitere, neue Technologie mit starken Impulsen für Facility Management. Über das Internet wird der gegenseitige Austausch von Daten wie beispielsweise Photografien, Datenblätter, Text und Graphik zwischen zwei Personen ermöglicht, die Tausende Kilometern voneinander entfernt sein können.

9.4 Bar-Coding

Bar-Coding, eine Schlüsselkomponente des operativen Facility Management, erfüllt verschiedene Aufgaben. In erster Linie sind die mit Hilfe des Bar Coding erstellten elektronischen Inventarlisten leicht zu kontrollieren. Manager wissen zu jeder Zeit, wo genau sich welcher Gegenstand befindet. Außerdem kann die korrekte Durchführung von Standard-Wartungsaufgaben kontrolliert werden. Und dann liefert Bar-Coding individuelle Wartungspläne für jeden Gegenstand im Kundenportfolio.

Wenn ein neuer Kunde akquiriert wird, erstellen Facility Manager eine umfangreiche und detaillierte elektronische Datenbank über das gesamte Inventar, die entsprechenden Zulieferer und die Wartungspläne. Wartungstechniker können auf jede dieser Informationen über mobile Computer zugreifen. So kann ein Techniker, der Routinechecks durchführt, Datum und Zeit für jeden Raum eingeben, den er überprüft. Er muß lediglich den Bar-Code einlesen um an die notwendigen Daten zu kommen und um die Funktionen eines Gerätes zu testen. Auf Basis der Informationen auf seinem Bildschirm kann der Techniker bei Bedarf defekte Teile austauschen und den abgeschlossenen Vorgang dann wieder als Referenz in die Datenbank stellen.

Das Führen aktueller und akkurater Wartungspläne ist eine pro-aktive Managementtechnik, die wartungsbedingte Ausfallzeiten des Equipments reduziert und die Gesamtkosten senkt. Bar-Coding-Technologie gestattet Technikern außerdem, sofort neue Aufträge für zusätzliche anfallende Wartungsarbeiten zu schreiben. Wenn ein Techniker beispielsweise einen Ventilator reinigt und dabei ein defektes Blatt entdeckt, muß er lediglich den entsprechenden Bar-Code in seinen Computer einlesen und das Ersatzteil indizieren. Automatisch wird dann ein entsprechender Auftrag generiert.

Ein sehr schönes Beispiel der Verknüpfung verschiedener neuerer Technologien im Facility Management stellt der Einsatz von Bar-Code-Systemen bei größeren Wartungs- oder Reinigungsfirmen in Verbindung mit einem zentralen Call-Center dar. Die Fahrzeugflotte des technischen Gebäude-Instandhalters wird mit Bar-Code Lesegeräten sowie mit einer Funkeinrichtung versehen. Manche Unternehmen haben in ihren Wartungsfahrzeugen auch bereits GPS (Global Positioning Systems) installiert. Diese Systeme ermöglichen es, den Standort eines Fahrzeuges über ein weltweites Satellitensystem bis auf wenige Meter genau zu bestimmen. Über die genaue Bestimmung des augenblicklichen Standortes können dann zum Beispiel die neu hinzugekommenen Aufträge an das Wartungsteam vergeben werden, dessen Fahrzeug sich in der Nähe des betroffenen Gebäudes befindet. Technisch ist es aber auch möglich, daß der Mitarbeiter des Facility-Management-Call-Centers dem Anrufer eine Auskunft darüber geben kann, wie lange die Anfahrt des Wartungsteams noch dauern wird. Über die Kombination von Funk und Bar-Code-System werden die Wartungs- und Arbeitsaufträge an den jeweiligen Servicewagen übermittelt. Ein kleiner Bordcomputer gibt den Auftrag an das Wartungspersonal weiter. und die entsprechende Tätigkeit wird durchgeführt. Eventuell werden bestimmte Teile einer gebäudetechnischen Anlage, die gewartet oder repariert wurde, mit dem Bar-Code Leser gelesen und aus einer Art Tätigkeitsverzeichnis wird die durchgeführte Arbeit mittels eines Bar-Codes erfaßt.

Hat das Bar-Code-Lesegerät die Tätigkeiten und die entsprechenden Objekte elektronisch registriert, können die Informationen über den entsprechenden Auftrag im Servicewagen entladen und per Funk an den Computer der Einsatzzentrale des Wartungsunternehmens übertragen werden. Von dort kann dann automatisch auf elektronischem Wege die Meldung an das Call-Center des Facility Managers gehen, daß der Auftrag durchgeführt wurde. Die Erstellung der Rechnung kann ebenfalls bereits geschehen, bevor der Servicewagen mit den entsprechenden Teams wieder an seinen Standort zurückgekehrt ist.

Ein Nachteil von Bar-Coding ist, daß nicht alle Firmen kompatible Computersysteme nutzen. Bevor diese Unternehmen nicht in neue Systeme investieren, werden sie nicht von den Möglichkeiten dieser Technologie profitieren. Ein weiteres Problemfeld ist die technische Unzulänglichkeit der meisten der verwendeten Scanner. Schmutz, Kratzer und Dellen können dafür sorgen, daß der Bar-Code nicht mehr lesbar ist. Jedoch wird die fortschreitende Scanner-Technologie auch dieses Problem in den Griff bekommen. Es ist leicht vorhersehbar, daß Bar-Coding in Zukunft eine breitere Akzeptanz findet und in immer mehr Aufgabenfeldern angewendet wird.

Radio-Frequency-Technologie wird ebenfalls für optimiertes Facility Management eingesetzt. Ein chip-basierter Sender, der auf Geräten und Fahrzeugen angebracht wird, enthält weitaus mehr Informationen und erlaubt eine größere Flexibilität als der traditionelle Bar-Code. Mit der RF-Technologie läßt sich ein Fuhrpark weitaus effektiver kontrollieren als mit herkömmlichen Mitteln. Bewegt beispielsweise ein Lastwagenfahrer sein Fahrzeug aus der Garage, ohne dies vorher über seinen mobilen Kleincomputer mit dem Flottenmanagement abzustimmen, übernimmt der RF-Chip automatisch diese Aufgabe und überträgt die Abfahrt des LKW in die Datenbank.

9.5 Technologie-Training

Permanentes Training und Weiterbildung für die Mitarbeiter gehören zu den Standardaufgaben des Facility Management. Trainings zum Basis-Know-how für Wartungstechniker sind ebenso ein Teil wie die Entwicklung von Trouble-Shooting-Fähigkeiten, Wartung elektrischer Sicherheitssysteme und Industriesicherheit. Alle Kurse verwenden moderne Lehr- und Lernmethoden: Videos, Bücher für das Selbststudium, Präsentationen und Fallstudien als Lernhilfe.

Auch das Internet erfüllt eine wichtige Lern- und Kommunikationsaufgabe. Um ihren technischen Vorsprung innerhalb der Industrie zu festigen, haben führende Facility-Management-Unternehmen Internet-Foren („Chat Boxes“) etabliert, über die Mitarbeiter technische Informationen und Ideen austauschen können. Jeder einzelne Kunde eines FM-Anbieters stellt eine individuelle Herausforderung dar, über die sich Mitarbeiter der FM-Anbieter sprechen in elektronischen Diskussionsforen austauschen. Im Internet sprechen sie über ihre Erfolge und Mißerfolge bei der Bewältigung solcher Herausforderungen.

Facility-Management-Häuser nutzen die neuen Technologien außerdem, um Benchmark-Prozesse anzuregen. In einer zentralen Datenbank können Unternehmen jederzeit auf aktuelle Informationen über einzelne Service-Bereiche zugreifen. Unter anderem können diese Daten dazu herangezogen werden, Qualitätsmanagement zu betreiben, die Durchführung des Service zu kontrollieren, Betriebsaufwendungen mit Ergebnissen zu vergleichen, und eine jährliche Analyse der Geschäftsergebnisse in Relation zu Industriemaßstäben zu erstellen.

Call-Center sind der zukünftige Kommunikationsnabel der FM-Welt. Sie sind Grundlage für ein neues Potential an Kostenersparnis durch Automatisierungen und Informationsgewinn. Auch die Vorteile des Internet sind für Anbieter und Kunden eindeutig: Sie bedeuten für den Kunden, daß er jede Information zu jeder Zeit, als Text oder Bild abrufen kann. Damit kann ihm der FM-Anbieter den Bearbeitungsstatus jedes Vorganges zugänglich machen. Bar Code Technologien helfen Ortungs, Ersatz- und Inventarprobleme erheblich zu vereinfachen. Alle drei Technologien vereint revolutionieren bei konsequentem Einsatz den FM-Markt.

10. Benchmarking

Rainer Köllgen

In diesem Kapitel werden zunächst Vor- und Nachteile der Managementmethode Benchmarking erläutert. Dann werden die unterschiedlichen Benchmarkingobjekte thematisiert. Zum Abschluß des Kapitels werden verschiedene Benchmarkingprojekte aus dem Facility Management und der Gebäudebewirtschaftung beschrieben.

10.1 Benchmarking – alter Wein in neuen Schläuchen?

Benchmarking wird von vielen Unternehmen bereits seit einigen Jahren als Methode und Instrument zur Produktivitätsverbesserung genutzt. In vielen Fällen mit Erfolg, aber in wahrscheinlich noch mehr Fällen ist das Instrument des Benchmarking, mit mehr oder weniger großem Aufwand betrieben, nicht in der Lage gewesen, die erhofften Wirkungen zu erzielen. Benchmarking wird häufig als Kennzahlenermittlung und Kennzahlenvergleich angesehen (Schneider, 1996). So betrachtet ist Benchmarking wirklich alter Wein in neuen Schläuchen, nichts anderes als die sogenannten Erfa-Gruppen, die in der deutschen Industrie innerhalb von Wirtschaftsverbänden aber auch unabhängig hiervon, auf eine lange und beachtenswerte Tradition zurückblicken können. Findet die Betrachtung eines Benchmarkingprojektes nur unter dem Blickwinkel eines Kennzahlenvergleiches statt, so wird klar, warum sich solche Projekte häufig den Einwand einhandeln, sie verglichen „Äpfeln mit Birnen".

Wer Benchmarking primär als einen solchen Kennzahlenvergleich sieht, dem kann von der Lektüre dieses Kapitels nur abgeraten werden. Welche Lehren kann ein Facility-Management-Verantwortlicher aus einem Vergleich ziehen, der bei seinem Unternehmen Reinigungskosten von zum Beispiel 1 DM pro Meßeinheit (Quadratmeter, Beschäftigter etc.) feststellt, bei einem Wettbewerber aber nur den niedrigeren Betrag von zum Beispiel 0,50 DM? Solche allein auf Kennzahlenvergleichen beruhenden Benchmarkingprojekte sind das Papier nicht wert, auf dem sie gedruckt werden, sofern es bei einer rein ergebnisbezogenen Größe bleibt. Um das obige Beispiel des reinen Kennzahlenvergleichs zu einem produktiven Lernstück für die Facility Manager beider Unternehmen zu machen, müssen eine Reihe von Fragen gestellt und detailliert beantwortet werden:

Benchmarking: häufig unsinniger Vergleich durch unterschiedliche Randbedingungen

- Werden die Reinigungsleistungen durch eigene Mitarbeiter oder externe Dienstleister erstellt?
- Werden alle Kosten für die Reinigung aufwandsgerecht erfaßt und zugeordnet?
- Existieren Leistungsvereinbarungen mit den Kunden des Facility Managers?

- Wie detailliert sind die Vereinbarungen mit den Kunden bezüglich der Leistung „Reinigung"?
- Wie hoch ist der Freiheitsgrad der Kunden zur Bestimmung des Komfortgrades, beziehungsweise des Leistungsniveaus bei der als Beispiel genannten Dienstleistung?
- Wird, im Falle des Facility Management als hausinternem Profit-Center, ein Gewinn in die Kennzahl mit einberechnet?
- Wie sieht der Prozeß Reinigung aus?
- Wie sehen andere, mit der Erstellung der Reinigungsleistung verbundene Prozesse (zum Beispiel Einkauf von Putzmitteln, Auftragserteilung oder Auftragssteuerung etc.) aus?

Schon die erste, kurze Betrachtung einer solchen Fragenliste mag bei einer Reihe von Facility Managern oder anderen Führungskräften die Auffassung bekräftigen, mit Benchmarkingstudien sei letztendlich kaum eine Produktivitätsverbesserung im Unternehmen zu erzielen.

Japanische Unternehmen setzten Benchmarking bereits in den sechziger und siebziger Jahren als Managementtool ein, um so die bestehende Produktivitätslücke zwischen japanischen und amerikanischen Unternehmen zu schließen. Der wirtschaftliche Aufstieg Japans in den siebziger und achtziger Jahren ist eines der Ergebnisse dieses Ansatzes. Auch in diesen Fällen wurden quantifizierbare Größen verwendet, aber der Fokus lag vielmehr auf der Lösung der Frage, wie die besseren Zahlen zustande kamen. Nur durch die detaillierte und kombinierte Analyse von

- Prozessen
- quantifizierbaren Ergebnissen und
- Effizienz

konnten eine vertiefte Einsicht in Produktivitätslücken geschlossen werden.

Eine eindrucksvolle Zahl beim Mitbewerber aus dem Benchmarking darf nicht die Maßvorgabe für das eigene Team werden

Für die Prozesse, Unternehmenspolitiken und Managementmethoden, die zu den besseren quantitativen Größen führen, hat sich im angloamerikanischen auch der Sammelbegriff der Best-Practices eingebürgert. Wegen einer fehlenden Entsprechung wird dieser Begriff auch in der deutschen Managementliteratur verwendet. Best-Practices helfen, die Frage nach dem „warum" zu beantworten. Doch in vielen Benchmarkingprojekten wird dies nach Auffassung der Autoren von den Management-Verantwortlichen kaum oder überhaupt nicht berücksichtigt. Das beste Ergebnis einer quantitiv gemessenen Größe aus einem Benchmarking wird als neue Zielgröße ausgerufen. Es dient dann den für die Umsetzung verantwortlichen Personen im Unternehmen als Vorgabe. Viele Unternehmen gehen bei der Vorgabe derart ermittelter Zielgrößen davon aus, das eigene Management besitze die Kreativität zur Entwicklung ähnlich effizienter Prozesse, wie sie das Management des im Benchmarkingvergleich besonders guten Unternehmens an den Tag gelegt hat. Diese Einstellung ist für alle Beteiligten der sichere Weg in die Frustration. Solche Ansätze zur Senkung der Gebäudebewirtschaftungskosten

„per Verordnung von oben" lassen für die Beantwortung der Frage nach dem Wie keinen Raum.

Wird Benchmarking als Managementmethode richtig verstanden und angewendet, so ist es eines der besten Managementtools zur Erzielung eines effektiven und effizienten Facility Management *und* zur Verankerung einer lernenden Organisation (Fitz-Enz, 1993). Eine Reihe von Fehlern und späteren Enttäuschungen läßt sich vermeiden, wenn zu Beginn des Benchmarking genügend Zeit für die detaillierte Zieldefinition verwendet wird. Unter anderem sollten folgende Fragen intensiv diskutiert werden:

- Welche Probleme sollen durch das Facility-Management-Benchmarking gelöst werden?
- *Wer* innerhalb des Unternehmens möchte konkret *was* wissen?
- Welche Informationen werden benötigt?
- Welches Detaillierungsniveau ist notwendig?
- Wie werden die gewonnen Daten und Erkenntnisse später genutzt?
- Wie und an wen werden die gewonnenen Daten später publiziert?
- Was sind die Ziele des Endkunden des Facility Management?

Hauptabweichungen entstehen durch unterschiedliche strategische Ziele

Gerade auf die letzten drei Fragen soll an dieser Stelle noch einmal etwas näher eingegangen werden. Wer kennt nicht aus dem eigenen Unternehmen Benchmarking- oder besser Kennzahlenvergleiche, die mit viel Aufwand und einer relativ hohen Erwartungshaltung gestartet wurden und von denen dann später niemand wieder etwas hörte? In solchen Fällen drängt sich die Vermutung auf, daß nicht das Benchmarking fehlerhaft, sondern die Abweichung bei den quantitativen Kennzahlen so groß war, daß sich die Verantwortlichen eine Blamage ersparen wollten. In solchen Fällen wird Benchmarking sicherlich nicht als Instrument einer lernenden Organisation begriffen.

Nur in ganz wenigen Fällen wird der Kundenfokus mit in ein Benchmarking einbezogen. Dabei ist dies ein elementarer Baustein einer ganzheitlichen Vorgehensweise. Die Beantwortung der Frage, was denn eigentlich den oder die Kunden des Facility Managers interessiert, erleichtert deutlich die Zieldefinition einer Benchmarkinguntersuchung. Nur so können Fragen nach Effektivität und Effizienz in einem gemeinsamen Ansatz bestmöglich beantwortet werden.

Selbst im quantifizierfreudigen US-Markt keine Benchmarkhörigkeit

Leider wird im Facility- und Gebäudemanagement in Deutschland selten der Kundenfokus von Unternehmen derart in die tägliche Arbeit einbezogen, daß man konkret vereinbarte, auf der Ermittlung der Endkundenwünsche beruhende Leistungsvereinbarungen mit entsprechend detaillierter Leistungsbewertung vorweisen könnte. Selbst in den USA werden nach einer Umfrage der größten internationalen Berufsvereinigung für Verantwortliche im Corporate-Real-Estate, NACORE, nur bei 26 Prozent der Unternehmen Benchmarkingvergleiche mit anderen Unternehmen (Vergleich zweier Corporate-Real-Estate-Abteilungen) durchgeführt. Eine noch geringere Zahl von Unternehmen wagt Benchmarkingstudien im Vergleich mit externen Facility-Management- oder Facility-Service-

Unternehmen. Dies läßt noch viel Raum bis zur besseren Akzeptanz des Benchmarking als Instrument einer lernenden Organisation.

10.2 Schritte des Benchmarking

Was wird gemessen, warum, für wen und mit welchem Ziel ?

Ein effektives Benchmarking im Facility Management braucht besondere Aufmerksamkeit bei den ersten Schritten. Hier werden die gesuchten Informationen und Größen identifiziert und festgelegt. Sie sind fundamental für den gesamten Erfolg des Vorhabens. Je klarer und exakter die mit dem Benchmarking verbundenen Ziele, desto einfacher nachher die Strukturierung des eigentlichen Benchmarkingprojekts.

Natürlich unterscheiden sich die einzelnen Autoren bei der Definition der Schritte des Benchmarking jeweils ein wenig. Insgesamt läßt sich aber folgendes Vorgehen empfehlen:

- Identifikation des Benchmarkinggegenstandes
- Festlegung der Zielsetzung
- Bildung eines Projektteams
- Entwicklung eines Zielzustandes. Es wird dabei von einem Idealbild ausgegangen, in dem alle gewünschten und benötigten Informationen vorhanden sind oder bereitgestellt werden können
- Abgleich des Idealbildes mit den tatsächlich im Unternehmen vorhandenen Informationen
- Identifizierung und Kontaktaufnahme mit den potentiellen Benchmarkingpartnern
- nach Teilnahme-Zusage der Benchmarkingpartner ist häufig eine Revision des Katalogs der gewünschten Informationen nötig
- Informationserhebung, Validierung der Daten
- Auswertungsphase
- Bewertung der Ergebnisse, Berichts- und Präsentationserstellung etc.
- Erarbeitung von Verbesserungsvorschlägen, Arbeitsplänen und Zeitplänen. Bestimmung der für die Umsetzung verantwortlichen Personen

Natürlich sieht der Ablauf in der Praxis nicht so einfach aus wie hier dargestellt. Daher sollen einige Bemerkungen zu den notwendigen Schritten eines Benchmarkingprozesses diesen Abschnitt abrunden.

Wie kommt das zum Vergleich herangezogene Unternehmen zu seinen Ergebnissen?

Gerade in einem eher technisch geprägten Umfeld, wie es in deutschen Unternehmen im Bereich des Gebäudemanagements mit seinem starken technischen Fokus vorherrscht, können Benchmarkingprojekte zu einem wahren Alptraum werden. Immobilien gleichen einander leider relativ selten wie ein Ei dem anderen. Es sind äußerst komplexe Gebilde mit unterschiedlichem Ausstattungsgrad, unterschiedlichen Gebäudetechniksystemen, verschiedenen Nutzerstrukturen, um nur einige der wichtigsten Unterscheidungskriterien zu nennen. Hinzu kommen unterschiedliche Formen der Betriebsführung im Facility Management, Tarifunterschiede und nicht zuletzt unterschiedliche Erwartungshaltungen der Immobiliennutzer in puncto Servicegrad und Servicequalität. Wie sollen bei dieser Komplexität saubere, aussagefähige Benchmarkingstudien durchgeführt werden, erst recht dann, wenn man an die Exaktheit von Daten mit einem naturwissenschaftlich-technischen Grundverständnis herangeht. Bei diesen Punkten schließt sich wieder der Kreis zum Beginn der Erläuterungen. Benchmarking macht nur wirklich Sinn, wenn es nicht allein auf die Erfassung von unterschiedlichen Kosten, Personalbeständen, Nutzerstrukturen und anderen rein quantitativen Größen abzielt. Es muß sich stärker mit der Frage beschäftigen, wie das andere Unternehmen zu Ergebnissen kommt, die sich von den eigenen unterscheiden.

Kaum Branchenunterschiede beim FM

Ein weiterer Fehler, den viele Unternehmen bei der Durchführung ihrer Benchmarkingprojekte machen, liegt in der Auswahl der Vergleichsunternehmen. Auf der Suche nach Best-Practices muß ein Automobilhersteller nicht zwingend so lange nach vergleichbaren Benchmarkingpartnern suchen, bis er einen anderen Hersteller der Branche findet, der die gleiche Produktions- und Gebäudestruktur hat, eine ähnliche Wertschöpfungstiefe aufweist und vielleicht auch noch vergleichbaren Umweltschutzauflagen unterworfen ist. Da es sich beim Facility Management in allen Industriezweigen stets um eine Nebenfunktion handeln wird, sind branchenspezifische Unterschiede, bis auf wenige grobe Unterteilungen (zum Beispiel zwischen Handel, Dienstleistungsunternehmen und Produktionsstätten) häufig vernachlässigbar. Bei allen Unternehmen geht es letztlich um die Bereitstellung von betriebsbereitem Raum in unterschiedlichen Formen. Hier ist die Frage nach den Prozessen, mit denen dieser Raum bereitgestellt wird und ihrer Struktur und Zusammensetzung entscheidend. Da ein Wissens- und Mitarbeitertransfer häufiger innerhalb einer Branche, statt zwischen unterschiedlichen Branchen stattfindet, wird es bei den unterstützenden Funktionen über einen längeren Zeitraum gesehen auch kaum größere Unterschiede geben. Der Know-how-Transfer kann viel größer sein, wenn der Blick über die eigene, vertraute Branche hinaus geht.

Wie kommt man an die vertraulichen Informationen, die dem anderen Kostenvorteile bringen?

Ein weiterer kritischer Punkt im Benchmarking kann im Zugang zu den Informationen der ausgewählten Vergleichsunternehmen liegen. Wer ist in einer Welt des sich weiter verschärfenden Wettbewerbs bereit, anderen Unternehmen einen offenen Zugang zu Best-Practices zu gewähren, an denen man unter Umständen hart und lange gearbeitet hat? Erschwerend kommt hinzu, daß die Rollen von Kunden, Lieferanten und Absatzmittlern etc. ständig wechseln, und man heute nicht weiß, wer morgen zu den Wettbewerbern zählt.

Der „Code of Conduct" der Firma Procord findet sich in seiner Originalversion im Anhang, S. 174

Zunächst ist Facility Management nun nicht unbedingt ein eminenter Teil des Kerngeschäftes. Die Situation ist bei Benchmarkprojekten im Bereich Forschung und Entwicklung, Produktion oder Vertrieb sicher kritischer als bei einem Benchmarkingprojekt im Facility Management. Außerdem gibt es bereits eine Reihe von ethischen Regeln und Vereinbarungen. An dieser Stelle sei der „Code of Conduct" des International Benchmarking Clearing House (IBC), Großbritannien erwähnt, der international eine weite Verbreitung gefunden hat. Auf die allgemeine Fassung des IBC Code of Conduct baut der von der Firma Procord Ltd. (jetzt Johnson Controls Integrated Facility Management) verwendete und im Facility Benchmarking häufig angewandte „Code of Conduct" auf (Quelle: Facilites Management Guide, o. V., 1995).

10.3 Wichtige Benchmarking-Foren im Facility Management

Neben einem eher etwas aufwendigeren einzelnen Benchmarkingprojekt gibt es natürlich noch die Möglichkeit, sich an bereits institutionalisierten Facility-Management-Benchmarkings oder Best-Practices-Vergleichen zu beteiligen. Benchmarkinginitiativen sind international häufig weiter verbreitet als hierzulande. Ausführlicher vorgestellt seien an dieser Stelle die Benchmarkinginitiativen von IFMA, Johnson Controls Integrated Facility Management sowie BOMA.

- IFMA-Benchmarking (IFMA Research Report, 16/1996). Die IFMA läßt regelmäßig im Abstand von einigen Jahren Fragebögen an ihre Mitglieder verteilen, in denen Best-Practices anhand verschiedener Kriterien abgefragt werden. Die letzte veröffentlichte Untersuchung berücksichtigt Daten aus dem Jahr 1995 und wurde 1996 veröffentlicht. Eine frühere Untersuchung wurde bereits 1988 durchgeführt. Es bleibt zu hoffen, daß sich die Zeiträume, in denen die Studienergebnisse aktualisiert werden, verkürzt wird.
- IFMA geht auf der Basis von 2 200 einbezogenen Unternehmen aus den unterschiedlichsten Sektoren auf Punkte ein wie Nutzerstruktur, Größe des Immobilienportfolios, Anzahl der Standorte, unterschiedliche Flächengrößen etc., um zunächst die physischen Charakteristika des Immobilienportfolios etwas stärker zu klassifizieren. Der Aufgabenumfang der Facility-Management-Abteilung, differenziert nach Branchen, wird ebenfalls dargestellt. Erwähnung finden auch die Punkte Serviceumfang, Verrechnung der entstandenen Kosten, Einsatz von DV-Technologie, Anzahl und Gliederungstiefe der in Kraft befindlichen Regelungen, Trends zur Mitarbeiterzahl etc. Weiterhin geht die IFMA ausführlich auf die Personaldichte und -struktur im Facility Management im Verhältnis zu anderen Einflußfaktoren ein (zum Beispiel Outsourcinggrad, Serviceniveau und Gliederungstiefe der vorhandenen internen Regelungen). Eine Darstellung wichtiger Performancegrößen für unterschiedliche Gebäudetypen rundet die Best-Practices-Untersuchung ab.

Internationale Maßstäbe sind aus einer statistischen Gesamtheit von 2 200 Unternehmen bereits vorhanden

- Die heute unter Johnson Controls Integrated Facility Management firmierende, frühere Procord Ltd., Großbritannien, verfügt über eine eigene, umfangreiches Benchmarking-Datenbank. Die Durchführung von Benchmarkingprojekten für Kunden stellt denn auch für den Facility-Management-Spezialisten Johnson Controls ein eigenständiges Produkt dar. Es hat unter dem Namen Facilites

Performance Check Verbreitung gefunden (Facilites Management Guide, Mai 1995). Neben den firmenindividuellen Benchmarkingvergleichen gibt das Unternehmen noch den sogenannten. Times/Johnson Controls Index of Office Costs heraus, der in der Regel viermal jährlich in Beilagen der Times veröffentlicht wird (Hobson, 1997). Bei seiner Methode lehnt sich Johnson Controls stark an die bereits von IFMA vorgelegte Benchmarkingvorgehensweise an, wie die nachstehende Abbildung verdeutlicht.

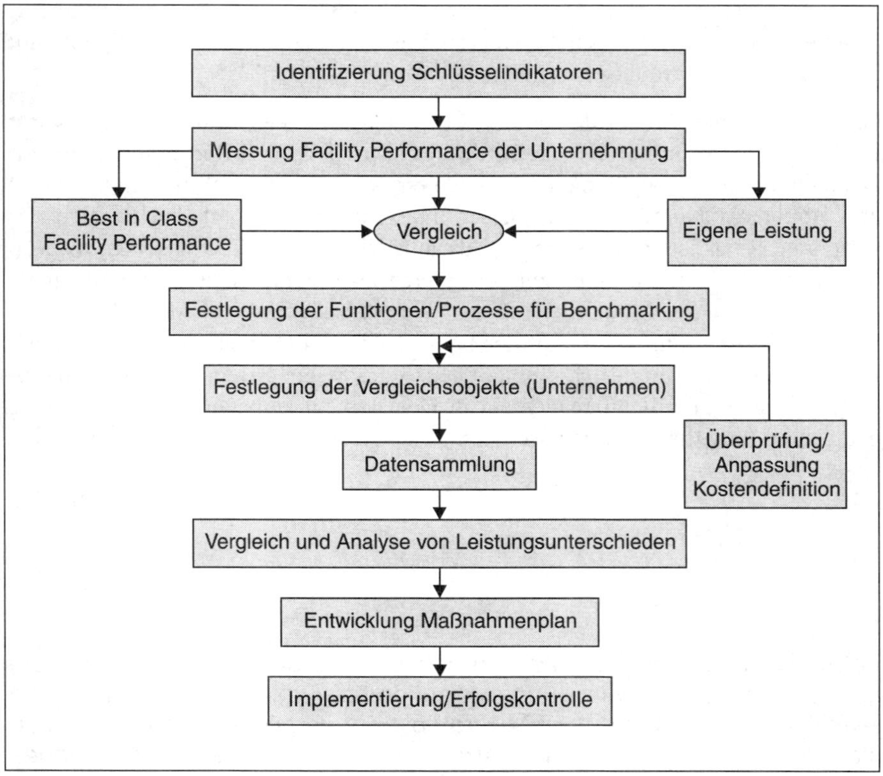

Abbildung 16: Modifizierte Benchmarkingmethode (Quelle: Johnson Controls, 1996)

Der Vorteil der Benchmarkingdatenbank von Johnson Controls liegt im starken Internationalisierungsgrad. Für diese Ausrichtung und ihre sehr gut durchdachte Struktur ist Barry Varcoe verantwortlich. Sie bietet auch die Möglichkeit, individueller auf die eigene Ausgangssituation einzugehen, als dies bei den stärker standardisierten Benchmarkingdatenpools von IFMA oder BOMA möglich ist.

– Die in Nordamerika stark verbreitete Berufsvereinigung BOMA (Building Owners and Managers Association International), Washington, hat ebenfalls eine Reihe von Benchmarking-Foren eingerichtet. Am bekanntesten ist der

Experience Exchange Report, der auch in einer elektronischen Fassung zu haben ist. Die Teilnahme und der Vergleich mit einer BOMA-Studie ist für stärker international orientierte Unternehmen lohnender, da sich die Infomationen überwiegend auf die USA und Kanada beziehen. Interessant bei BOMA ist, daß neben den Kosten für das Betreiben des Gebäudes auch die Einnahmenseite der Immobilien betrachtet wird (BOMA, 1996). So sind interessante Berechnungen über zusätzliche Erträge durch die Verlagerung oder das Freiziehen bestimmter Gebäude in Regionalmärkten oder Städten leichter möglich, da die Daten weitgehend integriert bereitgestellt werden. Es wäre sicherlich wünschenswert, wenn solche Überlegungen in Benchmarkingdatenpools mit einem stärker europäischen Fokus einbezogen würden.

Erwähnt sei zum Schluß der in 1997 angelaufene Versuche der ebs, European Business School Immobilienakademie in Oestrich-Winkel/Berlin sowie der Investment Property Data Bank, London, einen Deutschen Immobilien-Index (DIX) zu etablieren (Thomas, 1997). Dieser Index, der stärker auf den Bereich des Corporate-Real-Estate-Management als auf den engeren Teil des Facility Management eingehen wird, soll zukünftig auch Informationen zu Mieteinnahmen, Aufwendungen für Modernisierungen, Wertveränderungen und auch Bewirtschaftungskosten umfassen. Auf der Basis der DIX-Informationen können dann in naher Zukunft hoffentlich einmal ebenso umfassende Benchmarkingbetrachtungen zum Immobilienmanagement in Deutschland gemacht werden, wie dies heute auf internationaler Ebene schon mit den Informationen der BOMA möglich ist.

Zahlenbasierendes Benchmarking ist wenig aussagekräftig, weil die qualitativen Aspekte wie Kundenorientierung, Typ der zu Immobilien im jeweiligen Portfolio und der FM-Strategie der verglichenen Unternehmen nicht zu normieren sind. Wichtig ist wie ein zum Vergleich herangezogenes Unternehmen seine Best-Practices-Ergebnisse erzielt. Geplante Benchmarkingprojekte müssen ein individuelles Idealbild zur Voraussetzung haben. Der Vergleichsmaßstab zu anderen Unternehmen ist einfach erhältlich durch verschiedene Organisationen, die internationale und branchenübergreifende Studien zur Verfügung stellen.

11. Controlling

Edward Wagoner

Das Kapitel weist auf Fehler und Irrtümer hin, die das Controlling von Facility Management bevorzugt begleiten. Es bringt Sinn und Nutzen von Analysetools zur Sprache. Schließlich behandelt es das Zero-Based-Budgeting und die Informationen, die für ein effizientes Reporting benötigt werden.

11.1 Berichtswesen

Obwohl Unternehmen nicht vorrangig in der Grundstücksverwaltung tätig sind, haben sie doch bedeutsame Werte in Immobilien investiert. Viele Immobilien-Verwaltungsabteilungen in Unternehmen erstellen Abschlußunterlagen mit einem Buchführungssystem, das auf die Erfordernisse des Kerngeschäftes ausgerichtet ist. Diese Berichte sollen dem Management und der Analyse der Hauptgeschäfte des Unternehmens dienen. Sie stellen jedoch nicht das am besten geeignete Mittel für die Immobilienverwaltung dar. Ein Facility Manager kann die Kosten messen und verwalten, indem er speziell für eine solche Aufgabe entwickelte Werkzeuge für das Immobilien-Finanzmanagement einsetzt. Die Abschlußunterlagen solcher Tools entsprechen dem Format, das eine Immobilienverwaltung benötigt. Außerdem ermöglichen sie eine Facility-Management-Analyse, die eine Performance verschiedener Gebäude miteinander vergleichen kann.

FM-spezifisches Buchführungssystem für den Performance-Vergleich und als Steuerungsinstrument

Unternehmen haben Nutzungspläne für das aktuelle Geschäftsjahr und langfristige Pläne zur Erreichung der Unternehmensziele. Für Gebäude, in denen Produkte hergestellt oder Dienstleistungen erbracht werden, muß es ebenfalls aktuelle Nutzungspläne und langfristige Pläne zur Unterstützung der Unternehmensziele geben. Ein Facility Manager muß Unternehmensumgebung und Unternehmensziele verstehen, wenn er einen Nutzungsplan für Gebäude aufstellen möchte, der die Unternehmensziele unterstützt. Hat ein Unternehmen Pläne zur Maximierung der Produktionskapazität oder für den Betrieb rund um die Uhr, muß der Facility Manager sicherstellen, daß der Gebäudenutzungsplan dieses Ziel unterstützt. Er muß ähnliche Vorkehrungen treffen, wenn das Unternehmen eine Produktlinie einstellen oder ein Gebäude verkaufen möchte. Hier soll der Nutzungsplan auf die Kürzung der Ausgaben ohne Aufschub von Wartungsarbeiten und ohne Gefahr für den Verkaufswert des Gebäudes ausgelegt werden.

FM-Management wird parallel zur Unternehmensstrategie ausgerichtet

Sowohl der Nutzungsplan als auch der langfristige Plan haben die gleichen Ziele: die Minimierung der Unternehmensausgaben und die Werterhaltung und Maximierung der Nutzerzufriedenheit. Trotzdem wird der Nutzungsplan detailliert unter Anwendung von Zero-Based-Budgeting erstellt. Nutzungspläne werden

Ziel des FM: Minimale Kosten, Nutzerzufriedenheit, Werterhalt

üblicherweise für den kurz- und mittelfristigen Zeitraum (drei bis fünf Jahre) erstellt, während langfristige Pläne für Zeiträume erarbeitet werden, die darüber hinausreichen. Beide Planungsarten werden jährlich überarbeitet, damit sie den kumulativen Auswirkungen der Geschäftstätigkeit im laufenden Jahr angepaßt werden können.

Ein Facility Manager braucht ein effektives Werkzeug. Es muß anlaysieren können, ob der Betrieb eines Gebäudes den Nutzungsplan beziehungsweise die langfristigen Pläne für die Immobilie einhält. Dazu wird er die Pläne und die Gewinn- und Verlustrechnung unter Einbeziehung eines detaillierten Immobilienkontenrahmens ausarbeiten. Der Immobilienkontenrahmen zeigt Einzelheiten über Einnahmen und Ausgaben auf der Ebene der jeweiligen „Aktivität". Beispiele für wichtige Kostenarten im Facility Management sind:

- Reinigung
- Instandsetzung und Wartung
- Energiekosten
- Sicherheit
- Pflege der Außenanlagen
- Verwaltung
- Versicherung
- Steuern

Weitere Kostenarten können bei Bedarf gemäß der spezifischen Nutzung eines Gebäudes hinzugefügt werden.

Jede der wichtigen Ertrags- und Aufwandskategorien hat eine Anzahl von Unterkonten für ihre spezifischen Ertrags- beziehungsweise Aufwandsaktivitäten. So könnten zum Beispiel Reinigungsposten nach Vertragsleistungen nachts oder tags, nach Abfallbeseitigung, Fensterputzen usw. aufgegliedert werden.

Bei der detaillierten Erstellung des Nutzungsplanes und der Gewinn- und Verlustrechnung kann der Facility Manager zwischen den einzelnen Kostenbestimmungsfaktoren unterscheiden. Er wird Tendenzen früher entdecken und analysieren können, als es bisher mit den traditionellen Formaten möglich war. Das analytische Management-Tool erlaubt es dem Facility Manager, proaktive statt reaktive Dienstleistungen bei der Immobilienverwaltung anzubieten.

Immer mehr Unternehmen vermieten nicht benötigte Flächen an Dritte. Dafür müssen Mieten und andere Kosten rechtzeitig in Rechnung gestellt und bezahlt werden. Diese Abwicklungen müssen durch Verfahren und Systeme kontrolliert werden. Der Facility Manager kennt die Mietverträge. Er verwendet sein Abrechnungssystem, um detaillierte, nach Aktivität aufgegliederte Kostenangaben einzutragen. Dazu gehören zum Beispiel Mieten, Verzugsgebühren, Gebühren für Dienstleistungen, für die es eine Gleitklausel gibt, Sonderwünsche usw. Diese detaillierten Kosten berücksichtigt er auch bei der Erstellung des Nutzungsplanes und der Gewinn- und Verlustrechnung für das Gebäude.

Ein Unternehmen geht bei der Flächenvermietung an Dritte immer ein erhöhtes Risiko ein. Natürlich kann es ablehnen, einem in Verzug geratenen Kunden Kreditkonditionen zu gewähren. Doch einem säumigen Mieter kann es den Zugang zu den Geschäftsräumen nicht verbieten, und gegen einen hartnäckigen Unruhestifter muß es gerichtlich vorgehen. Nicht nur deshalb müssen überfällige Mietforderungen im Auge behalten und die entsprechenden Maßnahmen rechtzeitig und korrekt eingeleitet werden. Fehlende Lösungsansätze für Säumnisse oder andere Vertragsverletzungen können Einnahmensverluste für das Unternehmen bedeuten. Die Abrechungssysteme eines externen Facility Managers können automatisch detaillierte Säumnisberichte liefern, die alle geschuldeten Mietbeträge deutlich ausweisen.

Risiken aus säumigen Mietforderungen durch kontinuierliche Säumnisberichte kontrollieren

Je nach Marktbedingungen und ortsüblicher Praxis kann der Vermieter bei marktbasierten Mietverträgen die Kosten aus Arbeiten, die der Mieter wünscht, an diesen weitergeben. Solche Auslagen sind eine lukrative Quelle für die Auslagenerstattung des Unternehmens. Ein Facility Manager kann die damit verbundenen Kosten für zum Beispiel Ersatzteile, Hilfs- und Betriebsstoffe, Löhne usw. mit der einzelnen Mietabrechnung verknüpfen und die Rückvergütung der Kosten an das Unternehmen sicherstellen.

11.2 Zero-Based-Budgeting

Viele Immobilienabteilungen sind Kostenstellen (im Gegensatz zu Profit-Centern beziehungsweise Ergebniseinheiten). Sie müssen sich daher bemühen, die Kosten der Unterhaltung der Immobilienbestände eines Unternehmens niedrig zu halten. Die Kosten werden häufig den internen Nutzern der Flächen belastet. Aus diesem Grund werden Immobilienbudgets mit einer Betonung der Kostenminimierung und der -maximierung von Kostenumlagen ausgearbeitet. Damit ein Unternehmen Kundenzufriedenheit für die Nutzer seiner Immobilien kostenwirksam erreicht, aber gleichzeitig die Gesamt-Immobilienkosten reduziert, muß die Rechenschaftspflicht auf der Ebene der einzelnen Aktivitäten eingebaut werden. „Best in Class“ Facility Manager entwickeln einmal im Jahr detaillierte Nutzungspläne und Budgets. Dabei sollten Vorjahresansätze nicht berücksichtigt werden sondern, die Ansätze sollten von Neuem beginnen.

Null-Basis-Budgetierung bedeutet, daß ein Budget für jede Immobilie Posten für Posten entwickelt werden muß. Die einzelnen Posten beziehen sich auf die Hauptaktivitäten für die Verwaltung der Immobilie. Genaue Pläne werden unter dem Einsatz eines standardisierten Immobilienkontenrahmens entwickelt (siehe oben). Die Budgets für jedes Gebäude werden detailliert erstellt. Anschließend werden sie in einer kondensierten Fassung für die Unternehmens-Berichterstattung konsolidiert.

Zero-Based-Budgeting: Posten für Posten und jedes Jahr neu

Zero-Based-Budgeting ist ein Ansatz, bei dem Informationen aus den unterschiedlichsten Unternehmensbereichen notwendig sind. Ingenieure liefern Daten für Wartungsprojekte, die zur Werterhaltung des Gebäudes erforderlich sind, zum Beispiel Verbrauchsstatistiken für Betriebsstoffe oder Prognosen für den Energieverbrauch. Externe Unternehmen wie Sicherheitsdienste und Reinigungsfirmen bringen Etatangaben ein, die der Facility Manager zur Schätzung der künftigen Kosten dieser Dienstleistungen braucht. Er kontrolliert und überwacht das gesamte Budgetierungsverfahren und schafft damit eine Rechenschaftsebene. Bei ihm konzentrieren sich alle Informationen, die für einhaltbare Budgets einer jeden Immobilie notwendig sind.

Gemeinsam mit Nutzern planen

Nutzer von Unternehmensimmobilien (CRE-Nutzer) müssen in die Entwicklung von Annahmen für bestimmte Aufwandsposten einbezogen werden. Dieser Schritt dient der partnerschaftlichen Kommunikation. Er ermöglicht einen Austausch über die beabsichtigen (im Gegensatz zu den entstandenen) Ausgaben. Stellt die Nutzergruppe geplante Ausgaben in Frage, kann der Facility Manager ihre Notwendigkeit erklären, statt die Wartung aufzuschieben.

Mit Zero-Based-Budgeting können Facility Manager Kosten individuell messen, verwalten und kontrollieren. Wenn ein Budget ohne ausreichende Details zu den einzelnen Posten erstellt wird oder die im Budget vorgesehenen Ausgaben mit der Kostenverteilung an die Nutzerabteilungen aufgerechnet werden, verliert die Immobilienverwaltungsabteilung ihre Kontrollmöglichkeit über die Ausgaben.

Ein Beispiel, wie eine Immobilienverwaltungsabteilung durch Zero-Based-Budgeting kosteneffektive Kontrollen beibehalten kann, wurde vor kurzem beim Audit eines großen amerikanischen Unternehmens gegeben. Die Abteilung erstellt Budgets aufgrund der Kostenverrechnungen bei den Flächennutzern. Ein im Budget enthaltener Aufwandsposten, die Löhne und Gehälter für die Unterhaltung der Immobilien, betrug 750 000 US-Dollar. Nachdem der Etat nach der Zero Based Budgetierungstechnik neu durchgerechnet wurde, stiegen die Kosten für diesen Posten auf 2,4 Millionen US-Dollar, obwohl es keine Änderung in den Nettoeinnahmen des Unternehmens gab.

Wie kam der Unterschied zustande? Die Mehrheit der Mitarbeiter, die für die Instandhaltung der Immobilie erforderlich waren, war direkt Kostenstellen der Nutzer zugeordnet worden, obwohl sie durch die Immobilienverwaltungsabteilung gesteuert worden waren. Der Nutzer hatte keine Kontrolle über die Ausgaben und die Immobilien-Verwaltungsabteilung mußte keine Rechenschaft über die Kosten ablegen. Wenn die Kostenverrechnung von der Aktivität getrennt wird und die Aktivität mittels eines marktbasierten oder Null-Basis-Ansatzes budgetiert wird, kann die Aktivität durch Benchmarking gemessen und verwaltet werden.

11.3. Berichterstattung, Controlling und Benchmarking

Der Facility Manager sammelt Finanzdaten, die nach Aktivität aufgegliedert sind. Sein Ziel ist dabei, die größtmögliche Kostenwirksamkeit durch Leistungsmessung und Analyse zu erbringen. Er kann es nur erreichen, wenn sich die Finanzdaten mit den zu verwaltenden Aktivitäten verknüpfen lassen. Nur mit dieser Aufgliederung kann der Facility Manager die Kosten in Zusammenhang mit dem Gebäude und dem Betrieb des Unternehmens analysieren.

Nur mit detaillierten Finanzinformationen, präsentiert in einem Format, das den spezifischen Anforderungen der Immobilien gerecht wird, kann der Facility Manager sich mit den Nutzern über wirtschaftliche Gesichtspunkte auseinandersetzen. Die Soll- und Ist-Kosten der einzelnen Posten, zusammen mit spezifischen Angaben zu den jeweiligen Aktivitäten, können zur Aufklärung der Nutzer, der Identifizierung von Effizienzen und der Verbesserung von Kundenzufriedenheit eingesetzt werden.

Nur mit immobilien-gerechten Finanzinformationen kann die entsprechende Verwaltungsabteilung ihre Gesamt- und Einzelziele wie die der Leistungsmessung, Reduktion der Verwaltungskosten etc. erreichen. Sie ist dann in der Lage, die Kostendaten zu überprüfen, die nach Aktivität verteilt und mit den Eckdaten (Benchmarks) einer homogenen Gruppierung von Gebäuden verglichen werden. Viele CRE-Nutzer werden dem Facility Manager und seinen Teams helfen, die betriebliche Leistungsfähigkeit zu analysieren.

Durch Überprüfung und Vergleich von detaillierten Buchführungs-, Budgetierungs- und Leistungsinformationen in einem grafischen und analytischen Format kann der Facility Manager die Immobilie effizient verwalten. Gleichzeitig übernimmt er mehr Verantwortung für diese Aufgabe.

Das erste und eines der umfassendsten Reporting- und Analysesysteme in der Immobilienindustrie wurde von COMPASS Management und Leasing, Inc. entwickelt und eingeführt. Das System namens MAGNET kann automatisch mehr als 80 Leistungsindikatoren auf der Gebäudeebene einsetzen, es nutzt die detaillierten Einzelpostenangaben aus Soll- und Ist-Kosten. Es mißt die Produktivität, die Anzahl ungeplanter Arbeitsaufträge zur Instandhaltung, Energieverbrauch, Zufriedenheit der Kunden und vieles mehr. Die Messungen werden auf der Basis von einzelnen Gebäuden analysiert und mit den Messungen für andere Immobilien auf verschiedenen Grundlagen verglichen, wie zum Beispiel nach geographischer Verteilung (regional, national, international) oder nach Gebäudeart (Büro, Produktionsstätte, Industrie, Einzelhandel usw.). Durch die Erfassung von Messungen für Hunderte von Gebäuden ist das System in der Lage, Trendanalysen für ein einzelnes Gebäude, aber auch für Gruppen von Gebäuden insgesamt, durchzuführen.

MAGNET ist intelligent: Weil das System so konzipiert wurde, daß es eine statistische Analyse verwendet, „lernt“ es während der Datensammlung. Es erhöht automatisch dort die Leistungsbenchmarks, wo es angebracht ist. Mit dieser Methode arbeitet der Facility Manager immer daran, die nächste Ebene betrieblicher Leistungsfähigkeit und Wirksamkeit zu erreichen.

Buchhaltung und Bilanzen sind auf die Leistungsdarstellung der betrieblichen Kernaktivitäten ausgerichtet. Es bedarf in diesem Rahmen einer Buchführung mit Immobilienkontenrahmen, der spezifische Ertrags- und Aufwandskategorien einschließt. Für die jährliche Planung setzt sich Zero-Based-Budgeting durch, weil es eine saubere Logik der Kostenverteilung erzwingt. Die modernen Reporting- und Analysesysteme in der Immobilienindustrie sind heute lernende Systeme, die deshalb Entwicklungstendenzen, zum Beispiel steigende Instandhaltungskosten, von selbst analysieren können und dem FM-Manager echte Entscheidungshilfen bieten.

12. Flächenmanagement

Patrick M. Dawson

Dieses Kapitel beschreibt, wie technische und organisatorische Veränderungen Gebäudeprozesse und Gebäudeflächen beeinflussen. Es werden Trends im Flächenmanagement und ihre Auswirkungen aufgezeigt. Am Fallbeispiel des englischen Telekommunikationsanbieters BT wird gezeigt, welche Formen modernes Flächenmanagement in der Praxis annehmen kann.

12.1 Einfluß technologischer und organisatorischer Veränderungen auf Bürolandschaften

Ortsunabhängigkeit der Arbeit durch neue Medien

Ein direkter Effekt der hohen Verbreitung moderner elektronischer Medien ist die Zunahme ortsunabhängiger Arbeit. Dies ist nur ein Aspekt des Einfluß von virtuellen Wirschaftsprozessen auf Immobilien. Informationen können am Geschäftssitz des Kunden, zu Hause, im Hotelzimmer oder im Auto empfangen und übertragen werden. Heute ist eine Büroumgebung nicht mehr dazu da, dem Büroeinzelnutzer eine technische Infrastruktur zur Kommunikation bereitzustellen. Dies kann heute mit den portablen Medien höchstwahrscheinlich sehr viel leichter zu Hause erreicht werden.

Restrukturierungs- und Entflechtungsbestrebungen in den frühen 90ern haben Unternehmenslandschaften unwiderruflich verändert. Diese Änderungen wurden in der Absicht vorgenommen, Kostenreduzierungen zu bewirken. Zwar führen solche Strategien auf kurze Sicht zu höheren Gewinnen. Langfristig können sie jedoch gegenseitiges Vertrauen, Loyalität und die Verbundenheit zum Unternehmen zerstören. Die alleinige Konzentration auf Kosten kann zu einer verminderten Produktivität führen; die daraus resultierende Angst und Ungewißheit schafft eine Atmosphäre, die der Entwicklung einer innovativen Mitarbeiterschaft genau entgegenwirkt. (Facilities Management Guide, 11/95 „How the working environment can be used as a catalyst for change")

Tätigkeitsbezogene Verträge definieren ein neues Verhältnis zwischen Arbeitnehmer und Unternehmen

Neue Arbeitsverhältnisse müssen definiert werden, wenn Unternehmen den Verlust von Schlüsselpersonen vermeiden wollen. „Explicit Contracting", das heißt eindeutige Vertragsabschlüsse, werden für diese neuen Verhältnisse charakteristisch sein. Eine lange Berufslaufbahn und eine Lebensstellung bei einer einzigen Firma werden durch tätigkeitsbezogene Verhältnisse zwischen Arbeitnehmer und der Unternehmensorganisation ersetzt. Der Kontrakt berücksichtigt beiderseitige Bedürfnisse und bringt das, was das Unternehmen braucht, mit dem zur Deckung, was der einzelne zu bieten hat. Flexibilität ist der Schlüssel zu solchen Verträgen.

Virtualisierung ist die natürliche Reaktion von Unternehmen auf die globale Herausforderung durch technologische Veränderungen. Doch im Mittelpunkt der gesamten strategischen Repositionierung steht immer noch der Mitarbeiter. Seine Motivation und Loyalität zum „neuen" Unternehmen ist für den Erfolg einer solchen Strategie von zentraler Bedeutung. Deshalb muß die vorhanden Infrastruktur in der Lage sein, sowohl die Bedürfnisse des einzelnen Mitarbeiters als auch die Erwartungen des Kunden zu erfüllen.

Tayloristische Grundannahmen sind in Unternehmensorganisationen heute nicht mehr relevant. Es sind die Menschen, die jetzt als größter Vermögenswert eines Unternehmens betrachtet werden. Es sind auch Menschen, die neue Ideen haben, die Veränderungen der Märkte wahrnehmen und Dinge in die Tat umsetzen. Kommunikation, Kreativität und Wissen sind die Tools des neuen Managements. Dagegen können Menschen, die sich an den alten tayloristischen Prinzipien festklammern, die größte Belastung in einem Unternehmen sein. In der Tat ist die Unternehmenskultur, definiert als „Werte, Normen und Überzeugungen", eines der größten Hemmnisse für Veränderungen.

Unternehmen werden proaktiver und schlanker, um wettbewerbsfähig in einem schnellebigen Umfeld bleiben zu können. Gleichzeitig muß ihr Fokus weiter auf Qualität und Kostenkontrolle liegen. Die Zeit, die zur Arbeitsbewältigung benötigt wird, muß stark komprimiert werden. Unternehmen müssen heute cleverer, schneller und besser arbeiten – oder mehr für weniger tun (Booty, 1995).

Unternehmen reagieren auf diese Herausforderung wie folgt:

- höhere Flexibilität – befristete Beschäftigungsverhältnisse, Auftragnehmer, Outsourcing, flexible Arbeitsmuster
- flachere Unternehmensstrukturen, die Entscheidungsfindungen beschleunigen und Mitarbeiter näher an den Kunden bringen
- Übertragung von Machtbefugnissen und Verantwortung an einzelne Mitarbeiter – so daß Entscheidungen schneller von denjenigen getroffen werden können, die dem Kunden näher sind
- dynamische Arbeitsmethoden – wie multifunktionale Projektbearbeitung und Mitarbeiter mit verschiedenen Aufgabenbereichen

Der Einfluß dieser Aspekte hat unmittelbare Konsequenzen für die Facility-Management-Industrie. Gebäude-Nutzer wechseln immer häufiger, und Organisationen befinden sich in einem Zustand permanenter Fluktuation. Unweigerlich wird eine Lösung für die Facilities benötigt, die völlig flexibel ist und die eine schnelle Reaktion erlaubt. Bestehende Modelle behindern häufig die Zusammenarbeit der Menschen und sind größtenteils zu teuer. Sie schränken Menschen dort ein, wo sie höchst effektiv sein könnten.

12.2 Der Trend zur Reduzierung von Gebäudeflächen

Der kombinierte Effekt der genannten Faktoren trägt dazu bei, daß heute ein stärkeres Gewicht auf die Schaffung und Aufrechterhaltung von „Lean Offices" gelegt wird. Technischer Fortschritt, Programme zur Verkleinerung und Kosteneinsparung sowie die Neubewertung der Rolle von Mitarbeitern innerhalb der Unternehmen betonen diese Gewichtung. Sie tragen dazu bei, auf tragbare Raumreduktions-Konzepte hinzuarbeiten.

Bei der Entwicklung der „Lean-Office"-Konzepte, die sowohl die Gesamtaufgaben, Ziele und Ergebnisse einer Büroorganisation als auch Outsourcing und Managementstrukturen berücksichtigt, ist der Raum für die Arbeit an sich zu einer wichtige Komponente der „Hardware" geworden. Da Facility Management zu den wichtigen internen Funktionen in größeren Unternehmen zählt, haben Raumwert beziehungsweise Raumkosten und Raum-Instandhaltung an Bedeutung gewonnen. Dies hat zur Schaffung von Raumkonzepten geführt, deren Größe nach den verwendeten Arbeitsmethoden bemessen ist. Ein externer Aspekt ist der Zwang, insbesondere in einer Dienstleistungsindustrie sehr flexibel reagieren zu können.

FM reflektiert den Zeitgeist zu den Themen Organisation, Wert der Mitarbeiter und Kundenbeziehung

Von vielen Unternehmen wurden verschiedene Bürokonzepte wie Einzel-und Doppelbüros, offene Räume und kombinierte Büros eingeführt. Heutzutage geht der Trend mehr zu einer Mischung aus verschiedenen Anordnungen innerhalb eines Gebäudes. Inzwischen hat sich die Erkenntnis durchgesetzt, daß die meisten Mitarbeiter unterschiedliche Aufgaben zu erfüllen haben, für die sich unterschiedliche Umgebungen eignen. Und man hat einen weiteren sehr wichtiger Punkt überdacht: die Abwesenheit der Mitarbeiter von ihren Arbeitsplätzen. Die Frage, ob wir jedem Mitarbeiter eine Arbeitsplatz-Einheit zur Verfügung stellen müssen, wird in vielen Unternehmen diskutiert. Einige Ergebnisse sind: Nicht fest vergebener Arbeitsraum soll im voraus gebucht werden, es soll zwischen unterschiedlichen Raumangeboten gewählt werden (ruhiger Arbeitsraum = geschlossenes Büro, offener Raum für sehr verschiedene Nutzungen zu verschiedenen Zeiten und durch verschiedene Personen, Gruppenbüros für Projektarbeit).

In den meisten Unternehmen hat man festgestellt, daß es wirtschaftlich wäre, keinen festen Arbeitsplatz für Mitarbeiter bereitzustellen, die sich während ihrer Arbeitszeit länger außerhalb ihrer Büros aufhalten. Dies gilt für die meisten Betriebe der Dienstleistungsindustrie. Die Lösungsansätze unterscheiden sich von Unternehmen zu Unternehmen, und viele befinden sich noch bei der Auswertung und in Testphasen. In den meisten Fällen stellen Unternehmen noch immer pro Mitarbeiter einen Arbeitsplatz zur Verfügung. Der Arbeitsplatz kann durch kleinere Tische ersetzt werden mit Containern für die technische Ausstattung und Stauraum. Andere Unternehmen bevorzugen eine Art Hotelsystem mit Reservierung, bei dem Mitarbeiter einen Arbeitsplatz im voraus buchen. Durch diese Methode läßt sich die Anzahl der Arbeitsplätze festlegen, die ständig für eine bestimmte Mitarbeiterzahl zur Verfügung stehen muß. So können in Bereichen wie Beratung oder Verkauf bis zu 50 Prozent des Arbeitsraumes eingespart werden.

Von zu Hause arbeiten, am wechselnden Arbeitsplatz mit mobiler Ausstattung oder am reservierten Platz à la Hotel-Office

Abgesehen von diesen Konzepten überlassen es heute moderne Unternehmen ihren Mitarbeitern, ihre Arbeitszeit selbst einzuteilen und von zu Hause aus zu arbeiten. Dies erfordert unternehmerische Tugenden: Vertrauen in die Mitarbeiter und ergebnisorientierte, nicht zeitorientierte Arbeit. Dieses Beispiel macht deutlich, daß Flächenmanagement nicht nur eine Frage der Hardware, sondern auch der Brainware ist: Es bezieht sich auf die gesamte unternehmerische Einstellung in einer Firma. Natürlich muß die Geschäftsleitung gleichzeitig ein nicht-territoriales Denken propagieren, wenn sie die Mitarbeiter von den Vorteilen und Möglichkeiten flexibler Büros überzeugen will. Das bedeutet für die Manager, daß sie selbst aus ihren einzelnen, abgeschlossenen Büros ausziehen müssen.

Die Tendenz von Einzelbüros hin zu offenen Räumen resultiert aus dem starken Bedürfnis nach besserer Kommunikation. Obwohl der technische Fortschritt bessere Kommunikation möglich macht, wird in den Unternehmen insgesamt ein Informationsdefizit beklagt, das durch abgeschlossene Büros noch verstärkt wird.

Offene Raumkonzepte erfordern neue Arbeitsweisen und Arbeitsstile der Mitarbeiter

Doch auch offene Raumkonzepte haben während langer Beobachtungszeiträume Veränderungen erfahren. Wenn Mitarbeiter nur geschlossene Büros kennen, befürchten sie häufig, daß sie sich in einem offenen Raum nicht konzentrieren können. Sie müssen durch die heute vorhandenen, hochqualitativen Ausstattungsmöglichkeiten überzeugt werden, die langjährige Erfahrungen in der Planung offener Räume berücksichtigen. Mitarbeiter können für die Arbeit im derartigen Umfeld geschult werden. Man lehrt sie, am Telefon leiser zu sprechen, und sie lernen, sich in einer lebendigen Atmosphäre zu konzentrieren. In erster Linie lernen sie dann auch, den verbesserten Informationsfluß zu schätzen.

Offene Räume sind weitaus flexibler, wenn es um den Entwurf verschiedener Raumkonzepte und Arbeitskonfigurationen geht. Alles verändert sich immer schneller, und dies muß auch bei unserem Arbeitsraum berücksichtigt werden. In vielen Unternehmen gibt es immer mehr Arbeits- und Projektgruppen neben oder anstelle fester Abteilungen. Sie bestehen für unterschiedlich lange Zeiträume aus einer unterschiedlich großen Anzahl von Mitarbeitern. In offenen Räumen kann die notwendige Flexibilität berücksichtigt werden. Geschlossene Räume würden für zeitlich begrenzte Organisationsformen nur ein permanentes Hindernis darstellen.

12.3 Einfluß der Technologie auf den Arbeitsraum

Den größten Beitrag zu flexiblem Arbeitsraum leistet ein hoher Technologiestandard. Moderne Technologien wie leistungsstarke Netze aus Glasfaserkabel für Tele- und Datenkommunikation, digitale Vermittlungsstellen sowie unverkabelte Büros und Mobiltelefone sind Grundvoraussetzungen für flexibles Arbeiten. Es ist wichtig, daß jeder Mitarbeiter überall im Büro effektiv arbeiten kann und ihm ein Netzwerk, Computer und Workstations mit Zugriff auf persönliche und allgemeine Daten zur Verfügung stehen. Besteht die Möglichkeit, die Arbeit von überall, auch von außerhalb des Büros zu erledigen, so erhöht dies die Flexibilität weiter.

Die Art und Weise, wie nach außen kommuniziert wird, hat bei allen neuen Konzepten bisher noch nicht genügend Berücksichtigung gefunden. Die meisten flexiblen Arbeitsraumkonzepte werden durch einen riesigen Papierberg zugestellt, obwohl das „papierfreie" Büro schon vor vielen Jahren proklamiert wurde. Der Hauptgedanke moderner Bürogestaltung ist, daß Menschen mobil sind, Räume dagegen nicht. Akten – von vielen Mitarbeitern als persönliches Eigentum betrachtet – sind der wichtigste Bremser für Menschen, die von der Nutzung flexibler Arbeitsplätze überzeugt werden sollen. Immer mehr Drucker sind der falsche Weg, um Mitarbeiter von der permanenten Papierproduktion abzuhalten. Hier zeigt sich wieder, daß die beste Einführung von flexiblem Arbeitsraum nicht darin besteht, Zimmer in offene Räume zu verwandeln und dann den Mitarbeitern mitzuteilen, sie hätten nun keinen „eigenen" Arbeitsplatz mehr. Der gesamte Managementstil muß sich ändern – darin besteht die wesentliche Aufgabe.

Bei der Archivierung kann viel Raum eingespart werden. Wenn man wichtige Dokumente nicht in Papierform, sondern technisch gespeichert hat, werden große Keller- oder Lagerräume überflüssig, auf die auch ein kurzfristiger Zugriff möglicherweise schwierig ist. Dies erfordert jedoch auch gesetzliche Einschränkungen.

12.4 Optimierte Büros

Es gibt bereits moderne und unkonventionelle Büros. Bemühungen zur Kosteneinsparung und die Erkenntnis, daß gesunde Arbeitsplätze durch die Neuverteilung bestehenden Raumes geschaffen werden können begünstigen ihre weitere Verbreitung. Eine grundlegende Voraussetzung für den Erfolg innerhalb des Arbeitsraumes ist die Fähigkeit zur Teamkommunikation und zur effektiven und effizienten Integration. Daher der Bedarf, Arbeitsräume sowohl offen als auch flexibel zu gestalten. Ein solcher Arbeitsplatz, der nicht an eine bestimmte Funktionalität gebunden ist, hat maximale Nutzungsvorteile für ein Unternehmen, während er den Mitarbeitern gleichzeitig ein effizientes und effektiveres Arbeitsumfeld bietet.

Die neuen Modelle: Desk-Sharing, JIT-Raumzuteilung, monofunktionale Arbeitsplätze

Sowohl Initiativen zur Kosteneinsparung als auch Trends zur Büroneugestaltung werden die Rolle des Büros verändern. „Arbeitsraumeigentum", das heißt Arbeitsräume, die einer bestimmten Person zugeordnet sind, werden abnehmen. Folglich werden zeitlich begrenzte Arbeitsplätze die Büroumgebung dominieren. Sowohl Desk-Sharing als auch Just-In-Time(JIT)-Methoden der Raumzuteilung werden unweigerlich zu einer besseren Büroraumnutzung beitragen. Ein direktes Resultat dieser neuen, optimierten Büroumgebung wird der Anstieg von „monofunktionalen Arbeitsplätzen" sein, das heißt eine stärkere Spezialisierung auf bestimmte

Aufgaben. Der aus diesem Trend resultierende Effekt wird die gemeinsame Bewältigung von Projektaufgaben unter den Teammitgliedern sein, was eine Verbesserung der Gruppendynamik und eine verminderte Belastung des einzelnen Mitarbeiters nach sich zieht.

Die zentrale Rolle der Kommunikation wird sich mit der Einführung von „optimierten Büros" noch verstärken. Tatsächlich wird Kommunikation für die Verwirklichung neuer Unternehmenskonzepte ein Schlüsselglied sein. Das Gebäude, in dem sich das Büro befindet, wird in stärkerem Ausmaß die Rolle eines Kommunikationszentrums übernehmen. Diese Gebäude müssen über Konferenzräume (Treffpunkte und Konferenzbereiche) verfügen, die kurzfristig zur Verfügung stehen können.

Ein weiterer Faktor, der die Gestaltung optimierter Büros beeinflußt, ist die Zunahme des Time-Sharing. Dies ist tatsächlich ein moderneres Modell der schon im einzelnen beschriebenen Arbeitsumgebung. Es ermutigt Unternehmen, weniger Arbeitsplätze bereitzustellen, als Mitarbeiter vorhanden sind. In diesem Modell verfügen alle Arbeitsplätze über die notwendige Kommunikationsinfrastruktur. Im Hinblick auf die Zukunft wäre der nächste Schritt die Entwicklung des „Business Club". Das Helsinki Office der Digital Equipment Corporation stellt beispielsweise 35 Arbeitsplätze für 60 Mitarbeiter zur Verfügung, wobei alle Mitarbeiter durch ein mobiles Kommunikationssystem miteinander verbunden sind. In einem solchen System sind Mitarbeiter tatsächlich aktive Teilnehmer innerhalb einer vernetzten Umgebung – sie bewegen sich frei durch Zeit und Raum, obwohl sie eine gemeinsame, räumliche Infrastruktur teilen. In diesem Konzept liegt ein stärkeres Gewicht auf der Leistung und nicht auf dem Rang (Gebäudemanagement, 03/1997).

12.5 Auswirkungen der Trends auf Gebäude und Flächen

Die wichtigen Trends deuten auf Raumreduzierung hin und die Zunahme optimierter, das heißt schlanker Büros, Flexibilität in deren Nutzung, auf verbesserte Mobilität und auf eine stärkere Nutzung technologisch gestützter Lösungen. Die erwähnten Trends werden in Zukunft Haupteinflußfaktoren für die Gestaltung und Entwicklung von Gebäuden sein. Die Bauindustrie wird sich immer stärker an der Entwicklung optimierter Büros beteiligen und somit ein aktiver Partner bei der Realisierung von Programmen des Flächenmanagements sein. Durch den Entwurf und die Einführung neuer Konstruktionsmodelle wird die Bauindustrie die erfolgreiche Implementierung von Flächenmanagement-Vorhaben unterstützen. Folgende Merkmale und Thesen könnten die Gebäude der Zukunft bestimmen:

Lebensdauer des Bauwerkes: Die Skelettbauweise eines modernen Gebäudes kann mehrere Erneuerungszyklen und Nutzungsanpassungen überdauern. Sie werden sich aus einheitlichen und genau definierten Systemen zusammensetzen, die weitere Konstruktionsoptionen beinhalten.

Flexibilität: Die Fundamente sind so beschaffen, daß ein Anbau weiterer Büros oder die Anpassung des in der ursprünglichen Struktur bestehenden Büroraums mit minimalem Aufwand möglich ist. Priorität haben „nutzungsneutrale" Systeme, das heißt flache Stahlbetondecken usw.

Organisatorische und bauliche Struktur: Innerhalb eines jeden Gebäudes ist die Organisationsstruktur eines Unternehmens der ausschlaggebende Faktor für Entscheidungen über die nachfolgende Raumaufteilung.

Wirtschaftliche Effizienz: Das wachsende Bedürfnis, effizientere Konzepte für die Instandhaltung von Gebäuden einzuführen, hat Facility Management in den Vordergrund gerückt. FM-Fachwissen beeinflußt bereits im Planungsstadium und minimiert präventiv Kosten, ansonsten durch suboptimale Gebäudeverwaltung, Energieverbrauch und Instandhaltung entstehen könnten.

Isolierung: Durch eine verstärkte funktionale Mischung von Büroraum werden klare Unterteilungen zwischen Konferenz-, Arbeits- und Gemeinschaftsräumen entstehen. Dies muß unweigerlich einen starken Einfluß auf die Planung zur Lärmreduzierung haben.

Gebäudefassade: Aspekte der Lärmbelastung und Energie beeinflussen die wachsende Bedeutung der Gebäudefassade. Schon aus repräsentativen Gründen hat die Fassade einen besonderen Wert. Kostenüberlegungen bedingen, daß Fassaden vorgefertigt werden und die Teile eine bestimmte Größe erreichen.

Fenster: Einmal mehr charakterisieren Geräuschbelastung und sinnvolle Energienutzung diesen Aspekt moderner Gebäude. Die Betonung liegt hier auf austauschbaren, biologisch abbaubaren Produkten.

Belüftung: Aufgrund ökologischer und energiepolitischer Überlegungen werden optimierte Büros der Zukunft natürliche Belüftungssysteme haben.

Heizung: Auf Konvektion basierende Heizsysteme werden durch Systeme ersetzt, die auf Strahlung basieren. Das bevorzugte Heizmaterial wird Wasser (nicht Luft) sein, da mit Wasser weniger Energie verbraucht wird als mit Luft.

Kühlsysteme: Das Gebäude selbst wird mehr und mehr als Energiespeicher genutzt werden. Die am Tag angesammelte Wärme wird systematisch gekühlt, so daß die Gebäudetemperatur beeinflußt werden kann.

Beleuchtung: Studien beweisen, daß Mitarbeiter besser auf Tageslicht als auf künstliche Beleuchtung reagieren. Daher wird man in Gebäuden verstärkt Tageslicht nutzen. Dies wird durch die Einrichtung einer optimalen Anzahl von Tageslichtzonen erreicht. Daneben werden auch hochentwickelte Formen künstlichen Lichts genutzt (zum Beispiel blendfreies Licht usw.).

Kommunikationstechnologie: Die rapiden Veränderungen in der Welt der Telekommunikation zeigen mehr als deutlich, daß diese Produkte einen extrem kurzen Lebenszyklus haben. Sie müssen daher leicht durch neue und verbesserte Versionen ausgetauscht werden können.

Nutzung von Solarenergie: Die Nutzung regenerativer Energiequellen ist weiterhin ein Zukunftstraum. Trotzdem wird man diese Eventualität in Gebäuden der Zukunft berücksichtigen müssen, das heißt man wird Gebäude so konstruieren, daß ein solches System in der Zukunft installiert werden kann.

Es wird offensichtlich, daß die Trends aus dem Flächenmanagement alle Aspekte der Bauindustrie beeinflussen. Das Gebäude der Zukunft wird intelligent und kostenbewußt geplant sein. Es wird die Möglichkeit des Benchmarking bieten, so daß eine Vergleichbarkeit von Gebäudeleistungen gegeben ist. Neue Technologie wird den Übergang zu effizienteren Gebäudekonzepten möglich machen.

Das Informationszeitalter hat das Tempo beschleunigt, mit dem Änderungen im Umfeld von Unternehmen stattfinden. Die Organisationsstrukturen der Zukunft werden zunehmend virtualisiert sein. Insbesondere das optimierte Büro der Zukunft wird verstärkt durch das Tempo technologischer Entwicklungen geformt. Bei näherer Betrachtung der Gebäudeentwicklung stellen wir fest, daß das Informationszeitalter einen katalytischen Effekt auf die Entwicklung von Büroraumstrukturen hat. Dieser Effekt revolutioniert sowohl die Gebäudeindustrie als auch die Büroraumstrukturen in grundlegender Weise.

Merkmale der ersten Bürogebäudestrukturen waren Skelettbauweise, vertikale Zugangspunkte, das heißt Fahrstühle, und natürliche Beleuchtung. Zur Mitte dieses Jahrhunderts entschied man sich neben dem bereits bestehenden, tayloristisch dominierten Modell bevorzugt für flexible Arbeitsgruppenstrukturen. Treibende Kraft hinter dieser Entwicklung war die wachsende Multifunktionalität der Bürogebäude. Sie verfügten über große Räume; ihre Bauweise führte durch die Nutzung von künstlichem Licht und Klimaanlagen zu einem sehr hohen Energieverbrauch. Die Gebäude, die seit Mitte der 90er gebaut wurden, verfügen über flexible Arbeitsplätze, natürliche Belüftung und Luftzirkulation sowie Instandhaltungssysteme für Gebäude, die technologische Entwicklungen des Informationszeitalters berücksichtigen (Philipp Holzmann AG, 1996).

Die steigende Anzahl optimierter Büros (das heißt Business-Clubs usw.) wird fast ausschließlich auf bestimmte Unternehmen konzentriert sein. An erster Stelle stehen interaktive Planungs-, Marketing- und Konstruktionsunternehmen. Andere Unternehmen werden sich der kommenden Revolution zunehmend anpassen. Selbst in staatlichen Organisationen und in Organisationen des öffentlichen Dienstes zeigt die überfällige Organisationsrevolution Wirkung und bringt neue Formen öffentlicher Verwaltung hervor. Um ihre Wettbewerbsfähigkeit aufrechtzuerhalten, müssen die Gebäude der Zukunft so konstruiert sein, daß sie den Bedürfnissen optimierter Büros Raum bieten. Alles wird möglich sein, von Einzelbüros mit Eingangshalle bis hin zum Business-Club-Modell („Der Facility Manager" 3. Quartal 1995, „Flächenmanagement").

Das moderne Büro wird über individuelle Charakteristika verfügen, aus Modulen bestehen und eine Vielzahl von Kombinationsmöglichkeiten bieten. Die systematisch strukturierte Skelettbauweise wird Anpassungsmöglichkeiten an Anforderungen spezifischer Situationen gestatten, zum Beispiel runde oder sternförmige Anordnungen. Die Prototypkonstruktion wird eine Wabenstruktur (comb-structure) sein (Philipp Holzmann AG, „Gebäudetypen zukünftiger Bürogebäude").

12.6 Fallbeispiel: Workstyle 2000 – die Lösung der British Telecom (BT)

„Den Wettbewerbsvorsprung werden Unternehmen haben, die neue Technologien nutzen, um Lebensstil und Arbeitsstil zu kombinieren." Sir Ian Vallance, CBI Conference, März 1994

Das Konzept des „Universalbüros" ist nur einer der Lösungsansätze, die völlige Flexibilität und Reaktionsbereitschaft bieten. Andere Ansätze sehen Arbeitsplätze mit multipler Ausstattung vor; das bedeutet, daß ein Arbeitsplatz verschiedene Ausstattungen für verschiedene Aufgaben bereitstellt – ruhige Räume, Sozialräume, Sitzungsräume usw. Um die notwendige, kritische Masse für das Workstyle 2000 Projekt zu erreichen, hat BT die folgenden Konzepte eingeführt:

Touchdown-Centers sind Schreibtische, die mit vorkonfigurierten PCs oder mit Laptopanschlüssen ausgestattet sind. Sie sind für Mitarbeiter gedacht, die nur für ein oder zwei Stunden oder zwischen den Sitzungen da sind. Tochdown Schreibtische werden stundenweise gebucht; Zentren wurden in Westside, London, Ipswitch und Cardiff eingerichtet.

Hot Desk(ing) für eine Vielzahl von Tätigkeiten und Funktionen, bei denen Schreibtische zu weit weniger als 100 Prozent ausgelastet sind. Verkäufer, Computerspezialisten, Finanz- und Marketingmitarbeiter üben einige der Tätigkeiten aus, bei denen Schreibtische aus vielerlei Gründen geteilt werden können. Ein Grund ist die Kosteneinsparung, ein anderer das Mehr an Zeit, das sie mit Kunden verbringen.

Projekt Rooms: „Projekträume" sind große Sitzungsräume, die mit sechs Schreibtischen und einer kompletten IT-Infrastruktur ausgestattet sind. Projektteams können diese Räume für drei Monate am Stück buchen und sofort dort einziehen. Die Team-Zusammenstellung ist normalerweise leicht veränderlich. Wenn der Raum zugewiesen ist, bekommt das Team die Schlüsselgewalt und macht einen betriebsamen Ort daraus.

Quiet Rooms: „Ruhige Räume" befinden sich in einiger Entfernung zu den Hauptbüros und sind nur mit einem Schreibtisch und manchmal mit einem PC, jedoch nie mit Telefonen ausgestattet. Sie sind das am wenigsten erfolgreiche Element im Westsidekonzept.

Die gerade erwähnten Raumkonzepte sind sicherlich BT-spezifisch; nicht zu jeder Organisation paßt dieses Rezept. Die Gemeinkosten für Eigentum belaufen sich bei BT auf eine Milliarde Pfund pro Jahr. BT erreicht Flexibilität durch Standardisierung: ein Standardschreibtisch für jeden, unterstützt durch standardmäßige Büroautomation und eine flexible IT-Infrastruktur. Dies ist tatsächlich das „Universalbüro". Tom Peters spricht davon, den Informationsfluß in einem solchen System zu handhaben, indem man „sich dort aufhält, wo es sinnvoll ist" – genau das passiert bei BT. Kleinere Unternehmen wie Sol in Finnland oder Chiat Day in den USA sind Beispiele, bei denen das Konzept der multipel nutzbaren Ausstattung noch weiter entwickelt wurde. Auch hier geht es nicht nur um den Arbeitsraum sondern um die gesamte Organisation.

Sol ist eine Reinigungsfirma, also nicht gerade die Art von Unternehmen, die man für einen Vorreiter in bezug auf Arbeitspraktiken hält. Sie hat keine vorgeschriebenen Arbeitszeiten, keine Richtlinien oder Verfahren, die zu befolgen sind, keine Organisationsdiagramme, keine Berufsbezeichnungen, keine Büros, keinen „eigenen" Raum. Die Mitarbeiter können frei bestimmen, wie, wann und wo sie arbeiten, um ihre vorgegebenen und vereinbarten Ziele zu erreichen. Die Gehälter hängen sehr stark von diesen Zielen ab.

Chiat Day ist eine Werbeagentur in Kalifornien. Keinem Mitarbeiter gehört Raum im Hauptbüro, aber viele verschiedene „Umgebungen", von denen einige überhaupt nicht an ein Büro erinnern, werden zur Nutzung bereitgestellt. Investitionen in Technologie macht es den Mitarbeitern möglich, ortsunabhängig zu arbeiten.

BT's Workstyle 2000 legt ein besonderes Gewicht auf das Führungsverhalten und die Veränderung der Managementprozesse. Dafür ist es erforderlich, den konzeptuellen Rahmen auf einem hohen Niveau anzusetzen und die Details durch Beteiligung der Mitarbeiter zu verwirklichen. Für das Management ist die Akzeptanz solcher Veränderungen, gerade was das Involvieren von Mitarbeitern anbelangt, eine schwerwiegende Kulturveränderung. Die Methode von British Telecom scheint funktioniert zu haben. Dabei erfolgt im Grunde eine ständige Kommunikation mit andauerndem Feedback; wo besondere Involvierungsprozesse notwendig sind, besorgen dies „Champions" und „Ambassadors". Kommunikation ist entscheidend: ein Feedback-Mechanismus für alle Kommunikationsarten, bei dem jede praktische Aktion bedeutet, daß sich Mitarbeiter um Rat gefragt und einbezogen fühlen (Facilities Management Guide, 11/95).

Neue Organisations- und Arbeitsmodelle führen zu reduziertem Flächenbedarf, weil mit der zunehmenden Arbeit außerhalb der Offices durch Telekommunikation gerechnet wird. Es wird mit weniger Fläche kalkuliert, experimentiert wird mit sehr ausdifferenzierten Nutzungstypen, die ihre zeitliche Beanspruchung oder Spezialisierung widerspiegeln. Oder es wird bereits damit gearbeitet, wie das Beispiel British Telecom zeigt. Der Aspekt der kontinuierlichen Team- und breiten Unternehmenskommunikation dominiert das Flächenplanen mehr als das individuelle, von anderen isolierte Arbeiten.

13. Das Ausbildungsangebot für Facility Management in Deutschland

Klaus Michael Ahrend

Das Kapitel bietet einen Überblick über FM-Schulungsangebote und Studiengänge privater und öffentlicher Anbieter mit dem Schwerpunkt Deutschland. Es geht auf firmeninterne Weiterbildung ebenso ein wie auf die Möglichkeiten, die das Internet bietet.

13.1 Überblick

Die Breite der Themen im vorliegenden Buch zeigt die Notwendigkeit für Schulungsangebote und Studiengänge, die auf die Anforderungen der unterschiedlichen Anspruchsgruppen zugeschnitten sind. Den Beruf des Facility Managers gibt es in Deutschland noch nicht so lange, als daß er eine vergleichbare Bedeutung wie das amerikanische Pendant erreicht hätte. Dennoch hat sich die Zahl der Schulungs- und Seminarangebote in letzter Zeit deutlich erhöht. Gebäudemanagement hat heute einen Stellenwert, der ihm eine wichtige unterstützende Funktion im Wertschöpfungsprozeß zuordnet. Unternehmen fragen deshalb Schulungen und Seminare in diesem Bereich stärker nach.

Das verfügbare Schulungsangebot kann dabei in mehrere Bereiche unterteilt werden:

- Angebote an deutschen Hochschulen und von deutschen Seminaranbietern
- interne Weiterbildungsmaßnahmen
- Weiterbildung über das Internet
- Schulungsangebote im Ausland

Im folgenden werden bestehende Möglichkeiten näher dargestellt und möglichst praxisnah verglichen. Bei der Listung der Anbieter erheben wir keinen Anspruch auf Vollständigkeit. Die Vielzahl der Anbieter und ein ständig wechselndes Angebot macht dies unmöglich.

13.2 Schulungsangebote von deutschen Hochschulen und Seminaranbietern

Die schulische Ausbildung von Fachkräften für das Facility Management hat ihren Ursprung in den USA, Großbritannien und den Niederlanden. Dort beschäftigen sich verschiedene Hochschulen und Bildungseinrichtungen mit der wissenschaftlichen Begleitung und der Aus- und Weiterbildung der benötigten Fachkräfte der neuen Funktion. Zwar ist Facility Management und sein Outsourcing in Deutschland das Thema zahlreicher Diplomarbeiten geworden, spezifische Ausbildungsgänge für FM sind aber noch selten. Zumeist bauen sie auf den klassischen Studiengängen Bauingenieurwesen und Elektrotechnik auf, die durch ihre Themennähe schon immer die wesentlichen Grundlagen für ein Verständnis des infrastrukturellen und technischen Gebäudemanagements vermittelt haben. Die Konzentration auf spezielle Aspekte des Facility Management ist jedoch nur an wenigen Hochschulen möglich.

13.2.1 Fachhochschule Berlin

Eine Ausnahme ist der Studiengang Technisches Gebäudemanagement an der FH Berlin. Neben einer Reihe von Pflichtfächern wie Elektrotechnik, Automatisierung, Werkstofftechnik, Meßtechnik, Konstruktion und Umwelttechnik, die in den sechs Lehrsemestern zu belegen sind, läßt sich das Basiswissen durch folgende Fächer ergänzen:

- technischer Ausbau
- Facility Management mit Laborübungen
- kaufmännisches Gebäudemanagement
- Infrastrukturelles Gebäudemanagement
- Energiemanagement
- Anlagentechnik
- Projektmanagement
- Recht- und Vertragsmanagement
- Kommunikation
- Gebäudeleittechnik
- Gebäudesicherheits- und Überwachungstechnik

Gerade im Bereich des technischen Gebäudemanagements liegen die Vorzüge einer Fachhochschulausbildung auf der Hand. Die Kombination von Theorie und Praxis macht den Berliner FH-Studiengang besonders interessant für den Facility-Management-Nachwuchs.

13.2.2 Fachhochschule Erfurt

Im Studiengang Versorgungstechnik plant die Fachhochschule Erfurt eine Studienrichtung Gebäude- und Liegenschaftsmanagement. Das Konzept des Studienplans sieht vor, alle Aspekte des Gebäudemanagements abzudecken. Die Regelstudiendauer wird acht Semester betragen. Mittelfristig soll sich daraus ein eigenständiger Studiengang entwickeln. Der derzeit angebotene Studiengang Versorgungstechnik läßt sich bereits seit längerem durch die Kombination von Wahlpflichtfächern einer FM-Ausbildung annähern. Die Studieninhalte:

- Heizungs- und Feuerungstechnik
- Klima- und Kältetechnik

- Sanitär- und Gastechnik
- Energie- und Verbrauchsmanagement
- Wartungs- und Betriebsmanagement
- Kommunikationsmanagement
- Sicherheitsmanagement
- Störungsmanagement
- Flächenmanagement
- Personal Services Management
- Verwaltungsmanagement
- Bewirtschaftungsstrategie

13.2.3 Private Anbieter

Unter den privaten Ausbildungsangeboten ist die Qualifizierungsmaßnahme zum Fachwirt Facility Management (GEFMA) besonders erwähnenswert. Die Technische Akademie Wuppertal e. V. bietet diese Weiterbildungsmaßnahme in Verbindung mit dem deutschen Verband für Facility Management (GEFMA) gemäß den GEFMA-Richtlinien an. Ziel ist eine ganzheitliche Qualifizierungsmaßnahme für das Facility Management, die alle wichtigen Bereiche zur Optimierung der Gebäudebewirtschaftung umfaßt. Die fünf Themenblöcke der Gesamtmaßnahme schließen mit Prüfungen zum Fachwirt Facility Management (GEFMA) ab. Aus dem Gesamtangebot können jedoch auch einzelne Blöcke oder Einzelmaßnahmen belegt werden. Die einjährige Maßnahme wird erstmalig Anfang 1998 angeboten und umfaßt die folgenden Weiterbildungsinhalte:

- FM-Grundlagen (Einführung in das FM, FM-relevante naturwissenschaftliche Grundlagen, Integrierte Management Systeme, Informatik im FM)
- Persönliche Qualifikation (Ergebnisorientierte Mitarbeiterführung, Konfliktmanagement, Zeitmanagement und Arbeitsorganisation, Projektmanagement und Teamarbeit, Psychologie mit Technik erfolgreicher Kommunikation)
- Kaufmännisches Management (Betriebswirtschaft im FM, Vertragsmanagement im FM, Vermarktungskonzepte im FM, Immobilienbewertung im FM)
- Technisches Gebäudesmanagement (Bautechnik und technische Gebäudeausrüstung, Computer-Integrated-Building, Gebäudeautomation und Energiemanagement, Anlagenbetrieb)
- Infrastrukturelles FM (Grundlagen des Flächenmanagements, Dienstleistungen im infrastrukturellen FM, Gebäudereinigung im infrastrukturellen FM, Verpflegungsdienste im infrastrukturellen FM, Sicherheitsdienste im infrastrukturellen FM)

Die folgende Übersicht umreißt das derzeitige Angebot. Dabei haben wir uns auf die für das Facility Management interessantesten Möglichkeiten beschränkt. Jeder Veranstalter beziehungsweise jede Institution bietet weitere Schulungen und Seminare an.

Veranstalter	Titel/Art der Veranstaltungen	Schwerpunkt/ Ausbildungsziel	Gebühren/ Kosten/Dauer
Akzente Studiengemeinschaft	Management Event Bürostandort Deutschland als Chance	Infrastrukturelles Gebäudemanagement	270 DM 1 Tag
Artur-Speer-Akademie, Berlin	Haustechnik/ Gebäudemanagement	Umfassende Ausbildung inklusive Praktikum	10 318 DM (AfG Förderung möglich) 1 Jahr
Artur-Speer-Akademie, Berlin	Einstieg ins Facility Management – Chancen für Dienstleister	Umfassende Übersicht	565 DM 1 Jahr
ASB Management-Zentrum Heidelberg e. V., Heidelberg	Gebäudeverwaltung und -unterhaltung	Kaufmännisches Gebäudemanagement	1 990 DM 2 Tage
Europäische Immobilien Akademie Saarbrücken	Aufbaustudium Facility Management	Umfassende Ausbildung	1 960 DM 2 Semester (Blockunterricht)
Fachakademie für Gebäude Management und Dienstleistungen e. V., Stuttgart	Gebäudemanagement sicher im Griff – Controlling-Instrument der Betriebsführung	Schwerpunkt: kaufmännisches Gebäudemanagement	565 DM 1 Tag
FH Berlin	Technisches Gebäudemanagement	Umfassende Ausbildung inklusive Praktikum	8 Semester (je 1 Praxis- und Prüfungssemester
FH Erfurt Studiengang Versorgungswirtschaft	Studienrichtung Gebäude- und Liegenschaftsmanagement	Umfassende Ausbildung	8 Semester
FH Münster Fachbereich Oecotrophologie	Vertiefung Facility Management	Umfassende Ausbildung mit Diplom als Abschluß	ab Oktober 1998 6 Semester und 1 Praxissemester
FH Münster Fachbereich Oecotrophologie	Wahlfach Facility Management	Einführende Ausbildung	1 Semester
FH Münster Fachbereich Oecotrophologie	Internationales Semester Facility Management	Einführende Ausbildung	1 Semester
Haus der Technik e. V., Essen	Outsourcing von Facility Management	Schwerpunkt: kaufmännisches Gebäudemanagement	1 890 DM 2 Tage
Haus der Technik e. V., Essen	Facility Management Praxiserfahrungen in Deutschland	Umfassende Ausbildung	1 985 DM 2 Tage
Haus der Technik e. V., Essen	Facility Management – Erfahrungen bei der praktischen Umsetzung	Schwerpunkt: technisches Gebäudemanagement	1 790 DM 2 Tage
Haus der Technik e. V., Essen	Gebäudeautomation	Schwerpunkt: technisches Gebäudemanagement	995 DM 1 Tag
IMI-Immobilien-Institut Pachowsky, Nürnberg	Fernstudien-Lehrgang Haus- und Grundstücks-Fachverwalter	Schwerpunkt: kaufmännisches Gebäudemanagement	1 785 DM 9 Monate

Abbildung 17: Übersicht über das Facility-Management-Ausbildungsangebot in Deutschland

Veranstalter	Titel/Art der Veranstaltungen	Schwerpunkt/ Ausbildungsziel	Gebühren/ Kosten/Dauer
JCI Johnson Controls Regelungstechnik GmbH, Essen	Gebäudeleitsystem (z. B. SPL)	Schwerpunkt: technisches Gebäudemanagement	2 725 DM 4 Tage
Landis & Staefa Schulungszentrum Düsseldorf	EDV-Gebäudemanagement/	Schwerpunkt: technisches Gebäudemanagement	525 DM bis 2 100 DM 1–4 Tage, je nach Kurs (wird in verschiedenen Städten angeboten)
Landis & Staefa Schulungszentrum Düsseldorf	Facility Management: Das Grundprogramm CAFMS SPAN-FM	Schwerpunkt: technisches Gebäudemanagement	1 575 DM 3 Tage (wird in verschiedenen Städten angeboten)
Sauter-Cumulus GmbH, Abt. Schulung	Die Gebäudeleittechnik von Sauter Gebäudeleitsysteme	Schwerpunkt: technisches Gebäudemanagement	575 bis 2 000 DM 2 bis 4 Tage (je nach Kurs)
Südwestdeutsche Fachakademie der Grundstücks- und Wohnungswirtschaft e. V., Wiesbaden	Lehrgang Wohnungseigentumsverwalter	Schwerpunkt: kaufmännisches Gebäudemanagement	1 900 DM 1 Woche
Technische Akademie Wuppertal e. V.	Fachwirt Facility Management (GEFMA)	Umfassende Ausbildung auch einzelne Blöcke wählbar	11 800 DM oder pro Kurs 1 Jahr
Technische Akademie Wuppertal e. V.	Reorganisation des Immobilien- und Gebäudemanagements	Schwerpunkt: kaufmännisches Gebäudemanagement	Gebühr: 785 DM Dauer: 1 Tag
Technische Akademie Wuppertal e. V.	Führungskennzahlen für Immobilien- und Gebäudemanagement	Schwerpunkt: Benchmarking	785 DM 1 Tag
Technische Akademie Wuppertal e. V.	Informatikeinsatz im Immobilien- und Gebäudemanagement	Umfassende Ausbildung	785 DM 1 Tag
Technische Akademie Wuppertal e. V.	Energieeinsparung in der Gebäudetechnik	Schwerpunkt: technisches Gebäudemanagement	1 195 DM 2 Tage
Technische Akademie Wuppertal e. V. Forschungsinstitut für Gebäudereinigungstechnik	Einführung in die Kostenrechnung bei der Gebäudereinigung	Schwerpunkt: infrastrukturelles Gebäudemanagement	565 DM 1 Tag
TÜV-Akademie Rheinland GmbH	Technische Gebäudeausrüstung	Schwerpunkt: technisches Gebäudemanagement inkl. Praktikum	AfG-Maßnahme 10 Monate
VDI Verein Deutscher Ingenieure, VDI-Bildungswerk, Düsseldorf	Gebäudeautomation	Schwerpunkt: technisches Gebäudemanagement	1 150 DM 3 Tage

Abbildung 17: Übersicht über das Facility-Management-Ausbildungsangebot in Deutschland (Fortsetzung)

Bei Gesprächen mit Veranstaltern und Hochschuldozenten wurde deutlich, daß eine Reihe von Studiengängen und anderen Schulungsangeboten in der Planungsphase sind. Beispielsweise wird an der FH Münster, der FH Nürnberg und der Universität Konstanz über entsprechende Angebote nachgedacht. Auch an der privaten Hochschule ebs gibt es Überlegungen, die Thematik im Rahmen ihres Aufbaustudiengangs zum Immobilienökonom zu vertiefen.

Für die Erweiterung des Wissensstandes können auch Konferenzen zu den entsprechenden Themenstellungen zielführend sein. Bekannte Angebote sind:

- Euroforum Deutschland
- Institute for International Research
- Management Circle
- Bauzentrum München
- Bernd Heuer Communications
- Constructec, Wiesbaden
- MIPIM, Cannes
- MIPIM Asia, Singapur
- FM Expo, London
- EuroFM/IFMA Konferenzen

Natürlich lassen sich viele der Kenntnisse nur in Form von eigenen Erfahrungen erwerben. Das trifft besonders in den Bereichen zu, in denen außergewöhnliche Umstände eine einheitliche Vorgehensweise erschweren (zum Beispiel im Bereich Facility Management von Industriekomplexen oder Flughäfen). Das durch Schulungen und Seminare erlernte allgemeine Wissen muß um unternehmensspezifische Vorgehensweisen und Methoden ergänzt werden. Insbesondere betrifft dies rechtliche Fragestellungen und Versicherungsfragen.

13.3 Interne Weiterbildungsmaßnahmen

Die Fokussierung auf ein effizientes Facility-Management-Konzept setzt eine interne Auseinandersetzung mit den grundsätzlichen Themenstellungen dieses Bereiches voraus. Als Basis muß eine gemeinsame Vision für das Facility Management der Zukunft entwickelt werden, die sich durch gemeinsame Veranstaltungen konkretisieren läßt. Um den Austausch von bestehendem Wissen zu optimieren, ist die gemeinsame Erarbeitung von Schulungsmaterialien und der Auftritt erfahrener Gebäudemanager als Referenten notwendig. Um Lernstoff optimal verfügbar zu halten und die interne Wissensvermittlung zu maximieren, sollen Teilnehmer an externen Schulungsmaßnahmen ihren Kollegen die Inhalte in Vorträgen oder Zusammenfassungen weitergeben. Interne Weiterbildungsmaßnahmen werden meist mit der Unterstützung externer Fachleute durchgeführt. Dafür werden Trainer, Berater oder Professoren engagiert. Ebenfalls möglich ist die firmenspezifische Anpassung extern angebotener Schulungsmaßnahmen für das eigene Unternehmen und ihre Durchführung vor Ort. Damit wird ein Maximum an praktischer Umsetzbarkeit des theoretischen Wissens gewährleistet.

13.4 Weiterbildung über das Internet

Verschiedene Anbieter denken über Online-Angebote ihrer Schulungsmaßnahmen nach. Derzeit sind es aber noch wenige Institutionen, die hier aktiv sind. Anbieter wie FM DATACOM agieren primär über das Medium Internet. Neben Konferenzen, die der Vertiefung spezieller Themen dienen, werden Daten, Diskussionen und Fallstudien über ein Internet-Forum publiziert. Auch die Zeitschrift FM DATA Monthly erscheint in diesem Medium. Bislang nehmen rund 2700 Teilnehmer an dem Internet Forum teil und betreiben Wissensaustausch ohne Anspruch auf einen Titel.

Weitere Anbieter solcher Foren sind Building Owners & Managers Association (BOMA), FMLINK, FacilitiesNet, FM-Mailbase, IDRC, Commercial Investment Real Estate Institute (CCIM) und das Center for Facilities Management an der Strathclyde Graduate Business School. Im deutschsprachigen Raum plant die FH Münster unter der Federführung des Facility-Management-Dozenten Robert Wahlen zum 1. Januar 1998 ein Online-Angebot für die Facility-Management-Ausbildung. Neben Beiträgen der Ausbildungsstätte in Münster, sollen auch Artikel und Fallstudien von internationalen Dozenten und Praktikern enthalten sein.

13.5 Schulungsangebote im Ausland

Da die USA und England im FM-Bereich eine führende Rolle einnehmen, werden viele der in Deutschland stattfindenden Veranstaltungen und Schulungsmaßnahmen mit Referenten und Dozenten aus dem englischen Sprachraum durchgeführt. Das dortige Angebot an Facility-Management-Seminaren und Ausbildungen ist weit entwickelt. Es ist jedoch zu vielfältig, um es hier umfassend darzustellen. Fast jede größere amerikanische und britische Universität bietet mindestens einen Kurs zum Thema Property Management oder Facility Management an. Führende Universitäten sind die Cornell University, das Massachussetts Institute of Technology (MIT) Center for Real Estate und die University of Strathclyde.

Als Beispiel sei das Facilities Management Masters Programme des Centre for Facilities Management der Strathclyde Graduate Business School genannt. Hier werden zahlreiche viertägige Veranstaltungen angeboten, die Themen wie Risk Management, Facilities Processes, FM Tools, Facilities Economics, Facilities Practice oder Service Management vertiefen. Angebote dieser Art gibt es in Großbritannien und den USA in einer großen Anzahl. Davon ist jedoch nur ein geringer Teil durch den internationalen Verband für Facility Management (IFMA) akkreditiert, wie die folgende Übersicht zeigt.

- Studiengang Facilities Management, Cornell University, Ithaca, New York
- Studiengang Facility Management, Eastern Michigan University, Ypsilanti, Michigan

- Studiengang Facilities Management, Ferris State University, Big Rapids, Michigan
- Studiengang Facilities Management, The University of Strathclyde – Centre for Facilities Management, Glasgow, Scotland
- Studiengang Facilities Management, University of Southern Colorado, Pueblo, Colorado

Der Verband IFMA bietet selbst eine Vielzahl von Kursen in den USA an, bei denen zum Teil auch Zertifikate vergeben werden. Manche dieser Kurse sind als Selbststudien konzipiert und damit auch für den deutschen Lernbegierigen ohne größere Kosten absolvierbar. Eine Übersicht:

- Fundamentals of Indoor Air Quality
- Fundamentals of Heating, Ventilation and Air Condition Systems
- Fundamentals of Heating, Ventilation and Air Condition Control Systems
- Fundamentals of Water Systems Design
- Fundamentals of Air Systems Design
- Fundamentals of Thermodynamics
- Fundamentals of Heating & Cooling Loads
- Fundamentals of Electrical Systems & Building Energy Use
- Fundamentals of Refrigeration Systems
- Master Planning and Asset Management
- Project Management

Einige der Kurse werden auch in Europa angeboten. Inwieweit die Kurse in Deutschland durchgeführt werden, hängt stark von der Teilnehmerzahl ab, die sich für den Kurs interessiert. Im Einzelfall ließen sich die Anbieter sicherlich zur Durchführung einer internen Weiterbildung überzeugen, falls ein entsprechendes Budget für Reise- und sonstige Zusatzausgaben eingeplant werden kann. Weitere Informationen über das IFMA-Schulungsangebot sind telefonisch zu erfragen. Telefonnummern und Adressen im Anhang.

Dem steigenden Bewußtsein für die Bedeutung für FM als unterstützende Funktion entspricht auch die starke Zunahme der Ausbildungsangebote in Deutschland und dem Ausland. Es handelt sich um volle Studiengänge, die vielfach noch in Planung sind, oder Kurs- und Seminarangebote der klassischen Konferenzanbieter oder Vereinigungen. Die Angebote, die Maßstäbe setzen, kommen im wesentlichen aus den USA und Großbritannien sowie den Niederlanden. Die Grundlagen stellen immer noch den klassischen Studiengängen Bauingenieurwesen und Elektrotechnik unter technischen Aspekten dar. Die Fachhochschulen in Berlin und Erfurt haben sich auf diesen Studiengang in aller thematischen Breite eingestellt.

14. Facility-Management-Selbstdiagnose

Christopher H. Wolf

Dieser Test zeigt Ihnen, wie es mit dem Facility Management in Ihrem Unternehmen bestellt ist. Was immer dabei herauskommt – Sie können nur gewinnen!

14.1 Der aktuelle Test: Ich und mein Facility Management

Mit dem neuen Konzept „Facility Management" sind Sie inzwischen vertraut. Sie wissen, daß früher alle „Gebäude-Instandhaltung" dazu sagten. Und Sie wissen auch, daß das neue Konzept Dienstleistungen einbezieht, die vorher irgendwo anders im Unternehmen erledigt wurden. Gut. Einiges von dem, was Sie gelesen haben, klingt schön – sogar zu schön, um wahr zu sein. Anderes bezieht sich nur auf den Einsatz des gesunden Menschenverstandes in Managementfragen. Den setzen Sie ja in Ihrem Unternehmen bereits seit Jahren erfolgreich ein.

Wie wär's, wenn Sie einmal einen FM-Anbieter oder einen Berater in Ihr Unternehmen einladen würden? Dann könnten Sie diese neue Sache diskutieren, ein Gebäude-Audit machen oder sogar eine formale Outsourcing-Vereinbarung abschließen. Wie Sie einschätzen können, ob sich das für Sie lohnt? Machen Sie den Test!

Und das geht so: Füllen Sie den Fragebogen aus und errechnen Sie die von Ihnen erreichte Punktzahl. Schon haben Sie einen groben Eindruck, ob Ihr FM eher bei „völlig außer Kontrolle" oder bei „weltmeisterlich erstklassig" steht. Wenn Sie sich im unteren Teil wiederfinden, sagt Ihnen der Test was Sie tun müssen, um besser zu werden.

Also: Beantworten Sie die Fragen aus der Perspektive einer Führungskraft Ihres Unternehmens, die für Facility Management verantwortlich ist. Schreiben Sie jeweils die Zahl auf, die Ihrer Antwort auf eine Frage am nächsten liegt. Addieren Sie die Punktzahl, und lesen Sie dann die Auswertung am Ende des Kapitels.

1
Was kommt Ihnen zuerst in den Kopf, wenn Sie an Facility Management in Ihrem Unternehmen denken?

1. Es ist unangenehmer, nerviger Zirkuskram, mit dem ich mich herumärgern muß.
2. Es ist etwas unangenehm, nimmt aber nicht allzuviel Zeit in Anspruch.
3. So wie es läuft, ist es für mich bequem.
4. Ich bin stolz darauf, die Leistung unseres Unternehmens in diesem Bereich vorzuführen.

2
Wie gut kennen Sie die Kosten Ihres Facility Managements?

1. Die Kosten sind im wesentlichen unbekannt – sie werden in vielen Bereichen verheimlicht, so daß ich nicht sagen kann, wie hoch die Gesamtkosten sind.
2. Einige Kosten werden erfaßt und bekanntgegeben, aber nicht alle.
3. Ein Großteil der wichtigen Kosten wird erfaßt, budgetiert und bekanntgegeben.
4. Alle Kosten sind im wesentlichen bekannt (sie werden erfaßt, budgetiert, weitergegeben).

3
Wie gut werden die Kosten für Ihr Facilitiy Management kontrolliert?

1 Es gibt ständig „Überraschungen" in Form von unerwarteten Kosten. Einige von ihnen sind so beträchtlich, daß sie mir schlaflose Nächte bereiten.
2. Außerordentliche Geschehnisse, die außerhalb unserer Kontrolle liegen (Wetter, Umwelt usw.), verursachen manchmal einen Anstieg der Kosten.
3. Ein Großteil unserer Kosten sind eingerechnet und mit größeren Kostenrisiken wird man fertig.
4. Es ist uns gelungen, unsere Kosten von Jahr zu Jahr zu reduzieren – trotz einiger großer Herausforderungen und außerordentlicher Geschehnisse.

4
Wie stark konzentriert man sich in Ihrem Unternehmen auf die Kernkompetenzen?

1. Wir konzentrieren uns nicht auf Kernkompetenzen. Facility Management ist etwas, was gemacht werden muß, also machen wir es.
2. Wir haben festgestellt, daß Facility Management kein Kernbereich für unser Unternehmen ist, also verschwenden wir keine zusätzlichen Ressourcen oder die Zeit der Geschäftsleitung damit.
3. Wir haben den Umfang des Facility Management definiert, der notwendig ist, um unser Kerngeschäft zu unterstützen.
4. Wir haben unsere Facility-Management-Dienste so strukturiert, daß sie unser Kerngeschäft nahtlos unterstützen.

5
Welche Bedeutung hat der Personalbestand?

1. Personalabbau, insbesondere in nicht kritischen Bereichen, hat oberste Priorität.
2. Der Personalbestand wird aktiv geregelt und man sucht nach Möglichkeiten, Personal ohne zusätzliche Kosten oder Kompromisse beim Service abzubauen.
3. Der Personalbestand wird geregelt, aber das Unternehmen scheut sich nicht, neue Arbeitsplätze zu schaffen, wenn ein zwingender, unternehmerischer Bedarf besteht.
4. Der Personalbestand genießt bei uns keine besondere Aufmerksamkeit. Er wird effizient und problemlos geregelt.

6
Wie sieht die gegenwärtige Finanzsituation Ihres Unternehmens aus?
1. Unser Unternehmen befindet sich im Umschwung. Es muß Kosten unbedingt reduzieren und/oder benötigt eine Finanzspritze, um zu überleben.
2. Unser Unternehmen ist auf einem extrem umkämpften Markt tätig. Der Druck, das beabsichtigte Ergebnis zu erreichen, wird immer größer.
3. Im allgemeinen ist unsere Finanzsituation solide.
4. Unser Unternehmen befindet sich in einer sehr guten Situation, erzielt ein hervorragendes Ergebnis und verfügt über mehr als ausreichende Kapitalquellen.

7
Wie sieht es mit der Zuverlässigkeit und Qualität der Dienstleistungen Ihres Facility Management aus?
1. Unser Facility Management wird als unzuverlässiger Bereich gesehen, der unbeständige Qualität liefert und wenig oder gar kein Servicekonzept hat.
2. Einige unserer Dienste in diesem Bereich sind ziemlich gut und flexibel, andere liegen unterhalb des Standards.
3. Die meisten Dienste dieses Bereichs sind professionell und können der Situation entsprechend flexibel reagieren.
4. Unsere Dienste in diesem Bereich sind äußerst zuverlässig und flexibel. Sie sind genauso gut oder sogar besser als die, die wir unseren Kunden in unserem Kerngeschäft bieten.

8
Welcher Technologiestandard besteht in Ihrem Facility-Management-Bereich?
1. Im Facility-Management-Bereich lebt man technologisch gesehen hinter dem Mond. Es gibt kaum technologische Verbesserungen. Die Verfahren lassen sich kaum von denen vor 20 Jahren unterscheiden.
2. Unser Facility Management hat sich in einigen Bereichen um den Einsatz verbesserter Technologie bemüht, jedoch mit sehr unterschiedliche Ergebnissen.
3. Unser technologischer Standard ist unseren Bedürfnissen entsprechend gut.
4. Unser technologischer Standard ist, verglichen mit anerkannten Maßstäben, erstklassig. Wir beobachten und überprüfen permanent neue Technologien auf ihre Anwendbarkeit für unser Facility Management.

9
Welche Personalprobleme bestehen in Ihrem Facility-Management-Bereich?
1. Die Fluktuation ist hoch und eine beträchtliche Anzahl an hochqualifiziertem Fachpersonal fehlt. Das beeinträchtigt die Produktivität.
2. Unsere Belegschaft ist stabil, obwohl es möglicherweise fehlendes Fachwissen gibt, insbesondere bei langjährigen Mitarbeitern.
3. Unsere Belegschaft ist stabil und unser fachliches Niveau ist anerkannt. Wir

haben Trainingsprogramme eingeführt, die das Fachwissen derjenigen Mitarbeiter verbessern, die es nötig haben.
4. Unsere Belegschaft besteht aus einer guten Mischung langjähriger und neuer Mitarbeiter. Alle sind verpflichtet, an fortlaufenden Schulungsprogrammen und an Trainingsprogrammen zur Verbesserung des Fachwissens teilzunehmen.

10
Vertrauen Sie der Leitung des Facility-Management-Bereichs?
1. Ich vertraue dem Management wenig bis gar nicht. Alle größeren Entscheidungen werden eingehend von mir überprüft.
2. Ich habe Vertrauen in das routinemäßige Management in diesem Bereich und schreite nur bei außergewöhnlichen Umständen ein.
3. Wir haben in diesem Bereich ein gutes Managementteam, das sowohl routinemäßige als auch außergewöhnliche Situationen bewältigen kann. Meine Kontrolle ist minimal.
4. Ich habe hervorragende Manager mit ausgedehnter Erfahrung in dieser Position. Ich vertraue auf ihre Fähigkeit, nahezu jede Eventualität in einer Weise zu bewältigen, die mich stolz macht.

14.2 Auswertung des Fragebogens

35 – 40 Punkte
Herzlichen Glückwunsch! Ihr Facility Management ist erstklassig und scheint den Bedürfnissen Ihres Unternehmens genau zu entsprechen. Es gibt für Sie keinen zwingenden Grund, ein Outsourcing dieser Funktionen in Betracht zu ziehen. Sie wären allerdings gut beraten, den Kontakt mit Könnern der Branche aufrechtzuerhalten, damit Sie bei der Entwicklung der Best Practices auf dem laufenden bleiben. Aber wahrscheinlich tun Sie dies bereits.

25 – 35 Punkte
Sie haben ein gutes Facility Management, allerdings mit kleinen Problemen in einigen Bereichen. Sie sollten gezielte Interventionen in diesen Bereichen oder einen Beratungsvertrag in Betracht ziehen, damit Sie die Leistung auf den gewünschten Stand bringen können.

15 – 25 Punkte
Facility Management wird bei Ihnen recht schlecht durchgeführt. Sie sollten sich die Frage stellen, ob FM nicht Ihr Kerngeschäft beeinträchtigt. Ziehen Sie ein Outsourcing dieser Funktion in Betracht. Schlafen Sie drüber. Es muß nicht über Nacht geschehen.

10 – 15 Punkte
Ihr Facility Management ist außer Kontrolle, was sich aller Wahrscheinlichkeit nach negativ auf die Produktivität Ihres Unternehmens auswirkt. Sie sollten sich

nach externer Hilfe umsehen, damit Sie die Situation in den Griff kriegen. Tun Sie es jetzt. Sonst kann eine Krise eintreten, mit der Ihre Facility Manager nicht zurechtkommen – und die Ihr Unternehmen stillegt.

14.3 Abschließende Fragen

Unserer Erfahrung nach erreichen die meisten Unternehmen 20–30 Punkte. Es lohnt sich also in jedem Fall, die Vorteile externer Anbieter zu prüfen. Bevor Sie jedoch Tür und Tor öffnen, stellen Sie sich selbst ein paar kritische Fragen:

- Genügen meine Fachkenntnisse, um die von den externen Anbietern aufgestellten Behauptungen zu überprüfen?
- Kann ich mir (im Falle eines Outsourcing) der notwendigen Unterstützung durch meine Mitarbeiter in den Schlüsselpositionen sicher sein, insbesondere dann, wenn die Gerüchte über Outsourcing einmal anfangen Gestalt anzunehmen?
- Ist mein Unternehmen in der Lage, die Verhandlungen und das Management für die eingekauften Dienstleistungen durchzuführen, die bis zu zehn Prozent der gesamten Bewertungsgrundlage betragen können?
- Sind wir der Herausforderung gewachsen, diese Änderungen in einer zeitgerechten, menschlichen Art und Weise durchzuführen, ohne dabei die Arbeiten unseres Kerngeschäftes zu vernachlässigen?

Wenn Sie bei der Beantwortung dieser Fragen zögern, ziehen Sie besser die Einschaltung eines Beraters in Betracht, der Sie bei der Bewertung und bei den Veränderungsprozessen unterstützt. Management-Beratungsfirmen bringen ihre Problemlösefähigkeiten und ihr unternehmerisches Talent in den Prozeß ein, um genau diese Schwierigkeiten überwinden zu helfen. Eine Vielzahl von Profis und unabhängigen Beratern hat sich auf Facility Management spezialisiert.

15. Auswahl des richtigen Partners

Christopher H. Wolf

Das Kapitel gibt Auskunft darüber, nach welchen Kriterien ein Unternehmen den richtigen Facility Manager auswählen soll. Wie kann man einen potentiellen Partner für das FM finden und bewerten? Welche Informationen benötigt der Partner über das Unternehmen, um ein qualifiziertes Angebot abzugeben? Welche Tücken birgt das Auswahlverfahren?

15.1 Vorbereitungen

Wer sich mit der Auswahl des richtigen Partners für das Facility Management und der übrigen Dienstleistungen rund um betriebliche Immobilien bereits praktisch auseinandergesetzt hat, wird sich seinen eigenen Rahmen zur Vorgehensweise zurechtgelegt haben. Es gibt nicht ***die*** richtige Methode und Vorgehensweise. Aber es gibt einige Punkte und Schritte, die beachtet werden wollen.

Je intensiver die Partnerschaft, desto gründlicher das Verfahren zur Auswahl des Partners

Die Art der Partnerschaft oder Allianz, die man mit dem externen Dienstleistungsunternehmen eingehen möchte, bestimmt Aufwand und Intensität bei der Auswahl der Partner. Bei einer mit kurzfristigem Fokus angelegten Beziehung kommt ein anderer Katalog an Punkten zur Anwendung als bei der Suche nach einem Partner für eine langfristige Facility-Management-Allianz oder gar bei der Suche nach einem Joint-Venture-Partner, mit dem man die Ausgründung des Facility Management in eine Standort-Betreibergesellschaft wagen will. Abbildung 18 auf der nächsten Seite verdeutlicht, wie die beabsichtigte Form der Allianz den Detaillierungsgrad bei der Wahl des zukünftigen Partners beeinflußt.

Wer die Ursachen für das Scheitern von FM-Partnerschaften kennt, entwirft andere Verträge

Alle folgenden Erläuterungen beziehen sich auf tatsächliche strategische Allianzen, also Fälle, bei denen das Ziel eine langfristige Facility-Management-Partnerschaft ist. Grundsätzlich sind Facility-Manager-Partner wie alle anderen potentiellen Partner für strategische Allianzen zu betrachten, zum Beispiel wie Joint-Venture- oder Outsourcing-Partner mit weitgehenden Vereinbarungen. Eine möglichst optimale Vorgehensweise bei der Auswahl setzt Kenntnis und Verständnis der häufigsten Gründe für Scheitern oder Mißerfolg strategischer Allianzen voraus (vgl. Abbildung 19 auf der nächsten Seite).

Sind die Gründe für ein mögliches Scheitern erst einmal bewußt, wird der zukünftige Facility-Management-Partner anders gewählt. Auf der Grundlage der dargestellten und mehrerer weiterer Untersuchungen beschreiben wir nachfolgend eine Vorgehensweise für die Auswahl potentieller Facility-Management-Partner, wie sie Andersen Consulting gemeinsam mit einem großen internationalen Industrieunternehmen angewendet hat.

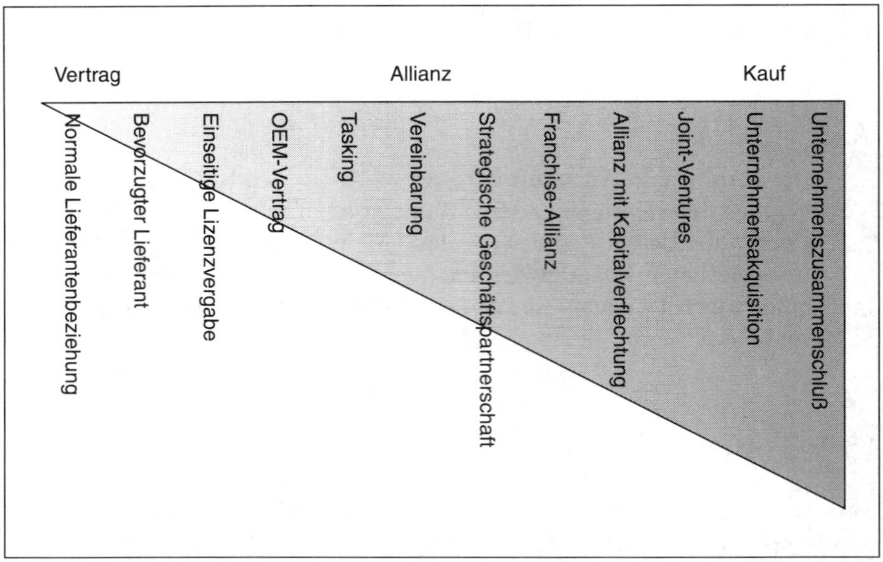

Abbildung 18: Skala der möglichen Allianzformen
(Quelle: Andersen Consulting, 1998)

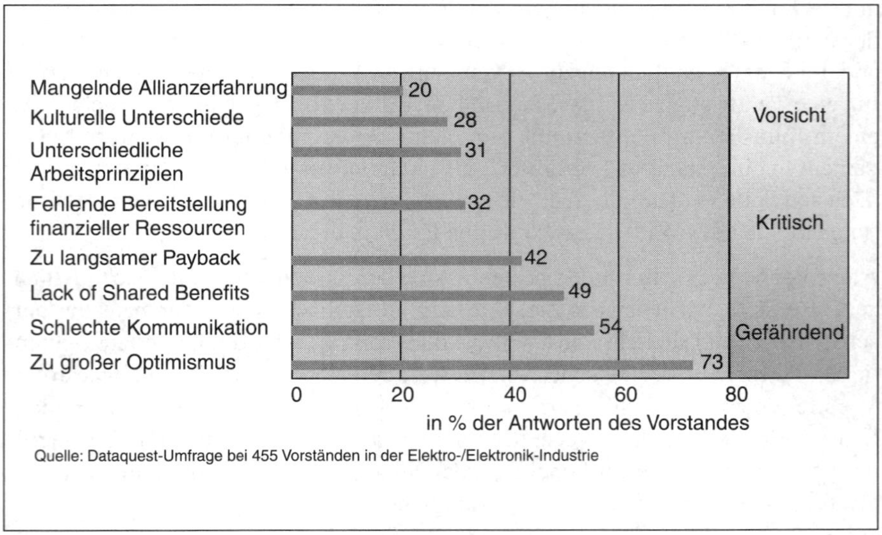

Abbildung 19: Die häufigsten Ursachen für das Scheitern von Allianzen
(Quelle: Dataquest, 1992)

15.2 Dimensionen der Partnerauswahl

Beim Screening der Partner sind drei übergeordnete Dimensionen maßgeblich, die später zur Bewertung auf eine wesentlich detailliertere Ebene mit Einzelfaktoren heruntergebrochen werden:

Eigene Zielvorstellungen entwickeln

- der strategische Fit
- der operative Fit
- der kulturelle Fit

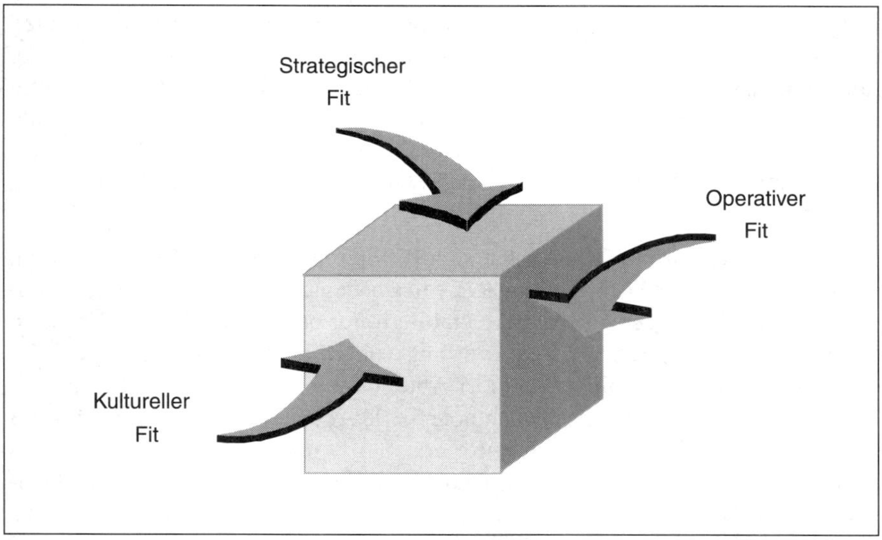

Abbildung 20: Die dreidimensionale Fit-Analyse (Quelle: Andersen Consulting, 1997)

15.2.1 Erste Schritte

Zunächst müssen im Facility-Management-Zielvorstellungen für die übergeordneten Dimensionen und ihre Einzelfaktoren entwickelt und festgelegt werden. Das ist selbst für Brancheninsider nicht einfach, da eine solche Aufgabe selten oder gar nicht durchgeführt wird. Selbst Profis suchen für diesen Schritt die Hilfe externer Berater. Wichtig beim Vorgehen ist, daß die eigene Situation und Leistungsfähigkeit des in der Regel noch internen Facility Management und der zugehörigen Dienstleistungen anhand von Einzelkriterien objektiv bewertet wird. Aus dem sich ergebenden Profil und den daraus ableitbaren künftigen Anforderungen an die FM-Funktion kann dann leicht das die Punkte ergänzende Idealprofil abgeleitet werden. Der Grad der Detaillierung der übergeordneten Dimensionen ist natürlich abhängig von der konkreten Situation des Unternehmens, das einen Facility-Management-Partner sucht.

Auswahl des FM-Partners beginnt mit einer groben Analyse auf der Basis von leicht verfügbarem Informationsmaterial

Sind die Zielvorstellungen einmal konkretisiert, beginnt das eigentliche Auswahl- und Bewertungsverfahren der potentiellen Facility-Management-Partner. Es läßt sich in mehrere Schritte unterteilen und beginnt mit einer groben Auswahl und Bewertung, die 20 bis 25 potentielle Partner nebeneinander betrachtet. Die zur Bewertung herangezogenen Informationen sind meist allgemein zugänglich und beruhen auf Broschüren, Presseveröffentlichungen, Fachartikeln, Geschäftsberichten usw. Auch etwaige, über die Facility-Management-Vereinigungen zu erhaltende Berichte, Referenzen von anderen FM-Abteilungen oder mündliche Informationen von fach- und branchenkundigen Personen fließen in diesem Stadium mit in die Bewertung ein.

Berührungsängste bei der Informationsbeschaffung in Deutschland

In Deutschland wird der Schritt der Informationsbeschaffung und Auswertung häufig ohne eine spezielle Benachrichtigung der potentiellen Partner durchgeführt. Zu stark sind die Befürchtungen der Verantwortlichen, unnötige Unruhe bei den Betroffenen und später Beteiligten auszulösen und den Gesamtprozeß dadurch zu torpedieren. In dieser frühen Phase besteht das Risiko, daß wichtige Informationen entweder gar nicht aufgenommen oder nicht detailliert genug hinterfragt werden.

Professionalisierte Informationsbeschaffung in den USA und GB

In den USA und Großbritannien hat sich für diesen ersten Schritt der Informationsbeschaffung der Fachterminus RFI (dies bedeutet Request For Information) in der Facility-Management-Branche etabliert. Für professionelle FM-Dienstleister ist die ordnungsgemäße Beantwortung von RFIs Bestandteil des Tagesgeschäftes. Von den Immobilien- und FM-Abteilungen werden Fragenkataloge und Listen mit Informationswünschen an potentielle Anbieter versandt, der Rücklauf wird verarbeitet. Das stellt nicht nur ein aktuelles und möglichst vollständiges Bild an Informationen sicher sondern gewährleistet auch, daß auf die unterschiedlichen Informationsbedürfnisse Rücksicht genommen werden kann. Bleibt zu hoffen, daß die Suche und Auswahl professioneller Facility-Management-Unternehmen auch in Deutschland in naher Zukunft zum Alltag der Unternehmen gehört und sich die Praxis der offenen RFI-Anfragen einbürgert.

15.2.2 Schärfe gewinnen

Iteratives Vorgehen bei der Informationsanalyse

In einem nächsten Schritt wird die Liste der potentiellen Facility-Management-Partner so lange verkleinert, bis letztendlich nur noch eine kleine Gruppe, die sogenannte Short-List oder Endauswahl übrig bleibt. Wichtig ist, daß es sich bei diesem Schritt in aller Regel um ein iteratives Vorgehen handelt. Im Verlauf des Prozesses können neue oder detailliertere Informationen die Bewertungssituation und natürlich auch die sich ergebenden Rangfolgen weiter verändern.

Bitte keine Scheu, zuvor bereits ausgeschlossene Optionen kurzfristig einer neuen, weiter präzisierenden Erörterung zu unterziehen! Häufig können zum Beispiel durch Besuche bei Referenzkunden der FM-Firmen neue Erkenntnisse gewonnen werden, die den Entscheidungsprozeß beeinflussen.

Eine solide Detailbewertung anhand des vorweg entworfenen Kataloges macht es erforderlich, direkt mit Vertretern der potentiellen Facility-Management-Partner zu sprechen. Selbst viele der öffentlich zugänglichen Informationen können nur auf direktem Wege abgeklärt und hinterfragt werden. Auch die technischen und operativen Details, die im Rahmen der Dimension „Operativer Fit" untersucht werden, können in den meisten Fällen nur durch Live-Demonstrationen von Tools und Techniken bewertet werden. Ein Beispiel ist der Einsatz von Bar Code Technologien oder der Aufbau und Betrieb eines regionalen Service-Call-Centers beim potentiellen Partner. Gute externe Berater haben solche Auswahl- und Bewertungsverfahren bereits häufig durchgeführt. Sie besitzen ausgefeilte Kenntnisse über Leistungsspektren und Repertoires konkurrierender externer FM-Anbieter. Durch ihre Dienste kann der Auswahlprozeß sicherlich beschleunigt und qualitativ verbessert werden.

Operativer Fit: Operative Details bei Vertretern des potentiellen Partners einholen

Den schwierigsten Teil des Auswahlverfahrens bildet die Bewertung des kulturellen Fit. Hier kann man häufig nur „Soft Factors", Anhaltspunkte und Symptome als Indikatoren der Unternehmens- und Managementkultur des externen Facility Managers bewerten. Eine möglichst vollständige Erfassung der Kultur des potentiellen Partners ist sehr schwer zu realisieren.

Hilfreich für die Objektivierung dieses Schrittes sind Gespräche mit aktuellen oder früheren Kunden der potentiellen Partner. Viele der heutigen Kunden von FM-Firmen befanden sich selbst einmal in der Phase der Auswahl eines Facility-Management-Partners. Zumindest im angloamerikanischen Raum ist die Bereitschaft groß, dem Kollegen aus einem anderen Unternehmen durch eigene Erfahrungen weiterzuhelfen. Mit zunehmender Verbreitung des Einsatzes externer Facility-Management-Anbieter wird sich diese Praxis sicher auch in Deutschland und den übrigen westeuropäischen Ländern durchsetzen.

Kultureller Fit: Informationen bei Referenzkunden einholen

15.2.3 Abgabe eines Angebots

Die abschließende Auswahl der zukünftigen Facility-Management-Partner aus der sogenannten Short-List vollzieht sich im angloamerikanischen Raum ebenfalls bereits innerhalb etablierter Praktiken. Man spricht hier vom RFP oder dem „Request For Proposal", also der Einladung zur Angebotsabgabe. Das RFP für eine langfristige Facility-Management-Partnerschaft ist mit einem hohen Arbeitsaufwand verbunden. Nur wenige der in der Short-List verbliebenen Unternehmen werden zu diesem Teil eingeladen. Den sich noch im Rennen befindlichen externen Facility Managern muß in diesem Stadium der Zugang zu den internen Daten der Facilty-Management-Abteilung und des Immobilienbereichs, der sich um die Partnerschaft bemüht, ermöglicht werden. Diese Prozedur mag an eine Due Diligence bei Unternehmenskäufen erinnern. Aber sie ist in der Realität mit einem hohen Grad an Unsicherheit verbunden. Es geht darum, verschiedenste Klassen von Informationen aus dem Unternehmen zu interpretieren und auszuwerten. Schließlich muß man zu einer Bewertung kommen, auf der die Geschäftsansätze der nächsten Jahre beruhen. Das ist nicht immer ohne Risiko.

An die Short-List der Kandidaten: Einladung zum Angebot – Request for Proposal

Für das RFP muß der potentielle Partner Zugang zu operativen Daten haben

Enormer Zeitaufwand für RFP, wenig Zeit für detaillierte Angebote

Die Zeit, die zur Erarbeitung eines detaillierten Vorschlages zur Verfügung steht, ist in der Regel kurz, die Aufgaben dagegen sind enorm. Nur ein kleines Beispiel: Der FM-Anbieter muß eine Vielzahl unterschiedlichster Gebäude und ihren technischen Zustand bewerten, muß Verträge mit Wartungsunternehmen von Aufzügen, Reinigungs- oder Bewachungsunternehmen analysieren und auf Verbesserungsmöglichkeiten hin untersuchen usw. In einer Reihe von Fällen wird der externe Facility-Management-Anbieter Situationen einschätzen und beurteilen müssen, in denen zukünftige Optimierungen in der Gebäudebewirtschaftung vorherige Investitionen in die Modernisierung von Gebäudesystemen, Sensoren, usw. voraussetzen.

Kostenbeteiligung bei Investitionen zur Optimierung der Gebäudebewirtschaftung

In einer zunehmenden Anzahl von Fällen scheuen Mieter oder Immobilieneigentümer die komplette Übernahme der notwendigen Modernisierungsinvestitionen, die durch Analyse und Angebot des FM-Anbieters offensichtlich werden. Sie versuchen, den Facility-Management-Anbieter am Risiko, also an der Investition und der zu erwartenden Kosteneinsparung, zu beteiligen. Dies wird FOT (Finance-Operate-Transfer) oder auch OOT (Own-Operate-Transfer) genannt.

Angebotswerte werden später häufig zu Vertragsbestandteilen

Wesentliches Element der RFP-Angebote ist deren spätere Verbindlichkeit. In vielen Fällen werden die im RFP vom externen Facility-Anbieter geschätzten späteren Optimierungen in puncto Servicequalität und Kosten als detaillierte Vertragsbestandteile in den Allianzvertrag oder in die Vergütungsstruktur des Facility-Management-Unternehmens und in das Kundenbudget übernommen.

Natürlich spielen sich die Auswahl- und Bewertungsverfahren für zukünftige Facility-Management-Partner nicht immer nach dem gleichen RFI-RFP-Auswahlschema ab. Ein von sehr großen amerikanischen oder multinationalen Unternehmen praktizierter weiterer Schritt im Auswahl- und Bewertungsprozeß sind sogenannte Gebäude-Audits.

15.2.4 Sinn und Zweck von Gebäude-Audits

Gebäude-Audits sind eine in Westeuropa noch nicht lange bekannte Form im Auswahlverfahren, mit der die Leistungsfähigkeit potentieller Facility-Management-Partner geprüft werden kann. Die Audits nehmen dabei unterschiedliche Ausprägungsformen an. Unternehmen bestimmen eine Auswahl aus ihrem Immobilienbestand, anhand dessen der potentielle FM-Partner dann eine detaillierte Analyse durchführt. Auf der Grundlage dieser Detailanalyse wird dann, umgerechnet auf das gesamte Immobilienportfolio und seine spezifische Struktur, das mögliche Verbesserungspotential geschätzt.

Gebäude-Audits können die Genauigkeit der Angebote externer Anbieter erhöhen. Außerdem sind anhand der konkret ausgewählten Beispiele bestimmte Maßnahmen, die zur Optimierung der Gebäudebewirtschaftung vorgeschlagen werden, für die am Auswahl- und Bewertungsprozeß Beteiligten leichter nachzuvollziehen. Auch ein Nachteil von Gebäude-Audits soll erwähnt werden:

Da im Corporate-Real-Estate-Management die Vorteile von Zentralisierung und Konsolidierung bestimmter Funktionen und Tätigkeiten nicht oder nur zu einem geringeren Teil genutzt werden als bei einem Facility-Management-Unternehmen, sind die Organisationsformen in einem „Vorher-nachher"-Vergleich unterschiedlich. Die Größenvorteile, die zum Beispiel durch die Einrichtung eines zentralen Call-Centers oder durch einen stärker zentralisierten Einkauf mit den einhergehenden Effizienzsteigerungen verbunden sind, lassen sich bei Betrachtung eines einzelnen Gebäudekomplexes kaum genau ermitteln. Je kleiner der betrachtete Ausschnitt aus dem Gesamtportfolio ist, desto schwieriger wird die nachfolgende Diskussion um übergreifende organisatorische Veränderungen und deren Einsparungspotentiale. Dies wird besonders dann verstärkt zu Tage treten, wenn die Zusammenarbeit mit dem externen Facility-Management-Anbieter von größeren Teilen des Managements nicht mitgetragen wird.

Gebäude-Audits sind als Partnertest sinnvoll, geben aber nicht das Gesamtpotential an Optimierungen wieder

15.3 Auswahl des Partners, Vertragsverhandlungen

Nachdem die eingeladenen Facility-Management-Anbieter ihre Angebote abgegeben haben oder nachdem die Ergebnisse der Gebäude-Audits feststehen, ist der nächste logische Schritt die Bewertung der Angebote und die Auswahl des zukünftigen Partners. Bei den abgegebenen Angeboten, dem Leistungsumfang und den damit verbundenen Preisen wird sich jedes Unternehmen letztlich auf einen individuellen Bewertungskatalog mit unterschiedlichen Kriterien, spezifischer Gewichtung der Kriterien etc. stützen. Über alle Unternehmen hinweg lassen sich aber Entscheidungskriterien finden, die bei der Auswahl eine wichtige Rolle spielen. So hat das britische Marktforschungsunternehmen BSRIA folgende Punkte als besonders wichtig für Vergabeentscheidungen bei Facility-Management-Verträgen in Deutschland beurteilt:

- nachgewiesene Erfahrungen
- Preis-Leistungs-Verhältnis
- transparentes Abrechnungssystem
- technische Kompetenz (BSRIA 1997)

Wenn die Entscheidung für den optimalen Facility-Management-Partner gefallen ist, fängt der eigentliche Teil der Verhandlungs- und Vertragsgestaltungsarbeit erst an. Da in der Ausschreibungs- und Angebotsphase die zukünftigen Aufgaben im Rahmen der üblichen Service-Level-Vereinbarungen noch nicht oder nicht in ausreichend detaillierter Form definiert sind, werden diese Aspekte häufig erst nach dem Fällen der Grundsatzentscheidung ausgearbeitet und verhandelt. In angloamerikanischen Ländern beruhen Auswahlentscheidungen für den zukünftigen Facility-Management-Partner häufig auf grundsätzlichen Überlegungen. In die Bewertung und Auswahl fließen eher Punkte ein wie etwa

- die Art des Geschäftsmodells eines Anbieters
- seine Erfahrungen innerhalb der gleichen Branche

– Erfahrungen aus den Gesprächen mit Kunden des Anbieters
– Einschätzung der Flexibilität des potentiellen Partners
– das Wachstumspotential des zukünftigen Partners

Wächst der FM-Partner gemeinsam mit dem eigenen Unternehmen?

Da viele größere Unternehmen in den USA und auch Großbritannien in den letzten Jahren stärker durch Akquisitionen gewachsen sind als westeuropäische Firmen, wird oft ein Facility-Management-Anbieter bevorzugt, der das Unternehmen auch bei seinem zukünftigen Wachstum begleiten kann.

Für die Gestaltung der Preiskomponente in einem Facility-Management-Vertrag gibt es verschiedene Varianten. In den USA und Großbritannien sind in den meisten Fällen Verträge mit folgender Struktur anzutreffen:

– **Direkte Kosten des Facility-Management-Personals.** Gemeinsam mit dem Kunden wird ein Zero-Based-Budget mit entsprechenden Personal- und Stellenplänen vereinbart. Auf dieser Grundlage werden die Kosten für die mit dem Management des Immobilienportfolios beauftragten Mitarbeiter nach dem entstandenen Aufwand direkt an den Kunden weiterverrechnet.
– **Kosten für bezogene Leistungen, weitere Dienstleister.** Auch in diesem Fall werden vom Facility-Management-Anbieter die entstandenen Kosten an den Kunden direkt weiterverrechnet, ebenfalls auf der Basis des real entstandenen Aufwands.
– **Management-Fee.** Auf Basis der Fläche des gesamten unter Vertrag genommenen Immobilienportfolios wird eine Managementgebühr gezahlt. Für diese Management-Fee bekommt der Kunde im Prinzip den Zugang zum spezifischen Know-how des Facility-Management-Anbieters und zu seiner Infrastruktur, beispielsweise in den Bereichen Einkauf, Flächenmanagement, Training und EDV. Aus der Sicht des Facility-Management-Anbieters deckt die Management-Fee die Gemeinkosten des Unternehmens inklusive der Vertriebsaktivitäten gegenüber dem Kunden.
– **Bonuskomponenten.** In vielen Verträgen sind variable Komponenten integriert. Diese zusätzlichen Entgelte sind häufig abhängig von der Unterschreitung bestimmter Kostenziele für direkt eingesetztes Personal, Sachmittel oder Leistungen, die von anderen Dienstleistern bezogen werden. In vielen Fällen werden Bonuszahlungen auch an das Erreichen einer quantitativ meßbaren Kundenzufriedenheit oder an Qualitätsziele geknüpft. Das Interessante bei solchen Bonuszahlungen, die an die Unterschreitung festgelegter Kostenvorgaben geknüpft sind, ist ihr langfristiger Effekt. Während es sich beispielsweise für den Facility Manager um eine Einmalvergütung in Höhe von 50 Prozent der eingesparten Kosten handeln mag, ist die Einsparung für den Kunden in der Regel dauerhaft. Meist wird für das folgende Geschäftsjahr die niedrigere Kostenbasis als Ausgangspunkt und neue Obergrenze für die neuen Kostenziele genommen. Um eine erneute Bonuszahlung zu verdienen, muß das Facility-Management-Unternehmen also permanente Anstrengungen zur Verbesserung der Effizienz oder der Kostenpositionen unternehmen.

15.4 Die häufigsten Fehler

In den USA oder Großbritannien sind bis heute zahlreiche Facility-Management-Verträge abgeschlossen worden. Der gesamte Prozeß von der Ansprache bis zur Auswahl von Facility-Management-Unternehmen wurde weit häufiger praktisch durchgeführt als in Deutschland. Einige Erfahrungen daraus sind nicht unbedingt zur Nachahmung empfohlen:

Überfrachtung der Auswahl. Als schon fast mustergültiges Beispiel dafür, wie man die Auswahl des Facility-Management-Partners nicht durchführen sollte, kann die größte amerikanische Telefongesellschaft AT&T gelten. Hier vollzog sich der Auswahlprozeß, für den man insgesamt ein volles Jahr benötigte, in folgenden Schritten:

- Auswahl von ca. 100 (!) Facility-Management-Unternehmen, die in ein Screening einbezogen wurden.
- Nach Auswertung der Informationen über die 100 Unternehmen wurde der Kreis auf ca. 20 Unternehmen eingegrenzt. Von diesen wurden Firmenpräsentationen durchgeführt, AT&T führte Gespräche mit Kunden dieser FM-Anbieter usw.
- In einem nächsten Schritt wurde der Kreis der potentiellen Facility-Management-Partner weiter eingegrenzt. Eine Gruppe von neun Firmen wurde eingeladen, Gebäude-Audits für einen von AT&T ausgewählten Teil des Immobilienportfolios durchzuführen.
- Danach wurden von den neun vorgeschlagenen Unternehmen vier ausgewählt. Diese vier FM-Anbieter wurden nun aufgefordert, den von ihnen im Rahmen des Gebäude-Audits beurteilten Teil des Immobilienportfolios unter Berücksichtigung ihrer Vorschläge und Konzeptionen, die sie im Bericht zum Gebäude-Audit entwickelt hatten, auch für eine bestimmte Zeit praktisch umzusetzen.

AT&T scheitert durch zu breiten und zu langen Auswahlprozess am internen Widerstand

Von den vier Unternehmen wurde dann zum Schluß, nach über einem Jahr, ein Partner für ein umfangreiches Outsourcing ausgewählt. In der Zwischenzeit hatte sich aber innerhalb des Unternehmens der Widerstand gegen eine weitreichende Zusammenarbeit mit einem externen Facility-Management-Anbieter und dem damit verbundenen Outsourcing so stark formiert, daß die Belegschaft mit einem übergreifenden Streik für den Fall des Outsourcing drohte. Nun war es nur noch möglich, ein in puncto Kosten- und Effizienzzielen wenig aggressives Coachingprogramm für die internen Führungskräfte des Facility-Management-Bereichs durchzuführen. Die Bewertung der Situation aus Sicht der damals beteiligten Facility-Management-Unternehmen läßt den klaren Schluß zu, daß der viel zu weit gefaßte Rahmen mit einhundert einbezogenen Unternehmen und das mangelnde Vertrauen in die Leistungsfähigkeit der zum Schluß ausgewählten Unternehmen (mit der Notwendigkeit des „live"-Tests) zum Scheitern führten.

Fehlende Top-Management-Unterstützung. Fehlende oder nur gering ausgeprägte Unterstützung durch das Top-Management ist ein weiterer kritischer Punkt, der zum Scheitern der Partnerauswahl oder des gesamten Outsourcingprozesses führen kann. In den wenigsten Fällen wird die Initiative zum Outsourcing von den direkt Betroffenen ausgehen. Erst die übergreifende Unterstützung des Top-Managements und der Wille zur Konzentration auf Kernkompetenzen oder die Verbesserung der Kostenposition können den nicht immer einfachen Prozeß der Auswahl eines externen Facility-Management-Partners zu einem erfolgreichen Ende führen.

Zu langsame Bearbeitung des Prozesses. Ein weiterer Punkt, der sich in Gesprächen mit Verantwortlichen des Corporate Real Estate herauskristallisierte, war eine zu lange Bearbeitung des gesamten Prozesses. Ein Unterfangen wie die Auswahl eines externen Facility Managers lebt von einem gewissen Momentum, das durch einen zu langen Zeitraum zwischen Beginn und Abschluß an Tempo und Kraft verliert. Je länger der Auswahlprozeß, und je langwieriger und komplizierter die Auswahl- und Bewertungsschemata (siehe AT&T-Beispiel) sind, desto wahrscheinlicher werden langwierige Abstimmungsrunden, erneute Überprüfungen der bereits vorliegenden Ergebnisse durch andere als die direkt am Prozeß beteiligten Stellen usw. Bei den generell etwas risikoaversen Strukturen in deutschen Unternehmen liegt in dem oben angeführten Punkt eine der großen Gefährdungen für den Auswahlprozeß des Facility-Management-Partners.

Die Gefahr des Scheiterns läßt sich durch Einschaltung externer Berater, die in solchen Punkten Erfahrungen gesammelt haben, ebenso reduzieren wie durch vorheriges Studium bereits erfolgreich durchgeführter Outsourcingprojekte.

Die Partnerauswahl folgt den logischen Schritten aller langfristigen Bindungen, die man eingehen will und die kaum eine schnelle Revision zulassen. Die Grundlage für die Wahl und das Modell der Bindung, ob Lieferantenbeziehung oder Unternehmenszusammenschluß, sind die eigenen Zielvorstellungen für das FM und die Kriterien für ein ideales Partnerprofil. Die Entscheidung richtet sich an den drei Dimensionen des strategischen, operativen und kulturellen Fit aus. Der Auswahlprozeß läuft von der unverbindlichen Informationsbeschaffung über den Request for Proposal zur Einladung des favorisierten Partners von der Vorauswahl-Shortlist zum Gebäude-Audit, in dem ein Teil des Portfolios oder der Funktionen vom Kandidaten untersucht wird. Schlüsselfragen sind, wieviel Erfahrung der Partner bereits hat und ob er gemeinsam mit den Anforderungen an das eigene Unternehmen wächst. Intern ist die maximal mögliche Unterstützung des Managements für den gesamten Prozeß notwendig, was in der Praxis häufig nicht gegeben ist.

16. Fallbeispiel Banc One, Columbus, Ohio: Managen Sie Ihren Facility-Management-Partner

Rainer Köllgen

16.1 Anpassung an Veränderungen – Banc One Immobilien- und Facility Management

Der effiziente Gebrauch von Immobilien und das effektive Immobilien-management stellt eine bedeutende Funktion für fast alle Banken dar. Die Lage der einzelnen Bankfilialen, ihr Design und ihre Architektur, die Art und Weise, wie sie gepflegt und in einem guten Zustand gehalten werden, repräsentieren einen Teil des Bank-Images. Ein wichtiger Faktor, denn Kunden übertragen Aspekte des Erscheinungsbildes nur allzu schnell auf das allgemeine Geschäftsgebaren und damit auch auf den Umgang der Bank mit ihrem Geld. Selbst in den Zeiten des Electronic Banking mit Nutzung von Telefon, Computer, Internet und anderen Medien, die zu einer stärkeren Virtualisierung des Umgangs zwischen Kunde und Finanzinstitut führen, hat die Unternehmensimmobilie noch eine wichtige Aufgabe an der Schnittstelle zwischen Kunde und Bank. Ihre Rolle kann nicht unterschätzt werden, gerade in Fällen, bei denen der Kunde erst sehr langsam Vertrauen zu den neuen, elektronischen Kommunikationsformen gewinnt. Er zieht auch hier Rückschlüsse vom Erscheinungsbild (zum Beispiel sauber, funktional etc.), also von dem, was er physisch gesehen und erlebt hat, auf das Funktionieren der neuen Prozesse. Im Marketing sind diese Image-Übertragungseffekte auch als Halo-Effekt bekannt.

Banc One, eine der führenden Universalbanken in den USA, hat Geschäftsaktivitäten in mehreren Bundesstaaten, die vom Hauptsitz des Unternehmens in Columbus, Ohio, geführt werden. Das Gebiet erstreckt sich von Arizona im Südwesten bis hin nach Florida im Südosten und Ohio im Osten der USA. Mit knapp über 52 000 Mitarbeitern und einer Bilanzsumme von etwas mehr als 100 Milliarden US-Dollar sowie zahlreichen Aktivitäten im Kreditkarten- sowie Leasinggeschäft ist Banc One in den vergangenen Jahren zu einer der erfolgreichsten Banken in den USA geworden. Bei vielen finanziellen Kenngrößen gehört Banc One seit Jahren zu den erfolgreichsten in der Branche. Im April 1997 hat Banc One einen weiteren Merger, diesmal mit First Chicago NBD Bank in Chicago, angekündigt. Das neue Unternehmen wird die fünftgrößte Bank der USA sein, und die teilweise Verlagerung und Verschmelzung vieler administrativen Bereiche wird das CRE-Management von Banc One vor neue Aufgaben stellen. Das Gebiet, in dem Banc One seine Geschäftsaktivitäten hat, ist um ein Mehrfaches größer als Deutschland und erstreckt sich über insgesamt drei verschiedene Zeitzonen. Um von einem Ende des Aktionsraumes bis zum anderen Ende zu gelangen, ist ein Flug von fast drei Stunden notwendig, Umsteigezeiten natürlich nicht eingerechnet.

In den vergangenen Jahren hat die starke Expansionspolitik der Bank, die zu mehreren größeren Akquisitionen geführt hat, einen deutlichen Zuwachs im Immobilienportfolio von Banc One gebracht. In Deutschland mit seinen starken Konzentrationstendenzen in fast allen größeren Industriezweigen ist ein solch stark wachsendes Immobilienportfolio leider inzwischen eher zu einer Ausnahmeerscheinung geworden. Das von Banc One genutzte Immobilienportfolio hat eine Fläche von insgesamt etwa 27,5 Millionen square feet, was ungefähr 2,5 Millionen Quadratmetern entspricht (Stand Sommer 1997). Innerhalb der letzten fünf Jahre ist die von Banc One gemanagte Fläche um etwa ein Drittel gestiegen. Die Struktur des Immobilienportfolios ist typisch für eine Universalbank. Zahlreiche Filialstellen, die Hauptverwaltung, regionale Verwaltungsstellen und mehrere Datenverarbeitungszentren sind zu managen. Im einzelnen stellte sich das Immobilienportfolio Mitte 1997 folgendermaßen dar:

- ca. 1 500 Filialen
- zwei größere Datenverarbeitungszentren, eines in Phoenix, Arizona, ein weiteres am Hauptsitz in Columbus, Ohio
- verschiedene kleinere Datenverarbeitungs- und Verwaltungsstellen, die über die gesamte Region verteilt sind
- größere Verwaltungsgebäude am Hauptsitz in Columbus, Ohio

Mit etwas mehr als 680 000 Quadratmetern repräsentieren die Bankfilialen erstaunlicherweise nur rund 28 Prozent des gesamten Immobilienportfolios. Der Löwenanteil entfällt auf die Datenverarbeitungszentren und die allgemeinen Verwaltungsgebäude. Das Immobilienportfolio ist eine Mischung aus Mietobjekten und Immobilien in Eigenbesitz des Unternehmens. Für Standorte, an denen strategisch bedeutende Funktionen von Banc One untergebracht sind, werden mehr und mehr eigene Immobilienobjekte gesucht.

Bevor wir im einzelnen erklären, wie Banc One sein Facility Management optimiert hat, wollen wir noch einige andere Punkte erläutern, die im Vorfeld zu einer generellen Veränderung der Unternehmensstrategie von Banc One geführt haben und entsprechende Anpassungen auch im Immobilien- und Facility Management nach sich zogen.

Die amerikanische Finanzindustrie hat in den vergangenen Jahren einen deutlichen Deregulierungsprozeß durchlaufen. Es wurde den Banken erlaubt, Geschäftsaktivitäten auf einem nationalen Niveau, das heißt die einzelnen Bundesstaaten übergreifend, zu betreiben und entsprechend auszubauen. Hinzu kam der sich immer stärker ausbreitende Trend des Electronic Banking, durch den Entfernungen zum Kunden in Sekundenbruchteilen überwunden werden und der den Wettbewerb ebenfalls verstärkt. Die Deregulierung des Bankenmarktes und der sich dadurch verstärkende Wettbewerb führten dazu, daß die Banken und Telekommunaktions-Branche in den USA zu den Vorreitern bei der Definition von Kernkompetenzen in Unternehmen zählten. Auch wenn die Unternehmensimmobilie einen wichtigen Punkt im Gesamtgefüge darstellt, wurden Immobilien- und Facility Management als nicht zu den Kernprozessen gehörend definiert.

Im Fall von Banc One kommt noch eine historisch bedingte Besonderheit hinzu, die den gesamten Prozeß der Neugestaltung des Facility Management stark beeinflußt hat. Banc One war bis 1995 ein Unternehmen aus 69 verschiedenen Banken in den einzelnen Bundesstaaten, die sich den gleichen Dachnamen teilten. Diese etwas ungleiche Partnerschaft von im Grunde unabhängig agierenden Banken war insgesamt dezentral organisiert. Viele Funktionen wurden an zahlreichen Stellen parallel durchgeführt, Größenvorteile damit nicht optimal genutzt.

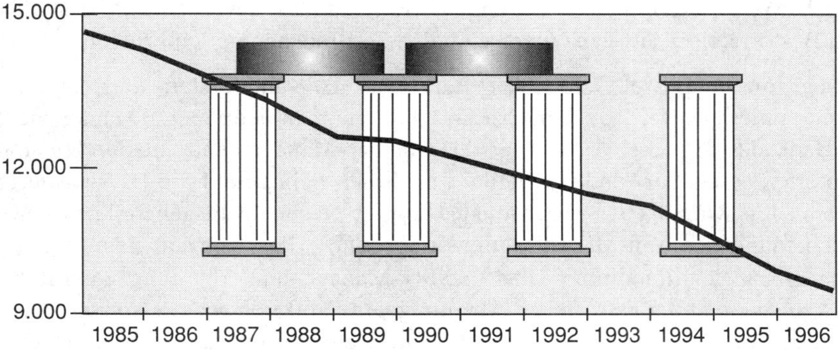

Abbildung 21: Die Deregulierung des US-Bankenmarktes hat zu einer Verringerung um fast 4 800 Banken in zehn Jahren geführt
(Quelle: Bessemer Trust, 1997)

Der verstärkte Wettbewerb führte zu einem internen Projekt mit dem Namen „Project 1". Ziel war es, eine Organisation mit entsprechenden Unterstützungsfunktionen auf nationaler Ebene oder mit nationaler Verantwortung zu schaffen. Auch das Immobilien- und Facility Management wurde als eine solche nationale Unterstützungsfunktion eingerichtet und auf nationaler Ebene zentralisiert. Mit einem neuen Leiter des Immobilienmanagement wurde im September 1996 auch die personelle Voraussetzung für eine Neuausrichtung geschaffen. Maßstab waren die zukünftigen Anforderungen des Kerngeschäfts, nicht an die Gepflogenheiten der Vergangenheit.

16.2 Erste Schritte: Die Einrichtung der Customer-Service-Abteilung

Zu einer der wesentlichen Aufgaben des Immobilien- und Facility Management zählte die Implementierung von allgemeinen Standards, die sich an den Best Practices der Facility-Management-Branche orientierten. Die schnelle Umsetzung dieser Standards war ein wesentlicher Fokus des Managements. Da die zur Verfügung stehende Zeit jedoch sehr knapp war und finanzielle Ressourcen für Trainingsprogramme nicht unbegrenzt zur Verfügung standen, entschloß man sich, den Weg des Outsourcing zu beschreiten. Auf diese Weise konnte der externe Facility Manager sein bereits bei anderen Bankkunden erworbenes Wissen aber auch Best Practices aus ganz unterschiedlichen Branchen mit einbringen.

Der Outsourcingprozeß selbst, den Banc One dann unternahm, kann in zwei Schritte unterteilt werden. Zunächst unterbreitete man dem Senior Management der Bank das allgemeine Konzept des Facility-Management-Outsourcing und erläuterte dessen Vor- und Nachteile. Für diesen Schritt und die Diskussion in diesem Kreis wurden etwa zwei Monate benötigt. Nachdem die generelle, positive Entscheidung des Top-Management vorlag, wurde das Konzept dem engeren Management der Immobilien- und Facility-Management-Abteilung vorgestellt. Das Management der betroffenen Abteilung, ein Kreis von acht Personen, mußte überzeugt werden. Vorab war jedoch klar, welche Konsequenzen Banc One gezogen hätte, falls ein verantwortlicher CRE- oder Facility Manager sich gegen die vom Top-Management bereits gutgeheißene Outsourcing-Konzeption ausgesprochen hätte.

Die interne Diskussionsphase des Outsourcingprozesses war stark durch die Frage geprägt, in welcher Art und Weise Banc One mit dem externen Facility Manager zukünftig zusammenarbeiten würde. Von Beginn an strebten die Verantwortlichen eine wirkliche Partnerschaft an, die einer Allianz von gleichen Partnern ähnelt. Es erschien nicht sinnvoll, einen Kontrollapparat aufzubauen, bei dem Banc One-Mitarbeiter, gleich qualifiziert wie die Mitarbeiter des Facility Managers, deren Tätigkeiten überwachen würden. Bei Banc One war unumstritten, den später beauftragten Facility-Management-Unternehmen soviel Freiraum einzuräumen, daß sie ihre Dienstleistungen auch in einem gewohnt professionellen Ausmaß durchführen konnten. Im späteren Auswahlprozeß legte Banc One ein starkes Gewicht darauf, die Haltung des Facility-Management-Dienstleisters zu der gewünschten partnerschaftlichen Zusammenarbeit im Vorfeld abzuklären, soweit dies eben möglich war.

Um sicherzustellen, daß die Bedürfnisse der internen Kunden von Banc One richtig erfaßt und richtig erfüllt werden, wurde eine Customer-Service-Abteilung eingerichtet. Für die sieben verschiedenen Geschäftszweige der Bank wurden entsprechende Counterparts innerhalb des Immobilienmanagements geschaffen. Sie sind, wie es bei Banc One intern heißt, die Augen und Ohren in der Zusammenarbeit zwischen Facility Manager und internen Kunden. Für die verantwortlichen Manager und Abteilungsleiter der sieben Geschäftszweige der Bank sind sie auch die einzige Kontaktstelle bei allen Fragen, die sich rund um Immobilien und um Facility Management drehen. Eine wichtige Rolle spielten die Verantwortlichen der Costumer-Service-Abteilung auch bei der Diskussion und Kommunikation eines Property Services Guide. Das ist ein kleines Handbuch in dem verschiedene Aspekte der Immobiliennutzung durch Banc-One-Abteilungen dokumentiert werden. Neben Standards sind hier auch die unterschiedlichen Aufgaben und Rollen der Beteiligten sowie die Erwartungshaltungen festgehalten und erläutert.

Im Gesamtzusammenhang erscheint es wichtig, daß die Einrichtung der Customer-Service-Abteilung mit den verantwortlichen Ansprechpartnern und die Abstimmung des Property Services Guide stattfanden, bevor Banc One sich an den Selektionsprozeß der Facility-Management-Firmen machte. Dieses Vorgehen signalisierte den internen Kunden, daß es in Zukunft für sie mit einem designierten Ansprechpartner, der als Schnittstelle zum Facility Manager agieren würde, eine wesentliche Vereinfachung und gleichzeitige Verbesserung des Services geben würde.

16.3 Die Auswahl der Facility-Management-Partner

Banc One startete den Auswahlprozeß mit insgesamt rund 20 Facility-Management-Unternehmen, die zur Abgabe eines ausführlichen Informationspaketes aufgefordert wurden. Der Kreis dieser Firmen wurde dann schnell auf eine Gruppe von nur fünf potentiellen Partnern reduziert. Zu dieser Gruppe zählte die creme de la creme der amerikanischen Facility-Management-Branche, die Firmen Lasalle Partners, Koll, Compass, Trammel Crow sowie Lincoln Properties, ein kleinerer, regionaler Anbieter. Die Gruppe der fünf Unternehmen erhielt ausführlich Gelegenheit zu Präsentationen vor den verantwortlichen Banc-One-Managern und Facility-Management-Spezialisten. Nach den Präsentationen und Diskussionen mit der Gruppe der fünf Anbieter wurden zwei Unternehmen aus dem Kreis der Teilnehmer gestrichen. Für die verbleibenden Firmen Koll, Trammel Crow und LaSalle Partners startete dann ein ausführlicher Ausschreibungsprozeß.

Banc One führte intensive Gespräche mit existierenden oder auch ehemaligen Kunden dieser Firmen und überprüfte Qualifikationen und Angaben aus den vorhergehenden Präsentationen und Diskussionen. Kurzum, die Verantwortlichen versuchten, sich ein möglichst komplettes Bild über die noch verbleibenden drei Facility-Management-Firmen zu verschaffen. In der gleichen Zeit erhielten die drei Unternehmen ausführlich Gelegenheit, Banc One mit seinen spezifischen Eigenheiten, Zielen und firmen-kulturellen Faktoren kennenzulernen. Die drei verbleibenden Unternehmen hatten insgesamt etwa einen Monat Zeit, um auf die von Banc One gestellten Fragen einzugehen und ihre Angebote abzugeben.

Als alle Angebote vorlagen, setzte bei Banc One ein extensiver Bewertungs- und Analyseprozeß ein. Zum Abschluß der Analysephase wurde den drei Anbietern eine ausführliche Liste mit Fragen übergeben, die Banc One zu verschiedenen Aspekten der Angebote hatte. Die Bankmanager setzten strikte zeitliche Vorgaben zur Beantwortung der Fragen. Nach Abschluß dieses Vorganges hatten die Beteiligten Facility-Management-Unternehmen dann Gelegenheit zu einer ausführlichen Präsentation ihrer Angebote und ihrer Ideen und Vorstellungen, die sie im Rahmen der Aufnahme und Analyse des Banc-One-Immobilienportfolios hatten entwickeln können.

Beim Auswahlprozeß legte Banc One seinen Schwerpunkt auf die drei folgenden Faktoren:

- Kosten
- Prozesse
- Mitarbeiter des Facility-Management-Anbieters

Der letzte Punkt berücksichtigt mehrere Aspekte. Einer war selbstverständlich Qualifikation der Mitarbeiter, die mit der Betreuung des Banc One-Accounts beauftragt sein würden. Andere wichtige Bestandteile waren aber auch Faktoren wie Flexibilität und Reagibilität der Mitarbeiter des Facility-Management-Unternehmens.

Am Ende des Bewertungsprozesses wurden Koll sowie Trammel Crow für das Facility Management bei Banc One ausgewählt. Koll würde die Immobilien im Osten der USA und Trammel Crow die Banc-One-Immobilien im Westen betreuen.

16.4 Die Arbeit in der Praxis – gemeinsame Entwicklung der Ziele

Die partnerschaftliche Grundhaltung in der Zusammenarbeit zwischen Banc One und seinen Facility-Management-Firmen spiegelt sich auch in der Erarbeitung der Ziele und Budgets für das Facility Management wider. Beim Abschluß der Verträge mit den Facility-Management-Firmen wurden deren Ideen und Vorschläge berücksichtigt, zum Beispiel neue Verhandlungen mit Sublieferanten über deren Verträge, einführen von Energiespar-Programmen, implementieren von Prozeßverbesserungen. Die während der Ausschreibungsphase von den Facility-Management-Firmen genannten Zahlen wurden, nachdem die endgültige Auswahl feststand, ebenfalls überarbeitet. Banc One war die zur Verfügung stehende Datenbasis insgesamt zu unsicher. In der von Banc One gewählten Vertragskonstruktion ist der Performance-Anteil relativ gering. Es gab daher keine Diskussionen über eine Neubewertung der Datenbasis von Seiten der Facility-Management-Firmen.

Banc One entschied sich für relativ einfache Vertrags- und Vergütungskonstruktionen. Die professionelle Leistung der Facility-Management-Firma wird mit einer Management-Fee honoriert, die dem Dienstleister einen gerechten Gewinn ermöglichen möchte. Daneben werden die direkten Kosten für das Facility Management erstattet. Banc One vertritt die Auffassung, daß eine Vertragskonstruktion mit einem hohen Bonusanteil nicht unbedingt den partnerschaftlichen Ansatz widerspiegelt. Die Verantwortlichen der Bank vertrauen darauf, daß sie bereits für die Management-Fee eine professionelle Leistung erwarten können und nicht erst einen besonderen Incentive für den Facility Manager ausloben müssen, um einen wirklich erstklassigen und auf die Reduzierung der Facility-Management-Kosten ausgerichteten Service zu bekommen. Der Aspekt gegenseitigen Vertrauens verstärkt diese Haltung. Im übrigen herrscht bei den verantwortlichen Banc-One-Immobilienmanagern die Überzeugung vor, daß sich Facility-Management-Outsourcingverträge letztendlich nicht effizient auf einer genau detaillierten vertraglichen Grundlage steuern lassen, die alle möglichen und unmöglichen Fälle bereits festhält, bevor sie überhaupt eingetreten sind.

Auch auf Seiten der Facility-Management-Firmen wird der partnerschaftliche Ansatz von Banc One honoriert. Da die Bank ihre Fachkompetenz akzeptiert, sehen sie sich nicht dem Zwang zum permanenten Vermarkten und Verkaufen ausgesetzt. Die operative Gestaltung der Prozesse liegt voll in der Verantwortung der externen Facility-Management-Firmen. Folgerichtig ist der Freiraum, der ihnen eingeräumt wird, entsprechend groß. Das Vertrauen in die Fachkompetenz und die Professionalität des Facility-Management-Partners überwiegt alle etwaigen Versuchungen zu einer Kontrolle, die nicht an Ergebnissen sondern an Verfahren und Prozessen orientiert ist.

Von den ursprünglich 400 Mitarbeitern in den Bereichen Immobilien- und Facility Management wurden bislang etwa 180 von den beiden externen Partnern übernommen. Ein größerer Teil von etwa 100 Mitarbeitern wurde im Rahmen der natürlichen Fluktuation abgebaut und für etwa 50 Banc-One-Mitarbeiter wurde ein Sozialplan erstellt. Im endgültigen Zielzustand sollen noch etwas mehr als 50 Mitarbeiter bei Banc One das Immobilienmanagement und die Customer-Service-Schnittstelle zwischen internen Kunden und den beiden externen Facility-Management-Partnern betreuen. Die sich hinter diesen Zahlen verbergende Produktivitätsverbesserung spricht für sich.

16.5 Aus den Erfahrungen lernen

Grundsätzlich kann natürlich jedes Unternehmen die Hilfe externer Facility-Management-Spezialisten in Anspruch nehmen und ihnen die bislang intern wahrgenommenen Aufgaben übertragen. Eine Reihe von Punkten sollte klar sein, bevor ein solcher Schritt unternommen wird. Die erfolgreiche Aufgabenteilung und Zusammenarbeit mit dem Facility-Management-Spezialisten hängt nicht etwa, wie sich leicht vermuten ließe, von der Größe und Struktur des Immobilienportfolios ab. Viel bedeutender für eine erfolgreiche Zusammenarbeit ist die grundsätzliche Haltung und Philosophie des Unternehmens zur Zusammenarbeit mit externen Partnern. Je verbreiteter die Einschaltung Dritter ist und je besser die Erfahrungsgrundlagen sind, desto leichter wird es den Verantwortlichen in den internen Facility-Management- und Facility-Service-Bereichen fallen, mit dem neuen externen Partner zusammenzuarbeiten. Eine aufgeschlossene Firmenkultur, in der es normal ist, auf die Erfahrung anderer zurückzugreifen, ist also einer der wichtigen Bausteine.

Auf der operativen Seite sind es folgende Punkte, die aus Sicht der Erfahrungen von Banc One eine erfolgreiche Arbeit mit externen Facility-Management-Spezialisten ermöglichen:

- klar definierte und einfach meßbare finanzielle Ziele
- Beteiligung des externen Facility-Management-Parnters an der Entwicklung der Ziele und Budgets
- klare Aufgabenteilung und klare Schnittstellen in der Arbeit zwischen internen Mitarbeitern und dem externen Facility Manager mit dem Ziel, Konflikte über Zuständigkeiten, Verantwortung etc. zu vermeiden
- klar definierte Erwartungshaltungen auf Seiten der internen Kunden
- klare Kommunikations- und Berichtslinien, klare Definition von Ansprechpartnern für die operative Zusammenarbeit von internem Immobilienmanagement, externem Facility-Management-Spezialisten und den einzelnen Sublieferanten
- „One-Face-to-the-Customer"-Prinzip in der Arbeit mit den internen Kunden

Es gibt sicher noch eine Reihe anderer Punkte, die an dieser Stelle aufgeführt werden könnten, wie die bei solchen Vorhaben immer notwendige Unterstützung des Top-Managements oder auch eine klare Kommunikation gegenüber allen Beteiligten während der gesamten Phase des Outsourcingprozesses. Besonders hervorgehoben sei noch, daß erst die vorhergehende Zentralisierung und stärkere interne Standardisierung des gesamten Immobilien- und Facility Management bei Banc One das nachfolgende Outsourcing des FM an Koll und Trammel Crow deutlicht vereinfacht hat. Unternehmen, die noch ein stark dezentral agierendes Facility Management haben, sollten sich zunächst einem schnellen internen Konsolidierungsprozeß unterziehen, bevor dann der klare Schnitt in der Aufgabenteilung zwischen internen Stellen und dem externen Facility-Management-Spezialisten erfolgt.

17. Facility-Management-Fallbeispiel Washington Mutual

John D. Goldstein

17.1 Firmengeschichte

Im Jahre 1889 wurde Seattle von einem großen Feuer verwüstet. Um den Wiederaufbau von Wohnhäusern und Unternehmen zu unterstützen, wurde eine kleine Sparkasse, die sogenannte Washington Mutual gegründet. Heute ist diese kleine Sparkasse ein national operierendes, dynamisches Kreditinstitut mit einem Vermögen von über 100 Milliarden US-Dollar, einer Marktkapitalisierung von knapp zehn Milliarden US-Dollar und mit Zweigstellen, die den Westen der Vereinigten Staaten und Florida abdecken. Dieses Wachstum, zunächst intern und durch kleine, lokale Zukäufe angetrieben, wuchs vom Umfang her immer mehr. In den letzten Jahren hat die Washington Mutual größere Unternehmen erworben, von denen einige außerhalb ihres traditionellen geographischen Marktes und außerhalb ihrer Produktlinie liegen.

Eine der letzten Akquisitionen hat die Washington Mutual sogar von ihren Wurzeln im Westen in den Markt von Florida geführt. Heute verfügt die Washington Mutual über Zweigstellen in 37 Bundesstaaten der Vereinigten Staaten. Sie bietet neben Bankgeschäften und Krediten für Privat- und Geschäftskunden Anlageberatung für fast zwei Millionen Haushalte und für eine ständig steigende Zahl an Geschäftskunden an. In der Zwischenzeit hat Washington Mutual eine weitere Akquisition, die 21. in den letzten zehn Jahren, durchgeführt. Damit ist die Bank auf den siebten Platz unter den amerikanischen Banken aufgerückt.

17.2 Unternehmensimmobilien der Washington Mutual

Unternehmerischer Erfolg führte zu organisatorischem Wildwuchs im FM

Art und Größe der letzten Expansion sowie Washington Mutuals Reaktion auf den allgemeinen Wettbewerbsdruck haben zu mehreren Neustrukturierungen der Verantwortungsbereiche für Unternehmensimmobilien geführt. Ursprünglich übernahmen verschiedene Gruppen innerhalb der Washington Mutual die Verantwortung für die Verwaltung der Facilities, die direkt oder indirekt in ihren Bereich fielen. Das Filialsystem gehörte zur Gruppe der Bankniederlassungen und wurde von ihr verwaltet, Transaktionsaufgaben wurden von der Finanzgruppe überwacht und durchgeführt und der Hauptsitz und die administrativen Einrichtungen wurden von der IT-Gruppe verwaltet. Mit der Zeit wurde jedoch klar, daß dieser unkoordinierte Ansatz des Facilitiy Management zu einer Verwirrung der Verantwortlichkeiten und Daten führte. Es wurde dadurch unmöglich, sich ein klares

Bild über die Gesamtkosten von Immobilien- und Facility Management des Unternehmens zu machen.

Vor ungefähr fünf Jahren kam man bei Washington Mutual überein, die Kostenverantwortung für den Immobilienbereich an einer einzigen Stelle zu lokalisieren. Ziel war es, die Qualität der Daten über Instandhaltungskosten zu verbessern und eine direkte Verantwortlichkeit für die Verwaltung dieser Kosten zu schaffen. Während man früher Mitarbeiter für die Verwaltung der Immobilien der Washington Mutual aus verschiedenen Teilen der Organisation abzog, organisierte sich diese neue Einheit geographisch. Die neue Abteilung für Unternehmensimmobilien berichtete dem CEO der Bank direkt.

1996 konzentrierte sich Washington Mutual, wie eine Vielzahl ihrer Bankkonkurrenten, auf eine Organisationsstruktur, die sich mehr an der Branche (line-of-business oriented) orientierte. Die Unit für Unternehmensimmobilien fokussierte ihre Aktivitäten auf ihre eigenen Dienstleistungsbereiche – Transaktionen, Facility Management, Einkauf und Projekte. Dann organisierte sie jede ihrer Gruppen entlang der traditionellen Geschäftsbereiche der Bank: Privatkunden, Geschäftskunden und Kreditgeschäfte. Die gesamte Organisation wurde dann darauf konzentriert, die besonderen Bedürfnisse eines jeden Geschäftsbereichs zu erfüllen. Denn es galt, das bisherige schnelle Wachstumstempo auch beizubehalten.

17.3 Die Entscheidung zum Outsourcing

Während die zahlreichen Reorganisationsmaßnahmen durchgeführt wurden, leistete die Abteilung für Unternehmensimmobilien hervorragende Arbeit und hielt Benchmarks für Instandhaltungskosten (Mitarbeiter pro Quadratmeter, Kosten pro Quadratmeter, Kosten pro Mitarbeiter) ein, die unter dem Branchendurchschnitt lagen. Die größte Herausforderung hinsichtlich der Immobilien entstand für Washington Mutual durch ihre Akquisitionen. Die Einbeziehung der Instandhaltungskosten von Flächen aus Neu-Akquisitionen in die Kosten der Washington Mutual erwies sich als immer schwierigere Aufgabe. Als die Unit für Unternehmensimmobilien dieser Herausforderung 1995 gegenüberstand, verkündete der Geschäftsführer und Vorstandsvorsitzende der Bank, Kerry Killinger, daß die Bank keine Tätigkeiten mehr durchführen sollte, die sich nicht auf die Kernwachstumsziele des Unternehmens selbst konzentrierten. Für die Corporate Real Estate Unit stand schnell fest, daß ihre einzige größere Tätigkeit, bei der das Wachstum des Kerngeschäfts im Mittelpunkt der Arbeit stand, die strategische Erweiterung des Zweigstellennetzes war. Diese Tätigkeit bestand in der Suche geeigneter Orte für Filialen, Verhandlungen, Konstruktionsüberwachung und anderen besonderen Projekten.

Fokus auf Kernkompetenzen führt zur Out Tasking Entscheidung

Zu diesem Zeitpunkt hatte man in der Corporate Real Estate Unit der Washington Mutual relativ eingeschränkte Erfahrungen mit dem Out-Tasking von bestimmten, grundlegenden Instandhaltungsdienstleistungen auf lokaler Ebene. Niemand hatte sich zuvor mit der Aufgabe auseinandergesetzt, die nun vor ihnen lag – nämlich einen Outsourcing-Partner zu finden, der alle notwendigen Dienstleistungen quer über das gesamte Portfolio durchführen würde. Mit besonderer Rückendeckung durch ihren Geschäftsführer, mit einer Vielzahl positiver Outsourcing-Beispiele aus ihrer Branche und mit der festen Überzeugung, daß ein zusätzlicher Ansatz zu langsam und ineffektiv sein würde um die wichtigsten Kostenziele, Qualitätsziele und und Aktionsziele zu erreichen, entschied man sich im Corporate Real Estate Unit von Washington Mutual für die „Urknallvariante".

17.4 Der Auswahlprozeß

Der Auswahlprozeß bei Washington Mutual begann im Sommer 1995. Man entschied, daß das Auswahlteam aus Schlüsselpersonen der Führungsebene für Corporate Real Estate, einer Managementberatungsfirma und Mitarbeitern aus dem Feld bestehen sollte. Die Entscheidung, diese Mitarbeiter einzubeziehen, drückte das Bestreben aus, bei den zukünftigen Veränderungen offen und ehrlich mit Mitarbeitern umzugehen. Außerdem wollte man die Weitsicht der Mitarbeiter mit ihrem großen, praktischen Wissen und ihrer langjährigen Erfahrung nutzen. Diese Mitarbeiter würden außerdem ein starkes, persönliches Interesse haben, eine qualitativ hochwertiges Unternehmen auszuwählen, mit dem sie später zusammenarbeiten würden. Die Auswahl begann unter hohem Zeitdruck für den Entscheidungsprozeß Mitte des Jahres 1995 mit der Versendung von Anfragen an ca. 40 Unternehmen. Qualifikationsprofile gingen im September ein und die vierzig Unternehmen schrumpften schnell auf einen kleinen Kreis von sieben und dann von vier zusammen, nachdem ihre wichtigsten relevanter Fähigkeiten, Erfahrungen und Möglichkeiten evaluiert worden waren. Die Entscheidung, formale Angebotsanfragen an drei dieser Unternehmen zu senden, wurde Ende 1995 getroffen. Anfang 1996 wurde eine intensive Bewertung der drei Finalisten, Trammell Crow, Compass Management and Leasing und Koll Real Estate Services durchgeführt. Diese Bewertungen bestanden aus Befragungen der potentiellen Outsourcer im Januar, aus Besuchen ihrer Liegenschaften und Gesprächen mit ihren Kunden im Monat darauf.

In wenigen Wochen im Auswahlprozess von 40 Anbietern auf vier reduziert

Obwohl grundsätzliche betriebliche und strategische Kriterien eine wesentliche Rolle im Auswahlprozeß gespielt hatten, gewannen im Februar und März Aspekte der Unternehmenskultur eine starke Bedeutung. Diese Entwicklung kam auch zustande, weil alle drei Finalisten das grundlegende Qualifikationsprofil für eine erfolgreiche Zusammenarbeit hatten. Bei Washington Mutual hatte man jedoch erkannt, daß der tatsächliche Erfolg vom Verhältnis zu dem externen Unternehmen und der Art der Zusammenarbeit abhängen würde.

Nach den harten Faktoren wurden bei drei guten Kandidaten die weichen Faktoren wichtig

Obwohl die Verwendung solcher „weichen" Faktoren den Auswahlprozeß subjektiver und komplizierter gestalteten, waren sie doch wesentliche Kriterien bei der Partnerfindung. Die wichtigsten Aspekte, die betrachtet wurden, waren die Personalphilosophie und ihre Ansätze, der Grad an Engagement, mit dem sich der

Partner auf das Facilitiy Management im allgemeinen und auf das Portfolio von Washington Mutual zu konzentrieren bereit war. Die Berücksichtigung dieser Kriterien gab den Entscheidern das Gefühl, daß man sich bei Trammell Crow, von ihrer Ausrichtung her eine Bauträgergesellschaft, nicht genügend auf die Bedürfnisse von Washington Mutual einstellen könnte. Dies wurde insbesondere für den Fall angenommen, wenn der Immobilienmarkt in eine starke Phase des Aufschwunges geriete. Es war auch der Eindruck entstanden, daß Trammell Crow sich sehr stark auf das Wachstum des eigenen Unternehmens konzentrierte, so daß die Verwaltung des Portefeuille von Washington Mutual möglicherweise in den Hintergrund getreten wäre. In der Zwischenzeit soll Trammel Crow jedoch seinen Fokus im Bereich der Facility-Management-Services verbessert haben.

Cultural Fit gab den Ausschlag

Bei Compass wurde eine Personalpolitik beobachtet, die sich sehr von der mitarbeiterfreundlichen Philosophie bei Washington Mutual unterschied. Koll andererseits schien sehr am Service orientiert zu sein und legte großen Wert auf seine Mitarbeiter – also genau das, wonach Washington Mutual suchte. Schließlich unterzeichnete Washington Mutual eine Vereinbarung, mit der sie die Verantwortung für ihr Facility Management für ca. 2,3 Millionen Quadratmeter – und für 15 bis 20 Mitarbeiter – an Koll übertrug.

17.5 Vertragsabschluß

Die Verträge zwischen Koll und Washington Mutual enthielten einige einfache und andere, sehr komplexe Aspekte. Die Corporate-Real-Estate-Abteilung verlangt, daß Koll dieselben, grundlegenden Leistungszahlen für Kosten pro Quadratmeter und Mitarbeiter pro Quadratmeter einhält, an denen sie von ihrem eigenen Geschäftsführer gemessen worden waren. Einer der wichtigsten Faktoren für die Erfüllung dieser Ziele war Kolls Fähigkeit, die Instandhaltungskosten für die Akquisitionen von Washington Mutual schneller mit den Instandhaltungskosten von Washington Mutual zu koordinieren, als Washington Mutual dazu allein in der Lage gewesen wäre.

Erfolgsabhängige Gewinnbeteiligung als Anreiz

Statt mit Koll eine simple Verwaltungsgebühr zu vereinbaren oder eine Cost-Plus-Fee-Übereinkunft zu treffen, bot Washington Mutual ihnen einen innovativen Gewinnbeteiligungsplan an. An die Stelle einer Verbesserung der Gesamtperformance setzt diese Vereinbarung spezielle Verbesserungsprogramme mit tatsächlichen, meßbaren Resultaten. Koll erhalten nur dann ihren Gewinnanteil, wenn sie folgende Kriterien erfüllen: Sie müssen eigene Verbesserungsideen präsentieren, deren Hauptziele aufzeigen und quantifizierbare Methoden anbieten, mit denen sich Verbesserungen tatsächlich auf die von Koll vorgeschlagenen Programme zurückführen lassen. Letztes Kriterium: Natürlich müssen die Ziele auch erreicht sein. Als besonderer Anreiz dafür, solch rigorose Standards für das Ausschütten einer Gewinnbeteiligung zu erfüllen, ist die Beteiligung wesentlich höher als bei sonst üblichen Verträgen.

17.6 Betriebliche Innovationen

Koll führte viele moderne Facilities-Management-Techniken und Methoden im Portfolio von Washington Mutual ein. Kolls Berichts- und Analysesystem, Minicom, ist eine dreidimensionale, relationale Datenbank, die betriebliche Daten für das gesamte Portfolio von Washington Mutual enthält. Mit Minicom können die Mitarbeiter von Koll und Washington Mutual alle standardmäßigen oder kundenspezifischen Maße im Portefeuille von Washington Mutual ausfindig machen, die Effizienz eines Gegenstandes des Portefeuilles mit einem anderen, sogar auf Konstruktionsebene, vergleichen oder eine Reihe zusätzlicher Analysen durchführen. Diese Daten können von allen Mitgliedern des Serviceteams für Immobilien, sowohl von Washington Mutual als auch von Koll, abgerufen werden. Diese Daten vereinfachen den Prozeß dramatisch, Probleme zu erkennen, bevor sie auftreten, und die Effizienz des Portefeuilles kann anhand interner oder externer Benchmarks überprüft werden.

Der neue Partner bedient 39 US-Bundesstaaten nun mit einem einzigen 24-Stunden Call-Center

Die von Koll in der Telefonzentrale verwendete Technologie hat sich ebenfalls als Spitzentechnologie erwiesen. Koll bedient das gesamte Portefeuille der Washington Mutual in allen 39 Bundesstaaten über eine einzigen Telefonzentrale. Probleme, Serviceanforderungen, und Fragen werden vierundzwanzig Stunden täglich, sieben Tage wöchentlich per Telefon, Fax oder E-Mail an die Telefonzentrale gesendet. In der Telefonzentrale werden Serviceaufträge und Dringlichkeitsstufen in den Computer eingegeben und die entsprechenden Dienstleistungen werden in Auftrag gegeben. Die Auftragserteilung erfolgt beispielsweise in Form eines dringenden Telefonanrufes an einen lokalen Stromversorger oder in Form eines Faxes an einen Landschaftsgärtner, in dem er an gewisse Routinearbeiten erinnert wird oder in Form einer elektronischen Mitteilung an eine mobile Flotte technischer Wartungsfahrzeuge.

17.7 Hauptempfehlungen

Der Leiter für Unternehmensimmobilien bei Washington Mutual, Kent Wiegel, gibt aufgrund seiner Erfahrung mit dem Outsourcing die folgenden Empfehlungen:

1. „Sie sollten diese Leute wirklich mögen.“

Persönliche Beziehung ist ein Schlüssel zum Erfolg

Ein Schlüssel zum Erfolg, den Washington Mutual bei der Arbeit mit Koll gefunden hat, ist die Stärke ihrer Beziehung. Kent Wiegel, der Leiter der Gruppe für Unternehmensimmobilien, führte fast täglich Gespräche mit John Davis, Kolls Präsident für Facilities Management. Das Kundenteam von Koll führte die Arbeit ständig mit den entsprechenden Kollegen bei Washington Mutual durch. Es bestehen außerdem eine Vielzahl weniger formaler Verbindungen zwischen Koll und Washington Mutual, die beim Erkennen möglicher Problempunkte und Belange helfen, bevor sie entstehen. Diese Interaktionen zeichnen sich durch Offenheit und Ehrlichkeit aus, die für jedes Outsourcing von wesentlicher Bedeutung sind. Ein positives Verhältnis ist für die Fähigkeit, Problempunkte anzusprechen und anzugehen, von wesentlicher Bedeutung.

2. Entscheidend ist die Konzentration während des gesamten Übergangs.

Eines der Hauptprobleme, denen sich Washington Mutual gegenübersah, war der Übergangsprozeß. Anstelle einer Kerngruppe engagierter Experten, die Washington Mutual durch den schwierigen Übergangsprozeß führten, fand man eine Vielzahl „geliehener Leute" aus dem gesamten Portefeuille von Koll vor, wenn es um die Bereitstellung kurzfristiger Hilfe ging. Diesen Personen fehlte die Konzentration, das Engagement und die Spezialisierung, die für den effektiven und schnellen Übergang von 2,3 Millionen Quadratmetern notwendig gewesen wäre. Washington Mutual trug Koll dieses Problem vor und Koll hat seitdem ein Übergangs-Team gebildet, das aus konzentrierten, engagierten Experten besteht, die von Anfang bis Ende den Übergangsprozeß begleiten.

3. „Es dauert länger, als Sie vermuten."

Zeit unterschätzt bevor Resultate zu sehen sind

Obwohl man bei Washington Mutual nicht auf Kostenreduktion konzentriert war, war man doch etwas enttäuscht, daß die Kostenvorteile, insbesondere bei der Einbeziehung von Akquisitionen in ihr Portefeuille, etwas länger brauchten als man gehofft hatte. Zudem benötigte man für Übertragung von Wissen, Personal und Verantwortungsbereichen sehr viel mehr Zeit als man ursprünglich erwartet hatte. Dies war nicht die Folge schlechter Leistungen seitens der Beteiligten, sondern zeigt lediglich, daß man Zeit braucht, um Früchte zu ernten und größere, organisatorische Änderungen durchzuführen.

4. Ihr Partner wird einige wesentliche Stärken einbringen.

Positive Impulse durch den Partner auch auf anderen Ebenen

Während der Geschäftsbeziehung mit Koll war Washington Mutual von einer Vielzahl von Dingen beeindruckt. Laut Kent Wiegel ist „das Kundendienstniveau phänomenal" und die Qualität der Dienstleistungen, die man bei Washington Mutual kennengelernt hat, haben die Erwartungen überstiegen. Ironischerweise stellte Kolls technische Stärke ein Problem für Washington Mutual dar. Viele PCs von Washington Mutual hatten für die Controlling- und Analyseprogramme, die Koll in das Portefeuille einbrachte, zu wenig Kapazität. Sie werden jetzt aufgerüstet, so daß jeder der Gruppe für Unternehmensimmobilien auf Minicom zugreifen und dieses Programm nutzen kann.

5. Wägen Sie bei der Auswahl eines Partners zwischen Konzentration und Innovation ab.

Kent Wiegel rät, sich nicht nach externen FM-Anbietern umzusehen, wenn man sich nicht sicher ist, daß man die Konzentration und Aufmerksamkeit erhält, die man braucht. Auf die Bitte einer groben Einschätzung, ab welcher Größe ein Portefeuille diese Aufmerksamkeit verdient, gab er eine Schätzung von ungefähr 900 000 Quadratmetern ab. Er meint jedoch auch, daß es für eine Unternehmen wichtig wäre, eine Aufteilung ihres Portefeuille unter verschiedenen Anbietern in Betracht zu ziehen, wenn sie einmal groß genug ist, um von den Vorteilen neuer Ideen und Innovationen zu profitieren, die ein zweiter Anbieter einbringt. Wiegel schätzt, daß Washington Mutual bei inzwischen ca. 2,3 Millionen Quadratmetern angelangt ist.

Mehrere Partner erwägen, wenn die Portfoliogröße es erfordert

Das Fallbeispiel zeigt ein geographisch stark verteiltes Unternehmen mit enormer Unternehmensexpansion. Das Outsourcingprojekt verlief nach dem Urknallprinzip. Grundlage des Erfolges waren persönliche Beziehungen zwischen den Entscheidern, das uneingeschränkt als exzellent wahrgenommene Know-how des Partners und seine Service Level sowie die Impulse für das eigene Unternehmen. Die Einspareffekte waren nicht so hoch wie erhofft, und die Erfolge des komplexen Programmes dauerten länger als erwartet.

18. Ausblick in die Zukunft

Das letzte Kapitel ist eine Reise in die Zukunft. Wir zeigen in Szenarien, welche Signale und Dynamiken das Outsourcing im Immobilienbereich heute bereits klar erkennbar beeinflussen. In jedem Szenario werden wirtschaftliches Umfeld, gesellschaftliches Klima, unternehmerische Entscheidungsgrundlagen und die Rolle des FM auf der Kunden- und Anbieterseite beschrieben. Daraus leitet sich die Projektion möglicher Zukunftssituationen ab. Sie soll so deutlich sein, daß der Leser mit ihrer Hilfe seine Konzepte und heutigen Entscheidungen in diesen Umfeldern auf ihre Robustheit hin prüfen kann. Sie ist in einem positiven Sinn provokativ.

18.1 Die Szenario-Entwicklung

Mit einem geschätzten Volumen von 70 bis 80 Milliarden DM ist der Facility-Management-Markt in Deutschland in den kommenden Jahren eine wirtschaftliche Größe, über deren Entwicklung es sich zu spekulieren lohnt. Zwei entscheidende Einflußfaktoren begrenzen den Raum für die Szenarien: *Wirtschaftswachstum* und *Outsourcing-Entwicklung*. Zwischen diesen Polen wird der Raum für vier Szenarien aufgespannt. Sie unterstützen eine Antwort auf die Frage, wohin es mit der FM-Branche in Deutschland geht. Für Einsteiger in diesen vielversprechenden Markt sind sie ebenso relevant wie für Insider mit bereits bestehenden Planungen rund um die Immobilie. Die vier Szenarien heißen:

- FM satt
- Erfolg auch ohne FM
- kein Erfolg, kein FM
- FM-Boom in schlechten Zeiten

18.2 Annahmen über das wirtschaftliche Umfeld Deutschland

Die zukünftige Entwicklung von FM ist in Unternehmen dem direkten Einfluß wirtschaftlicher Veränderungen des Umfeldes einerseits und hausinternen Überlegungen anderseits ausgesetzt. Die FM-Strategie wird deshalb immer eng der gesamten Unternehmensstrategie folgen und sie unterstützen. Einige Faktoren spielen in den kommenden Jahren eine besondere Bedeutung: die Leistung des Wirtschaftsstandortes Deutschland, die momentan gerade gültigen Management-

Modelle, die Kapitalmarktlage und die neuen Anwendungen im Bereich der Informationstechnologie.

Die Szenarien gehen von einer Entwicklung für die nächsten fünf bis sieben Jahre aus, in denen das Wirtschaftswachstum auf europäischer Ebene fast stagniert oder nur moderat steigt. Sie werden angelehnt an Research-Aussagen von Andersen Consulting, die zwei realistische Pole für den Zweck des Szenarioentwurfes zwischen einem und zehn Prozent zulassen. Auf der gesellschaftlichen Wohlfühlskala und bei unternehmerischem Optimismus liest sich ein Prozent als kontinuierliche, milde Depression und zehn Prozent als Jahrtausendwechsel-Euphorie eines „Alles wird gut".

Im angenommenen Zeitraum werden Unternehmen in fast allen Industrien mit ihren Anpassungen an Strukturverwerfungen beschäftigt sein. Das betrifft die Energieversorger mit dem veränderten regulativen Umfeld und der Entmonopolisierung genauso wie die Telekommunikations-Anbieter die sich mit dramatisch schnellen technologischen Anwendungsentwicklungen wie dem Internet II und neuen Klassen von Endgeräten auseinandersetzen müssen.

Ein zunehmender Sockel von dauerhaft Arbeitslosen pendelt sich zwischen 15 und 18 Prozent ein und führt zur kontinuierlichen Aushöhlung des Sozialsystems. Dies ändert weder die Annahme der dauerhafteren Depression noch die des euphorischen Wachstums. Im einen Fall wird die Rate durch Staatsintervention so niedrig gehalten, im anderen polarisiert sich der dynamische Arbeitsmarkt zwischen dem neuen Typus von Leistungsträgern einer Informationsgesellschaft und denen, die den notwendigen Qualifikationen nicht folgen können oder wollen.

Die guten Nachrichten sind liberalisierte Finanzmärkte und der freie Fluß von Kapital, der als sicher gilt. Kapital steht in Deutschland im Überfluß zur Verfügung, weil die abhängig Beschäftigten zunehmend ihre Altersversorgung selbst in die Hand nehmen müssen. In eine der drei Säulen der Vermögensanlage investieren sie, außer in Rente und Aktie verstärkt, nämlich in die Immobilie, vorzugsweise in die Gewerbeimmobilie. Durch starke Mittelzuflüsse kommt es in Kapitalsammelstellen wie Fonds zu hohem Investitionsdruck.

Selbst wenn die deutschen Unternehmen genug Luft haben, sich für die Anschaffung oder den Beibehalt von Immobilien-Eigentum zu entscheiden, wird die Immobilie durch die unvorhersehbaren Entwicklungen der Kapitalkosten, der Ertragschancen und des Risikomanagements im Vergleich zu anderen Investitionen im Unternehmen nicht automatisch zur First Choice.

18.3 Szenario 1: FM satt

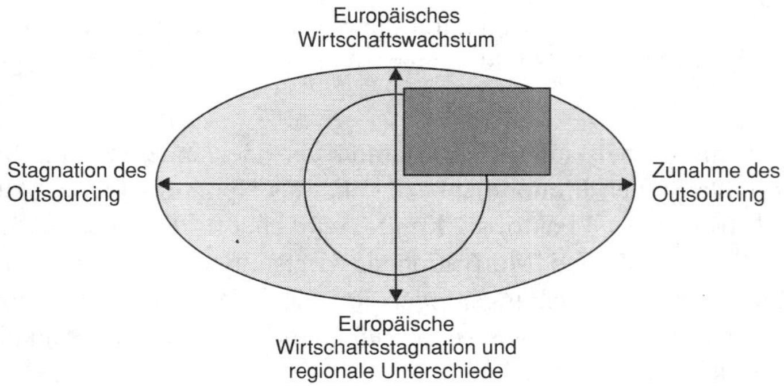

Abbildung 22: FM satt (Quelle: Andersen Consulting)

Wesentliche Kräfte und Determinanten:

- hohes, europäisches Wirtschaftswachstum
- Dauermarathon im Wettbewerb erzwingt konzeptionell kühne Würfe
- Outsourcing und FM boomen
- intelligentes Allianzmanagement in neuen Wertschöpfungsnetzen
- FM als Business-Aufgabe mit hohem Management Anspruch

Deutschland ist kein eigenständiger Impulsgeber für das globale oder das europäische Wirtschaftswachstum. In einzelnen Branchen folgen Unternehmen durch inzwischen geschickte und schnelle Adaption den positiven Dynamiken in den heimischen, europäischen und asiatischen Märkten.

Das gesamte Wirtschaftsgefüge bewegt sich trotz anderer Tendenzen bei europäischen Partnerländern rasch in Richtung des angelsächsischen Kapitalismus mit weniger sozialen Leistungen und mehr Eigeninitiative.

Die Früchte der Liberalisierung monopolisierter Industrien sind endlich spürbar, und der Euro unterstützt bei allen Widerständen der Bürger auf sanfte Weise die europäische und sogar die innerdeutsche Integration. Der momentane Erfolg verspricht ein wirtschaftlich erfolgreiches Europa ohne Reue. Um maximale Flexibilität zu erreichen, organisieren sich die Unternehmen zunehmend in offenen Allianznetzen mit wechselnden Partnern. Outsourcing ist ein Muß, um sich mit den ewig zu dünnen Managementkapazitäten immer um die Optimierung der eigenen Kernkompetenzen, die Marktpositionierung und die Fokussierung auf die richtigen Kundensegmente kümmern zu können. Hyperwettbewerb, Rapid Alliancing und virtuelle Wertschöpfungsketten sind die Schlagworte dieser Boomphase.

Gewinner dieses Booms sind Organisationsmodelle wie Outsourcing und Cosourcing. Mit ihnen wollen Unternehmen die besten externen Resourcen für die unterstützenden Funktionen außerhalb ihrer Kernkompetenzen nutzen. Durch Insourcing besinnt man sich wieder auf die Notwendigkeit strategischer Kompetenzen die man mit internen Ressourcen punktgenauer als in den neunziger Jahren einsetzt.

Die Unternehmen sehen außer dem Stammhaus oder anderen Immobilien mit hohem Symbolwert den Immobilienbesitz eher als Hemmnis für schnelle Adaption denn als förderlichen Faktor an. Kapital wird eher für Expansion, Marketingaufwände, Ausbildung und Motivation der Leistungsträger gebraucht als für Immobilien. Geht es in Planungsrunden um die Verteilung von Investitionen, werden sie eher als investive Risiken gesehen, die weitere Abhängigkeiten vom Kapitalmarkt mit sich bringen.

Der Immobilienmarkt und seine dazugehörigen Services werden unter diesem Veränderungsdruck und ständiger Fluktuation zwangsläufig professionalisiert und wird auch als Branche für Diversifikationen immer attraktiver. Mit diesen Entwicklungen geht auch eine Standardisierung der Schlüsselprozesse mit allen qualitativen und quantitativen Benchmarks einher. FM ist in diesem Wachstumssog deshalb eine der Unternehmensfunktionen, die sich durch die angesprochene Standardisierung in allen Managementaspekten zu Plug-and-Play-Partnerschaften hervorragend eignet. Man spielt wie eine erfolgreiche Band für bestimmte Zeit zusammen, um sich dann mit einem bereits bei Beginn der Zusammenarbeit sorgfältig geplanten Ausstiegsszenario schadenfrei zu trennen. Die Kosten, der Aufwand und die persönlichen Hemmnisse, den Anbieter zu wechseln, sind erheblich geringer als noch heute. An den FM-Manager stellt dieses Szenario unerhört hohe persönliche und fachliche Anforderungen. Es bedarf großer strategischer Weitsicht und hohem operationalem Geschick.

Die Dienstleistungen für FM werden als interne oder externe Services auf höchstes Niveau entwickelt. Heute bereits bekannte Spitzentechnologien wie Service-Call-Center, Module für das intelligente Gebäude und Sicherheitssyteme werden auch in kleinen Firmen oder Immobilienportfolios aus Wettbewerbsgründen auf den neuesten Stand gebracht. In den kommenden fünf Jahren entsteht eine kleine, aber zunehmende Anzahl von global und europäisch agierenden Markenanbietern von FM-Leistungen, kein deutscher Spieler setzt sich dieser Liga durch den Erfahrungsvorsprung der angelsächsischen Anbieter durch. Sie setzten geschickt die Dienstleistungen in der gesamten FM-Wertschöpfungskette aus den jeweiligen nationalen Anbietern zusammen und nutzen sehr clever Konzepte aus der Informationstechnologie wie Data Warehousing. Dadurch erkennen sie weltweit Nutzungsmuster und den Bedarf von Immobilien in bestimmten Industrien und Ländern. Durch deren unterschiedlichen Reifegrade können sie Erfahrungen bereits frühzeitig in einer schnellen Industrie sammeln, um diese dann in langsameren Umfeldern für eine sehr vorausschauende Planung zu verwenden. Insgesamt geben sie ihren Kunden auch das gutes Gefühl nach internationalen Qualitätsmaßstäben bedient zu werden und Alltagskomplexitäten verläßlich zu reduzieren.

18.4 Szenario 2: Erfolg auch ohne FM

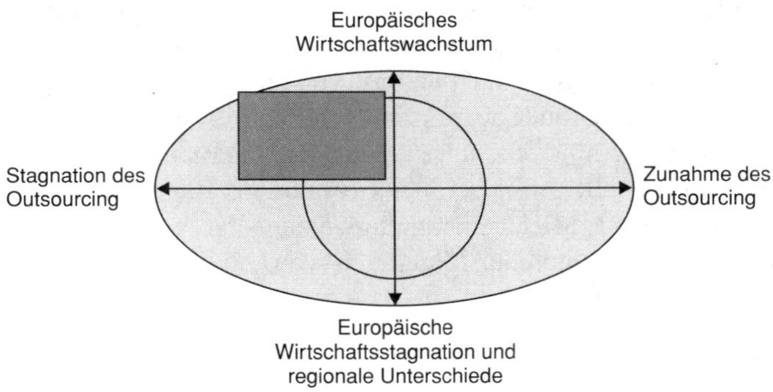

Abbildung 23: Erfolg auch ohne FM (Quelle: Andersen Consulting)

Wesentliche Kräfte und Determinanten:

- starkes Wirtschaftswachstum wie in Szenario 1
- wirtschaftlicher Erfolg führt zu Behäbigkeiten und Begehrlichkeiten der völligen Kontrolle über alle internen Funktionen
- Outtasking und FM ja, aber keine eigenständige Branche
- geschlossene Allianzen als Wertschöpfungsnetze
- FM als Optimierungsaufgabe mit technischen Lösungen

Das wirtschaftliche Umfeld deutscher Unternehmen ist so positiv wie in Szenario 1, doch die Reaktionen der Unternehmen, ihre Haltung zu Outsourcing im allgemeinen, zu ihren Immobilien und zur Immobiliennutzung und dem FM ist grundverschieden. Unternehmen organisieren zwar aufgrund der hohen Dynamik des Umfeldes ihre Wertschöpfungsketten neu, agieren aber in geschlossenen Netzwerken mit bekannten oder befreundeten Unternehmen. Partnerwechsel sind nicht en vogue. Um alle durch das Wachstum bedingte Business-Chancen mitnehmen und wahrnehmen zu können, gilt es, alle Risiken zu minimieren, die den mühsam aufrechterhaltenen High-Speed-Ablauf des Tagesgeschäftes gefährden und Zeit kosten könnten. Zeit ist in diesem schnellen Umfeld so kostbar, daß man sich Lernphasen mit neuen Partnern nicht leisten will und man lieber mit bekannten Einschränkungen lebt.

Es gibt auch wenig Motivation, sich auf Abenteuer im Bereich FM einzulassen, nach dem viele Unternehmen im Rausch der Reorganisationen und Ausdünnung der Hierarchiestufen in den neunziger Jahren jetzt wieder durch Insourcing Mitarbeiter einstellen und ausgelagerte Funktionen und Kompetenzen zurückholen. Im Zweifel entscheidet man sich bei der Wahl zwischen Eigenverrichtung der Tätigkeiten oder der Delegation an Dritte und Kontrolle, häufig gegen Outsourcing. Auch zwischen Unternehmen, die als „Best Practices" im Kunden- und Anbieterverhältnis gelten, gibt es nur wenige Outsourcingprojekte. Selbst dort sind nach schnellen Erfolgen und der Anfangs-Euphorie in dieser Phase die quantitativen Einsparungen und qualitativen Verbesserungen langfristig nicht haltbar gewesen. Die Gründe waren zu zögerliche, langsame Vorgehensweisen mit den potentiellen Anbietern, auf zu niedriger Unternehmensebene an Externe vergebene Aufgaben mit geringer Chance für diese Partner, sichtbaren Mehrwert zu erzeugen, mangelnde Managementunterstützung durch Machtverlust bei wichtigen Funktionen, aber auch der Mangel an wirklich überzeugenden, deutschen Outsourcing-Anbietern.

Die Unternehmen verdienen im allgemeinen, positiven Sog derartig gut, daß sie ihre Komplexität in den neuen Wertschöpfungsketten mit Allianzpartnern nicht auch noch durch Partner für ihre internen Funktionen erhöhen wollen. Diese Fähigkeit der Ad-hoc-Allianzbildung ist in einer vernetzten Weltwirtschaft ein substantieller Bestandteil der Unternehmenskultur und wird sich als eklatanter Mangel erst in einigen Jahren zeigen. Selbst solchen Konzepten geneigte Unternehmer lassen sich unter dem Druck von Gewerkschaften und Banken dazu verleiten, auch die anderen neuen Paradigmen der vernetzten Informationsgesellschaft wie „Nutzen statt Besitzen" vorerst nicht in ihre Vorgehensweisen einzubeziehen. In diesem geistigen Klima kann sich die FM-Branche deshalb in Deutschland nicht so entfalten wie in anderen europäischen und angelsächsischen Ländern. Der FM-Manager bleibt ein technisch denkender Optimierer, statt ein Business Manager zu werden. Deshalb wird bei Problemen oder Einsparpotential bereitwilliger in Technik investiert, als grundsätzlich neue Prozesse mit zusätzlichen Partnern einzuführen. Unkritische Teilaufgaben werden jedoch in schlicht gestalteten, langfristigen Verträgen bereitwillig an externe Dienstleister vergeben.

18.5 Szenario 3: Kein Erfolg, kein FM

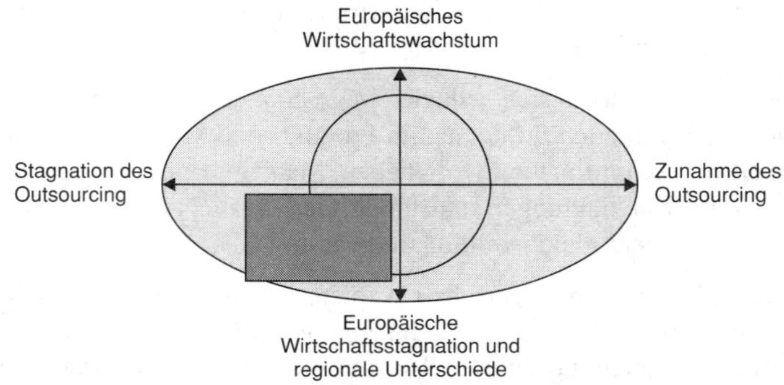

Abbildung 24: Kein Erfolg, kein FM (Quelle: Andersen Consulting)

Wesentliche Kräfte und Determinanten:

- kaum Wirtschaftswachstum, Perspektivenlosigkeit der Großorganisationen führt zu vielen neuen Selbstständigen
- schlechteste aller Grundstimmungen mit Spirale nach unten
- FM nur von globalen Anbietern oder auf unterstem Niveau in der Organisation
- Grundstimmung der Unsicherheit und Festhalten an allem Bekannten

Stagnation und fehlende Entwicklungsperspektiven in großen Unternehmen prägen eine negative Grundhaltung bei den Mitarbeitern und sogar dem Management der unteren Ebenen. Die europäische und deutsche politisch-gesellschaftliche Großwetterlage wird eher von Unsicherheit und Abwarten geprägt. Kombiniert mit dem Faktor der überalternden Gesellschaft kommt es zu Widerständen gegen jede Form von Veränderung. Europas und Deutschlands Wirtschaftsklima wird weniger von den Nationen geprägt als vom Erfolg und Mißerfolg in den Regionen. In allen Ländern gibt es ein ein Baden-Württemberg und ein wirtschaftliche Region des Mezzogiorno. Diese Polarisierung setzt sich in Gesellschaft und Unternehmen fort, mit einer klaren Tendenz zur Zweiklassengesellschaft. Gewerkschaften und neue Typen von Arbeitnehmerorganisationen, die sich über das Internet auf europäischer Ebene organisieren, versuchen in dieser schlechten Wirtschaftslage, grundsätzlich alle intensiven Veränderungen zu verhindern. Dazu gehört sogar der Einfluß auf die Überlegungen des Managements, sich von Immobilien zu trennen. Am Bekannten festhalten und auf bessere Zeiten hoffen, so lautet die Devise. Ein Teil der Großunternehmen zeigt wenig Impulse und hat zu wenig Finanzkraft, um Aufbruch und technisch-konzeptionelle Durchbrüche umzusetzen. Anderen Unternehmen gelingt es durch Innovation und strategische Intelligenz, globale Anbieter zu werden. Arbeitnehmer klammern sich an traditionelle Arbeitsverträge, Gewerkschaften helfen, mühevoll Erreichtes zu bewahren. Auffällig viele desillusionierte Menschen unter Dreißig und über Fünfzig machen sich mit Dienstleistungen selbstständig, mit denen sie auch Großunternehmen in kleinsten Nischen bedienen.

In diesem Umfeld finden sich jedoch einige Star-Unternehmen, die sich mit eigenständigen, originellen Strategien im Produkt- und Vertriebsbereich profilieren und überdurchschnittlichen Erfolg haben. Man empfindet in dieser Situation, daß auch positive Entwicklungen stattfinden, sie aber nicht häufig genug vorkommen und regional nicht gleich verteilt sind.

Eine starke FM-Kultur mit deutschen Anbietern kann sich durch die fehlende kritische Masse an Kunden nicht entwickeln. Die FM-Manager führender Unternehmen greifen deshalb auf angelsächsische Markenanbieter zurück, die inzwischen weltweit agieren. Durch die Größenordnungen, in denen sie operieren, erreichen sie erhebliche Kosteneinsparungen und deutliche Verbesserungen in der Servicequalität. Die FM-Manager in weniger mutigen Unternehmen wollen kein Risiko mit ausländischen Anbietern eingehen und nehmen bewußt suboptimale Lösungen in Kauf. Die Konsequenz ist, mit traditionellen Mitteln zu versuchen, die Kosten durch regionale Anbieter in Teilbereichen zu optimieren, auch wenn qualitative Einbußen auf den Service-Leveln zu erwarten sind.

18.6 Szenario 4: FM-Boom in schlechten Zeiten

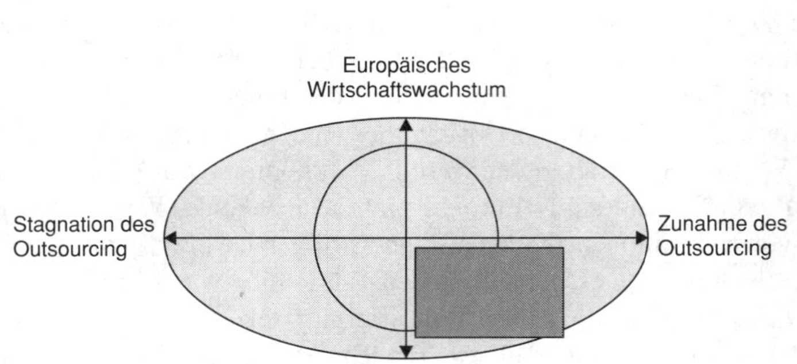

Abbildung 25: FM-Boom in schlechten Zeiten (Quelle: Andersen Consulting)

Wesentliche Kräfte und Determinanten:
- europäisches/deutsches Wirtschaftswachstum auf niedrigstem Niveau
- Hoffnung bestimmt das Klima und nährt die ständige Suche nach neuen Lösungen. Keiner wagt den großen Wurf
- Outsourcing und FM boomen
- extremes Kostenbewußtsein, Rückgang der Service Level
- FM-Anbieter überleben nur durch Economy-of-Scale oder Extrem-Nischen

Das wirtschafliche Umfeld deutscher Unternehmen ist identisch mit dem von Szenario 3. Mageres Wachstum, jeder versucht erst einmal in Anstand zu überleben. Optimierung dominiert Innovation. Die Management-Ressourcen sind zwar auf die Kernkompetenzen konzentriert, aber viele Unternehmen sind auf der Suche nach einem Ausweg. Deutschland hat nur in wenigen Industrie-Bereichen Spitzenpositionen inne, wobei sich aber entstehende Leistungsunterschiede zwischen den Nationen durch die inzwischen feinstgeknüpften wirtschaftlichen Vernetzungen und gegenseitigen Abhängigkeiten der Triade nur kurzzeitig bemerkbar machen, bevor das globale Netz sie wieder einebnet. Erfolgskonzepte, die mit geringem Aufwand kurzfristigen Erfolg bringen, werden nach dem Kopierprinzip von Best Practices sofort selbst probiert.

Im Gegensatz zu Szenario 3 versuchen die Unternehmen, in allen Industrien eine innere Dynamik zu erzeugen, die auch zu symbolischen Handlungen wie substantiellem Outsourcing und Verkauf von traditionsbeladenen Immobilien führt. Dadurch bekommt der FM-Manager als strategischer Mitdenker eine bedeutende Rolle. Sie wird ihm einfacher gemacht durch das Aufblühen einer mittelständischen FM-Branche, die aber von einer schnellen Konsolidierung gefolgt wird. Diese FM-Unternehmen sind Neugründungen sowie Ausgründungen von Unternehmen aus dem Immobilienbereich, Haus- und Kommunikationstechnik sowie Energielieferanten. Man gewinnt entweder selbst schnell Größe oder organisiert sich in Netzwerken, um durch Economies-of-Scale in einem extrem preissensiblen Umfeld überleben zu können. Preis dominiert in diesem Szenario immer die Frage nach den Komfort-Leveln der Dienstleistungen.

Großunternehmen, die mit dem Gedanken spielen, den Trend zum FM umzukehren und das Pendel zurückschlagen zu lassen, sind die Seltenheit. In diesem Fall hat der FM-Partner die gewünschte Kostentransparenz und Prozessoptimierung hergestellt, fühlt sich der Kunde emanzipiert genug, hochgradig standardisierte Teile der externalisierten Leistungen wieder zu insourcen. Damit will er auch noch dessen Marge einsparen. Doch die meisten Unternehmen bleiben wegen des hohen operativen Detailaufwandes beim einmal eingeschlagenen Weg des Outsourcing.

Eines der größten Probleme für die zahlreichen FM-Anbieter wird die Kundenloyalität sein. Diese Situation fördert durch die Anzahl der Anbieter-Alternativen, durch normierte Prozesse und Technik, durch die standardisierten Organisations-Schnittstellen und den extremen Kostendruck einen schnellen Wechsel zu anderen Anbietern. Für die Unternehmen beginnt ein dauerhafter Suchprozeß nach der optimalen, sprich preiswertesten Lösung. Durch den Mangel an finanziellen

Möglichkeiten kommt es in vielen Details zu überraschender Kreativität und Innovation, zum Beispiel in der Haustechnik oder bei der Vielfachnutzung vorhandener Infrastrukturen wie Call-Centern.

18.7 Die Bedeutung der Szenarien und die Aufgabe des Lesers

Um nicht von Entwicklungen überrascht zu werden, sind qualifizierte Spekulationen über zukünftige Entwicklungen heute notwendiger denn je. Gerade in solchen Unternehmensfunktionen wie dem Corporate Real Estate, die sich jahrelang sehr berechenbar entwickelt haben, muß man die gedankliche Flexibilität lernen, die einen vor unangenehmen Überraschungen in der Unternehmensleitung und als FM-Manager schützt. Die Immobilienstrategie, der Besitz und die Bewirtschaftung, mußten noch niemals so eng mit der Unternehmensstrategie synchronisiert werden wie heute. Auch in der Zukunft wird dies der Fall sein, obwohl die Immobilie andere Lebenszyklen und Eigenzeiten hat als die Organisation, der sie dient.

Keines der Szenarien wird in seiner Reinform eintreffen. Einige könnten auch als Übergangsszenarien zu anderen gesehen werden. Eine interessante Übung ist es festzustellen, wie das eigene Glaubensbekenntnis zu diesen Fragen aussieht. Dabei sollte man zuerst herausfinden, wo man heute zu stehen glaubt und entlang welcher Vektoren sich die zukünftigen Entwicklungen bewegen werden.

Szenarien sind Skizzen, Reizentwürfe. Sie sollen und werden nicht von jedem Leser akzeptiert werden – so wie es auch Menschen gibt, die tatsächliche Entwicklungen nicht glauben und sich dagegen wehren.

Heutige Signale stützen die Annahme, daß sich das wirtschaftliche Umfeld Deutschlands und die Grundhaltung zu organisatorischen Veränderungen in Zukunft positiver entwickeln wird. Unter diesen Voraussetzungen verspricht FM in den kommenden fünf bis zehn Jahren eine starke Branche zu werden. Der hohe Bedarf der Unternehmen nach FM-Leistungen entsteht durch ihre Konzentration auf Kernkompetenzen und die Tendenz, sich von komplexen Dienstleistungen und kapitalintensiven und langfristig bindenden Investments wie Immobilien zu trennen.

Anhang

Ausbildungsangebot

Akzente Studiengemeinschaft	Management Event Bürostandort Deutschland als Chance	Schwerpunkt infrastrukturelles Gebäudemanagement	Gebühr: 270 DM, Dauer: 1 Tag	Tel. 06 41-9 43 30 60
Artur-Speer-Akademie, Berlin	Haustechnik/ Gebäudemanagement	Umfassende Ausbildung inklusive Praktikum	Gebühr: 10 318 DM (AfG-Förderung möglich), Dauer: 1 Jahr	Tel. 0 30-42 85 01 35
Artur-Speer-Akademie, Berlin	Einstieg ins Facility Management – Chancen für Dienstleister	Umfassende Übersicht	Gebühr: 565 DM, Dauer: 1 Jahr	Tel. 0 30-42 85 01 35
ASB Management-Zentrum-Heidelberg e. V., Heidelberg	Gebäudeverwaltung und -unterhaltung	Schwerpunkt kaufmännisches Gebäudemanagement	Gebühr: 1 990 DM, Dauer: 2 Tage	Tel. 0 62 21-98 88
Europäische Immobilien Akademie Saarbrücken	Aufbaustudium Facility Management	Umfassende Ausbildung	Gebühr: 1 960 DM, Dauer: 2 Semester (Blockunterricht)	Tel. 06 81-5 38 46
Fachakademie für Gebäudemanagement und Dienstleistungen e. V., Stuttgart	Das Gebäudemanagement sicher im Griff-Controlling-Instrument der Betriebsführung	Schwerpunkt: kaufmännisches Gebäudemanagement	Gebühr: 565 DM Dauer: 1 Tag	Tel. 07 11-7 28 56 16
FH Berlin	Technisches Gebäudemanagement	Umfassende Ausbildung inklusive Praktikum	8 Semester, davon 1 Praxis- und 1 Prüfungssemester	Tel. 0 30-55 77 36-26, -25
FH Erfurt	Studiengang Versorgungswirtschaft – Studienrichtung Gebäude- und Liegenschaftsmanagement	Umfassende Ausbildung	Öffentliche Ausbildung, Dauer: 8 Semester	Tel. 03 61-6 70 04 20
FH Münster	Ab Oktober 1998 Fachbereich Oecotrophologie (Großhaushaltslehre) Vertiefung Facility Management	Umfassende Ausbildung mit Diplom als Abschluß	6 Semester + Praxissemester	Tel. 0 22 36-96 30 88

FH Münster	Fachbereich Oecotrophologie: Wahlfach Facility Management	Einführende Ausbildung	1 Semester	Tel. 0 22 36-96 30 88
FH Münster	Fachbereich Oecotrophologie: Internationales Semester Facility Management	Einführende Ausbildung	1 Semester	Tel. 0 22 36-96 30 88
Haus der Technik e. V., Essen	Outsourcing von Facility Management	Schwerpunkt kaufmännisches Gebäude-management	Gebühr: 1 890 DM, Dauer: 2 Tage	Tel. 02 01-1 80 31
Haus der Technik e. V., Essen	Facility Management – Praxis-erfahrungen in Deutschland	Umfassendes Ausbildung	Gebühr: 1 985 DM, Dauer: 2 Tage	Tel. 02 01-1 80 31
Haus der Technik e. V., Essen	Facility Management – Erfahrungen bei der praktischen Umsetzung	Schwerpunkt technisches Gebäude-management	Gebühr: 1 790 DM, Dauer: 2 Tage	Tel. 02 01-1 80 31
Haus der Technik e. V., Essen	Gebäude-automation	Schwerpunkt technisches Gebäude-management	Gebühr: 995 DM, Dauer: 1 Tag	Tel. 02 01-1 80 31
IMI-Immobilien-Institut Pachowsky, Nürnberg	Fernstudien-Lehrgang Haus- und Grund-stücks-Fach-verwalter	Schwerpunkt: kaufmännisches Gebäude-management	Gebühr: 1 785 DM, Dauer: 9 Monate	Tel. 09 11-36 76 80
JCI Johnson Controls Rege-lungstechnik GmbH, Essen	Gebäude-leitsystem (z. B. SPL)	Schwerpunkt technisches Gebäude-management	Gebühr: 2 725 DM, Dauer: 4 Tage	Tel. 02 01-2 40 00
Landis & Staefa Schulungs-zentrum Düsseldorf	EDV-Gebäude-management/ Gebäudeleit-system	Schwerpunkt technisches Gebäude-management	Gebühr: 525 DM bis 2 100 DM, Dauer: 1 Tag bis 4 Tage, je nach Kurs (wird in ver-schiedenen Städ-ten angeboten)	Tel. 02 11-5 20 42 70
Landis & Staefa Schulungs-zentrum Düsseldorf	Facility Management: Das Grund-programm CAFMS SPAN-FM	Schwerpunkt technisches Gebäude-management	Gebühr: 1 575 DM, Dauer: 3 Tage (wird in verschie-denen Städten angeboten)	Tel. 02 11-5 20 42 70 Sauter-Cumulus GmbH, Abt. Schulung

Südwestdeutsche Fachakademie der Grundstücks- und Wohnungswirtschaft e. V., Wiesbaden	Lehrgang Wohnungseigentumsverwalter	Schwerpunkt kaufmännisches Gebäudemanagement	Gebühr: 1 900 DM, Dauer: 1 Woche	Tel. 06 11-37 97 56
Technische Akademie Wuppertal e. V.	Fachwirt Facility Management (GEFMA), auch einzelne Blöcke wählbar	Umfassende Ausbildung	Gebühr: 11 800 DM oder pro Kurs, Dauer: 1 Jahr	Tel. 02 02-7 49 52 37
Technische Akademie Wuppertal e. V.	Reorganisation des Immobilien- und Gebäudemanagements	Schwerpunkt kaufmännisches Gebäudemanagement	Gebühr: 785 DM, Dauer: 1 Tag	Tel. 02 02-7 49 50
Technische Akademie Wuppertal e. V.	Führungskennzahlen für Immobilien- und Gebäudemanagement	Schwerpunkt Benchmarking	Gebühr: 785 DM, Dauer: 1 Tag	Tel. 02 02-7 49 50
Technische Akademie Wuppertal e. V.	Informatikeinsatz im Immobilien- und Gebäudemanagement	Umfassendes Ausbildung	Gebühr: 785 DM, Dauer: 1 Tag	Tel. 02 02-7 49 50
Technische Akademie Wuppertal e. V.	Energieein-- sparung in der Gebäudetechnik	Schwerpunkt technisches Gebäudemanagement	Gebühr: 1 195 DM, Dauer: 2 Tage	Tel. 02 02-7 49 50
Technische Akademie Wuppertal e. V./ Forschungsinstitut für Gebäudereinigungstechnik	Einführung in die Kostenrechnung bei der Gebäudereinigung	Schwerpunkt infrastrukturelles Gebäudemanagement	Gebühr: 565 DM, Dauer: 1 Tag	Tel. 02 02-7 49 50
TÜV-Akademie Rheinland GmbH	Technische Gebäudeausrüstung	Schwerpunkt technisches Gebäudemanagement inklusive Praktikum	Gebühr: AFG-Maßnahme, Dauer: 10 Monate	Tel. 0 61 31-59 30 61
VDI Verein Deutscher Ingenieure, VDI-Bildungswerk, Düsseldorf	Gebäudeautomation	Schwerpunkt technisches Gebäudemanagement	Gebühr: 1 150 DM, Dauer: 3 Tage	Tel. 02 11-6 21 42 01

Private und öffentliche Hochschulen in Deutschland

Private Hochschule ebs	Tel. 0 67 23-99 50 30
Euroforum Deutschland	Tel. 02 11-9 68 60
Institute for International Research	Tel. 0 61 96-58 50
Management Circle	Tel. 0 61 96-47 22 42
Bauzentrum München	Tel. 0 89-51 07-4 41
Bernd Heuer Communications	Tel. 02 21-46 90 50
Constructec, Wiesbaden	
MIPIM, Cannes	
MIPIM Asia, Singapur	
FM Expo, London	
EuroFM / IFMA Konferenzen	
IFMA Schulungsangebot	Tel. 00 32-2-7 43-15 42 (Brüssel)

Konferenzveranstalter, Weiterbildungsveranstalter, Messen

Euroforum Deutschland
Institute for International Research
Management Circle
Bauzentrum München
Bernd Heuer Communications
Constructec, Wiesbaden
MIPIM, Cannes
MIPIM Asia, Singapur
FM Expo, London
EuroFM / IFMA Konferenzen

Amerikanische Universitäten mit Studienangeboten, die durch den internationalen Verband für Facility Management (IFMA) akkreditiert sind

Studiengang Facilities Management, Cornell University, Ithaca, New York
Studiengang Facility Management, Eastern Michigan University, Ypsilanti, Michigan
Studiengang Facilities Management, Ferris State University, Big Rapids, Michigan
Studiengang Facilities Management, The University of Strathclyde – Centre for Facilities Management, Glasgow, Scotland
Studiengang Facilities Management, University of Southern Colorado, Pueblo, Colorado

Beispiele für IFMA-Kursangebote in den USA (teilweise zertifiziert)
Fundamentals of Indoor Air Quality
Fundamentals of Heating, Ventilation and Air Condition Systems
Fundamentals of Heating, Ventilation and Air Condition Control Systems
Fundamentals of Water Systems Design
Fundamentals of Air Systems Design
Fundamentals of Thermodynamics
Fundamentals of Heating & Cooling Loads
Fundamentals of Electrical Systems & Building Energy Use
Fundamentals of Refrigeration Systems
Master Planning and Asset Management
Project Management

Übersicht über die Schulungsangebote in Großbritannien:
Conservation Of Buildings (Anglia Polytechnic University, Chelmsford)
Facilities Design & Planning (University of Strathclyde, Glasgow)
Facilities Management & Asset Maintenance (Heriot-Watt University, Edinburgh)
Facilities Management (Greenwich University, London)
Facilities Management (Sheffield Hallam University, Sheffield)
Facilities Management (South Bank University, London)
Facilities Management (University of Central England at Birmingham)
Facilities Management (University of Humberside, Hull)
Facilities Management (University of Luton, Bedfordshire)
Facilities Management (University of Strathclyde, Glasgow)
Facilities Management (University of the West of England, Bristol)
Facilities Management (University of Westminster, London)
Facility & Environment Management (University College, London)
Immobilia (European Real Estate Studies) (Kingston University, Surrey)
Structural Rehabilitation, Repair & Maintenance (Heriot-Watt University, Edinburgh)

Benchmarking Code of Conduct

1. The Principle of Legality

If there is any potential question of the legality of an activity, it will not be undertaken.

Any discussions or actions that could lead to or imply an interest in restraint of trade, market, and/or customer and /or supplier allocation schemes, price fixing, dealing arrangements, bid rigging or bribery will be avoided.

The acquisition of trade secrets from any means that could be interpreted as improper will be avoided, including the breach or inducement of a breach of any duty to maintain secrecy. Any such trade secrets nevertheless unintentionally obtained will not be disclosed and will remain strictly confidential.

2. The Principle of Exchange

The same type and level of information that is requested from benchmarking partners will be reciprocated.

Areas of mutual interest and expectations from the benchmarking activity will be clarified fully at the outset of any relationship.

Honesty and completeness with respect to information will be respected at all times.

3. The Principle of Confidentiality

Benchmarking interchange will be treated as confidential to the individuals and organisations involved. Specific identifiable information will not be communicated outside the partnering organisations without its prior consent.

4. The Principle of Use

The information obtained through benchmarking will only be used for purposes of assessing levels of performance, or for formulating the improvement of operations or processes, as follows:

The company reserves the right to use any performance related data acquired through benchmarking as part of a body of data used in such a manner that any source organisation, partnership or study cannot be identified in any way. All other use of such data is restricted to the partnering organisations in any particular study, unless the prior consent of the benchmarking partner who shared the information is given.

Specific information regarding operational processes acquired through benchmarking will not be communicated outside the partnering organisations without the prior consent of the benchmarking partner who shared the information.

The use or communication of a benchmarking partner's name with the data obtained or practices observed requires the prior permission of that partner.

5. The Principle of Contact

The ‚culture" of partner organisations will be respected and work will be undertaken within mutually agreed upon procedures.

Individual benchmarking contacts will be controlled within partner organisations by a primary contact designated by the partner organisation.

First or third party contact names will not be disclosed in an open forum without the contact's permission.

6. The Principle of Preparation

All parties undertake to make the most of benchmarking time by being fully prepared for each exchange.

Benchmarking partners will be helped to prepare by the provision of an interview guide or questionnaire and agenda prior to benchmarking visits.

7. The Principle of Completion

Each commitment made to benchmarking partners will be honoured in a timely manner.

Each benchmarking study will be concluded to the satisfaction of all partners as mutually agreed.

8. The Principle of Understanding and Action

Each benchmarking partner will treat other partners in the honourable and professional manner they themselves would wish to be treated.

Literatur

ANDERSEN CONSULTING, „Global Electronics Study“, 1997

APGAR, MAHLON, „Managing Real Estate to Build Value“, in: Harvard Business Review, November-Dezember 1995

APGAR, MAHLON, „Uncovering Your Hidden Occupancy Costs“, in: Harvard Business Review, Mai–Juni 1993

ARTHUR ANDERSEN, „Effectiveness of Property Management“, in: Wasted Assets? A Survey of Corporate Real Estate in Europe, 1995

BAROVICK, BARRY, „Outsourcing: Corporate Location Decisions; Qualitative Objectivity“, in: The Digest of Corporate Real Estate, Februar 1997

BESSEMER TRUST, „Will Your Bank Be Gone Before You Are?“ in: The Wall Street Journal, 18. November 1997

BIERMANN, THOMAS, „Dienstleister müssen besser werden“, in: Harvard Business Manager, Februar 1997

BOMA (Builders, Owners and Managers Asociation International), „Experience Exchange Report“, Washington, 1996

BOOTY, FRANK, „Creating Flexible Workspace“, in: Facilities Management, August 1996

BUCKLEY, MICHAEL, „The Challenge of Overseas Expansion“, in: The Digest of Corporate Real Estate, Februar 1997

COMERFORD, JOELLIN/PORTER-LYNCH, ROBERT, „Kernkompetenz: Die neue Erfolgsstrategie für das zukunftsfähige Unternehmen“, in: Outlook, Andersen Consulting, 1997

COTTS, DAVID G./LEE, MICHAEL, „The Facility Management Handbook“, 1992

DRUCKER, PETER, „Sell the Mailroom“, in: The Wall Street Journal, 25. Juli 1989

DUFFY, FRANCIS/LAING, ANDREW/CRISP, VIC, „The Responsible Workplace“, London, 1993

EBERT, LARRY, „The Future of Corporate Real Estate“, in: The Digest of Corporate Real Estate, Februar 1997

EUROFM/IFMA, „The Miliken Report: Space Futures“, in: EUROFM/IFMA 1996 Conference Output Papers

Facilities Management Guide, „How to Make it Happen“, London, 1995

FITZ-ENZ, JAC, „Benchmarking Best Practises“, in: Corporate Real Estate Executive, August 1993

FROST, FREDRIC, „Benchmarking in Corporate Real Estate“, in: Corporate Real Estate Executive, August 1993

HARRISON, ANDREW, „The Workstation, the Building and the World of Communications“ in: The Responsible Workplace, London, 1993

HINTERHUBER, HANS H./FRIEDRICH, STEPHAN A./HANDLBAUER, GERNOT/STUHEC, ULRICH, „The Company as a cognitive system of core competencies and strategic business units“, in: Strategic Change, Vol. 5, 1996

HOBSON, RODNEY, „Better Value, Year on Year“, in: The Times, 8. April 1997

IFMA, „Facility-Management-Practices: Research Report #16“, Houston, 1996
IFMA, „The Scope of Benchmarking“, in: Facilities Management Guide, Mai 1995
JANISCH, AXEL, „Springen Sie jetzt in den Benchmarking Pool“, in: Der Facility Manager, 3. Quartal 1995
JICHA, WOLFGANG, „Kostenreduzierung durch Facility Management“, in: Der Facility Manager, März 1996
JOHNSON CONTROLS, INC., ,,Integrated Facility Management“, Firmenpräsentation, 1996
JUPP, STEPHEN, „The Impact of Flexible Working on the Infrastructure“, in: Facilities Management, Dezember 1995
KINSMAN, FRANCIS, „The Flexible Office: Turning Crisis to Competitive Advantage“, in: Facilities Management, 1995
KOTLER, PHILIP, „Marketing Management: Analyse, Umsetzung und Steuerung“, Stuttgart, 1995
LAMBERT, SANDRA/ POTEETE, JEAN/ KAGAN, LESLIE, „Leading-Edge Corporate Real Estate Services; Industries in Transition,,, in: International Development Research Council (IDRC): Industries in Transition, 1995
LOWE, KATE, „A Scheme With Promises Still Unfulfilled“, in: The Financial Times, Mai 1996
MCDOUGALL, BRIAN, „The Changing Geography of Location“, in: The Responsible Workplace, London, 1993
NACORE/ERNST & YOUNG, „The Demand for Quality in Corporate Real Estate Services“, in: Corporate Real Estate, Februar 1997
NALEBUFF, BARRY, ,,Co-opetition“, 1996
NOURSE, HUGH/ROULAC, STEPHEN, „Linking Real Estate Decisions to Corporate Strategy“, in: The Journal of Real Estate Research, Oktober 1993
o.V., ,,Facility Management Definition“, in: Facility Management, Januar 1995
OVERSTREET, STEVEN, „Assessing the Peformance of an Industrial Facilities Management Department“, in: Corporate Real Estate Executive, Mai 1994
PHILIPP HOLZMANN AG, „Gebäude von morgen: Forschungsbericht“, Frankfurt am Main, Mai 1996
PRAHALAD, C./HAMEL, GARY K., „The Core Competence of the Corporation“, in: Harvard Business Review May 1990/June 1990
RAPPAPORT, A., „Creating Shareholder Value“, 1986
SCHNEIDER, HERMANN, „Outsourcing von Gebäude- und Verwaltungsdiensten“, Stuttgart, 1996
SIEGERT, THEO, „Shareholder Value als Lenkungsinstrument“, in: ZFBF, Juni 1995
STANLEY, JOHN, „Agile Workplaces“, in: Facilities Management, August 1995
STEPHENS, PAULA S., „CREs work with senior management and allicance partners to increase value“ Bericht vom Heitman Corporate Real Estate Symposium, in: National Real Estate Investor, April 1995

TAUBER, MANFRED, „Die Betriebskosten eines Gebäudes“, in: Facility Management, Januar 1995

THOMAS, MATTHIAS, „Der Index kommt“, in: Frankfurter Allgemeine Zeitung, 12. Dezember 1997

VDMA/AIG, „Energiemanagement im Bereich der Technischen Gebäudeausrüstung“, in: Instandhaltungs-Information Nr. 15, Mai 1995

VDMA/AIG, „Gebäudemanagement; Definition, Leistungen“, in: Instandhaltungs-Information Nr. 12, November 1994

VDMA/AIG, „Verträge für Instandhalten, Betreiben und Gebäudemanagement; Begriffe, Leistungen“, in: Instandhaltungs-Information Nr. 12, November 1994

VON ZITZEWITZ, MICHAEL, „Die Immobilie: viel mehr als ein Gebäude“, Vortrag am 20. Januar 1997

Verzeichnis der Abbildungen

Die Autoren

Klaus Michael Ahrend ist als Consultant im Bereich der Strategieberatung von Andersen Consulting tätig. Seine Projektarbeit bei Andersen Consulting hat ihm detaillierte Einblicke in die Entwicklung des weltweiten Facility-Management-Marktes ermöglicht. Vor Beginn seiner Tätigkeit bei Andersen Consulting war Klaus Michael Ahrend Geschäftsführer eines eigenen Dienstleistungsunternehmens.

John W. Davis, Executive Director von CB Commercial/Koll. In seiner Funktion ist er verantwortlich für die Unternehmensentwicklung von Koll,, die strategische Planung und die Integration der Services von CB Commercial und Koll. Vor dem Merger zwischen CB Commercial und Koll Corporate Services war John W. Davis President der Koll Corporate Services. Bis zum Beginn seiner Tätigkeit bei Koll war er als Senior Vice President und Director der Bank of America zuständig für das Management des Immobilienportfolios. Er ist Vorsitzender des Vorstands der International National Association of Corporate Real Estate Executives (NACORE) und war zuvor in mehreren anderen Funktionen für NACORE ehrenamtlich tätig (Board of Trustees, President des NACORE Institute for Corporate Real Estate).

Patrick M. Dawson ist als Consultant in der Strategieberatung von Andersen Consulting tätig. Im Rahmen seiner Projektarbeit hat er sich intensiv mit der europäischen Facility-Management-Szene und deren Entwicklung auseinandersetzen können. Patrick M. Dawson war vor seinem Eintritt bei Andersen Consulting mehrere Jahre in der Unternehmensberatung tätig.

John D. Goldstein ist als Consultant im Bereich der Strategieberatung von Andersen Consulting, New York, tätig. Nach dem Studium der Politik- und Wirtschaftswissenschaften an der Yale University hat er sich in mehreren Projekten bei Andersen Consulting mit Themen im Bereich Facility Management, Shared-Services-Organisationen sowie Allianzbildung/Partnerauswahl beschäftigt.

William H. Knotts III ist Executive Director, National Service Delivery, von CB Commercial/Koll. In seiner Funktion ist er verantwortlich für die Entwicklung und Implementierung von Prozessen, Standards und Systemen für das operative Facility-Management-Geschäft von CB Commercial/Koll in den USA. Vor dem Zusammenschluß von Koll und CB Commercial war er Senior Vice President der Koll Corporate Services. William Knotts kann auf insgesamt mehr als 16 Jahre Erfahrung im Facility- und Property Management zurückblicken, wovon er einen Großteil bei Koll in verschiedenen Positionen sammelte. Er ist Director der Building Owners and Managers Association BOMA sowie aktives Mitglied des BOMA Institute.

Rainer Köllgen ist Associate Partner im Bereich der Strategieberatung von Andersen Consulting, New York. Bis Ende 1997 war er für die strategische Managementberatung von Andersen Consulting in Westeuropa tätig. Er ist gleichzeitig Mitglied der weltweiten Organization Strategy Gruppe von Andersen Consulting. Einer der Schwerpunkte seiner Beratungstätigkeit lag in der Entwicklung von Organisationsstrategien und -konzepten für Corporate Real Estate und Facility Management sowie im Bereich der Marktstrategien für Facility Management auf internationaler Ebene. Rainer Köllgen ist NACORE Mitglied und war vor dem Beginn seiner Laufbahn bei Andersen Consulting mehrere Jahre bei einer anderen führenden strategischen Managementberatung tätig.

Hans-Dieter Lochmann ist Partner und Geschäftsführer von Andersen Consulting. Er ist als Partner unter anderem verantwortlich für den Bereich der Strategieberatung in Deutschland, Österreich und der Schweiz. Daneben ist er Mitglied der weltweiten Organization Strategy Gruppe von Andersen Consulting. Der Schwerpunkt seiner Projekte liegt in der Entwicklung von Organisationsstrategien sowie der Konzeption von Veränderungsstrategien für große Industrieunternehmen. Hans-Dieter Lochmann war bis zu seinem Eintritt bei Andersen Consulting in 1991 in mehreren führenden Positionen in der Industrie im Bereich strategische Planung tätig. Er hat Ingenieurwissenschaften in Berlin, Denver, Colorado, Liaoning (China) und Clausthal studiert.

Edward R. Lyons ist Managing Executive Director für den Bereich Facilities Management von CB Commercial/Koll sowie Executive Director von CB Commercial/Koll. Vor dem Merger zwischen Koll und CB Commercial war er Chief Executive Officer von Koll Corporate Services. Er kann auf insgesamt mehr als 30 Jahre Erfahrung in den Bereichen Immobilienmanagement/Immobiliendienstleistungen sowie in der Finanzdienstleistungsindustrie zurückblicken. Er ist aktives Mitglied in mehreren Vereinigungen wie NACORE und BOMA.

Mark Mundahl ist als Vice President bei Compass Management and Leasing verantwortlich für nationale und internationale Unternehmensentwicklung und Marketingstrategien. Zuvor war er als Regionalmanager bei Compass zuständig für das Geschäft im Mittleren Westen der USA. Er kann auf insgesamt mehr als fünfzehn Jahre Erfahrung im Property- und Facility Management bei mehreren Unternehmen zurückblicken und ist aktives Mitglied der Immobilienvereinigungen BOMA und IREM.

Frank Seifert war bis 1997 als Manager im Bereich der Strategieberatung von Andersen Consulting tätig und verfaßt derzeit seine Promotion im Bereich Organisationswissenschaften. Der Schwerpunkt seiner Beratungstätigkeit lag in der Entwicklung von Organisationskonzepten. Im Rahmen seiner Projektarbeit hat er sich auch intensiv mit dem Thema Facility Management in deutschen Unternehmen beschäftigt. Nach dem Studium der Wirtschaftswissenschaften in Berlin, Oxford und Paris war Frank Seifert zwei Jahre für ein große deutsche Universalbank im Bereich strategische Planung tätig.

Edward Wagoner ist bei Compass Management and Leasing als Quality Control/Internal Audit Manager verantwortlich für Qualitätskontrolle und interne Revision. Er ist ebenfalls verantwortlich für alle Help-Desk Einrichtungen von Compass und er unterstützt die regionalen Controlling- und Finanzabteilungen von der Firma. Er hat mehrjährige Erfahrung im Versicherungs- und Immobilienbereich in den USA gesammelt und war zudem mehrere Jahre bei der Wirtschaftsprüfungsgesellschaft KPMG Peat Marwick beschäftigt.

Christopher H. Wolf ist Senior Manager im Bereich der Strategieberatung von Andersen Consulting, New York. Er ist ebenfalls Mitglied der weltweiten Organization Strategy Gruppe von Andersen Consulting. Der Schwerpunkt seiner Beratungstätigkeit liegt in der Entwicklung von Organisationsstrategien und Organisationskonzepten für eine Reihe von unterschiedlichen Branchen. Er hat sich intensiv mit den Thema Facility Management, Outsourcing und Bildung von Unternehmensallianzen beschäftigt. Vor seinem Eintritt bei Andersen Consulting war er mehrere Jahre für ein internationales Managementberatungsunternehmen tätig.

Michael von Zitzewitz, Diplom-Volkswirt, ist seit Mai 1992 Mitglied der Geschäftsleitung der Commerz Grundbesitz-Investmentgesellschaft mbH in Wiesbaden. Die Commerz Grundbesitz-Investmentgesellschaft ist die Kapitalanlagegesellschaft der Commerzbank und ihres Allfinanzpartners DBV Winterthur, die den Offenen Immobilienfonds HAUS-INVEST mit einem derzeitigen Fondsvolumen von rund 7,6 Milliarden DM verwaltet.

FACILITY
MANAGEMENT
Integration | Planung | Gebäudemanagement
WIR STELLEN IHR
GEBÄUDEMANAGEMENT
AUF DEN KOPF
Informationen rund um das Technische und Kaufmännische Gebäudemanagement • ausführliche Analysen erfolgreich realisierter Objekte • neue Techniken, kompetent und praxisnah dargestellt • Benchmarking • Rechtsfragen •
Fordern Sie unverbindlich
Ihr kostenloses Probeheft an:
Bertelsmann Fachzeitschriften GmbH
Leserservice • PF 120 • 33311 Gütersloh
Phon: 05241/80-2167 • Fax: 05241/73055